21世纪中国教育研究丛书

统一高考与应试体制

陈彬莉 著

The Unified National College
Entrance Examination and
the Exam-oriented System
in China

社会科学文献出版社
SOCIAL SCIENCES ACADEMIC PRESS (CHINA)

序 言

领土面积和位置决定了一个国家的地理自然条件,但是真正决定国家生存与发展命运的是它的国民。各国民众在体质、语言、宗教信仰、文化传统等方面或许存在不同之处,但是在道德修养、知识技能,也就是人口基础素质方面,仍可以相互比较。在现代社会,青少年的全面成长离不开学校的系统教育,因此,各国人口的受教育结构与发展速度也就成为比较社会发展水平的重要指标。这也是各国社会和学术界高度重视本国教育发展和相关研究的主要原因。

1. 中国的文化传统与西方教育制度的引进

各国有不同的历史演变轨迹,形成了不同的知识文化传统和语言文字体系,在此基础上各国分别发展出了自己的教育体系、评价标准和考核制度。中国的中原王朝发展出以儒学为主导、以私塾 - 书院为教学组织的知识体系和科举制度,其影响范围除了周边区域,也远达万里之外的欧洲。17、18 世纪传教时期,教育交流的潮流多由中国流向欧洲。"经过书面考试的竞争再行录取文职人员,已是西方各国有关现代教育制度的设想的中心,追根溯源,这种制度就是来自中华帝国。"(许美德等,1990:3)莱布尼茨、伏尔泰等学者都曾高度评价中国的教育与科举制度(许美德等,1990:34~35)。但是鸦片战争后,中外交流的态势急剧逆转,在"丛林法则"和坚船利炮的冲击下,中华文化和传统教育体系受到西方文化的强烈冲击。1905 年"废科举、兴新学"之后,欧美学校教育成为中国教育体制效仿的榜样。中国引进西方国家的学校制度,采用结构与内容相同的基础教材,高等教育按专业划分院系,同时,分科考试的录取制度也被引入中国各级学校。在这个高度系统化和实行单一规则的学校体系中,学生想从低级阶段进入高级阶段都必须经过正规考试,成绩不达标者被淘汰。考试成绩和考入哪所大学开始成为中国社会对一个学生进行评价的重要指标,这与传统社会对"科举""金榜题名"的重视与赞誉如出一辙。

在1949年之前,中国区域发展不平衡,各地政令不一,国立学校、各类私立学校、外国教会开办的学校并存。以大学为例,各校有不同的资金来源、校训和办学理念,有不同的招生办法,各校办学都有自己的特色和传统,这些都是学生选择报考时的考虑因素。尽管时事艰难,但无论是从政治立场的爱国情怀,还是从专业学习的业绩来看,民国时期的许多大学(如西南联大)至今仍为人称道。

2. 20世纪50年代后中国教育走过的曲折历程

新中国的高等教育事业在新中国成立后走过了一段曲折历程。1949年后,中国政府整顿全国教育系统,私立学校和教会学校被并入或转为公立学校,1952年的"院系调整"仿照苏联模式把原有综合大学调整为专科院校,同年,中国开始实行大学全国统一考试。在1949年至1966年的18年里,中国教育制度和学术研究的学习榜样是苏联,中小学教育和高等教育得到快速发展,1950年全国大学招生5.8万人,1965年招生16.4万人(中华人民共和国教育部计划财务司,1985)。但是在"文化大革命"中,18年的教育工作被简单否定。1966年,高考停止,大学停办,所有在校中学生到农村、牧区"插队落户"或加入边疆生产建设兵团,前后"插队"当农民的城市知识青年共有1700多万人(顾洪章,2009)。1970~1976年,部分高校开始接收经农村、工厂和部队基层组织推荐的"工农兵学员",总数约94万人(李海鹏,2009)。"文化大革命"结束后,根据邓小平同志提议,1977年恢复高校招生全国统一考试,当年招收27.3万人(中华人民共和国教育部计划财务司,1985)。我国高等教育的学习榜样开始转为欧美国家,重建综合大学,大批留学生前往美国和西方工业化国家学习,国际英文杂志成为中国学术评价的衡量标准。同时,我国高等教育招生规模逐年扩大,2016年全国普通本专科招生总数达到748.6万人。①

1957年,我进入小学,在我上学读书期间,周围的人有时也谈论高考,但是似乎并没有今天的人们那么看重,我想这与"文化大革命"前中

---

① 高等教育学校(机构)学生数来自教育部网站2016年教育统计数据,http://www.moe.gov.cn/s78/A03/moe_560/jytjsj_2016/2016_qg/201708/t20170822_311603.html,最后访问日期:2021年2月19日。

国知识分子的社会地位不高有直接关系。1957年"反右运动"后，知识分子的政治地位（"革命性"）远不如产业工人、贫下中农和解放军战士，工、农、兵是革命领导阶级和社会的中坚力量，知识分子则必须接受思想改造。当时，我的许多高中同学也希望考入大学，但那些成绩全班排名较后估计考不上的同学们对此似乎并不那么在意。大学毕业后成为教师或进入企业、政府或事业单位，收入和各项待遇未必能比得上当几年学徒出师后的正式工人。"文化大革命"中，知识分子的社会地位进一步下降。当时农村青年对于上大学的积极性要高一些，这是因为在当时的"城乡二元体制"下，大学毕业后在城里就业，可以有"铁饭碗"并转为城镇户口，享受城市居民各种待遇。"文化大革命"后各地知青踊跃报名高考的最主要原因，就是因为上大学是他们返城的重要通道。

1979年6月，邓小平提出"我国广大的知识分子，包括从旧社会过来的老知识分子的绝大多数，已经成为工人阶级的一部分，正在努力自觉地为社会主义事业服务"（邓小平，1979）。1988年，他进一步提出"科学技术是第一生产力"。在"改革开放"和经济发展大潮中，科学技术的重要作用日益突出，知识分子的收入待遇和社会地位得到显著提升，许多就业岗位招聘都与学历挂钩，大学和高考开始成为国民关注的焦点。国际高校排名榜、"985"、"211"等政府划定的高校评级成为家长们的基本常识，许多没有考上理想大学的学生们选择"复读"，导致各类"补习班"如雨后春笋般出现，"择校"现象从高中下推到初中、小学甚至幼儿园，"不能让孩子输在起跑线上"成为家长们的口头禅，中国民众越来越重视大学教育。我自1987年起在北京大学任教，几十年来切身感受到"高考"在中国社会越来越成为一个热点话题。

3. 20世纪90年代我参与的学校教育调查

这些年来，我主要关注的有两个问题。一个是中国的民族问题，我称之为"保本"。我希望中国这个多民族国家能够避免苏联、南斯拉夫式的民族分裂和国家解体，如果出现民族分裂和国家解体，各民族都将是"输家"。另一个是中国的教育问题，我称之为"发展"。我希望全国青少年都能够通过良好的学校教育，成为德、智、体全面发展，有道德、有理想、有知识的一代新人，具有现代创新意识和创新能力，这是国家发展、民族复兴的希望所在。

在20世纪90年代和21世纪初，我在北京大学社会学系组织了多项关于中国教育事业发展状况的社会学调查，指导了多名"教育社会学"专业方向的博士生。教育研究项目之一是1994年和1995年与加拿大蒙特利尔大学Jacques Lamontagne（汉文名字：龙山）教授合作组织的中国农村教育发展状况调查，在全国6大区（东北、西北、华北、中南、西南、东南）各选了一个省份，每个省份选4个县，总数是24个县，我们组织了调查组分赴各县实地调查基层中小学教育状况与存在问题。这个项目的成果编成了两本书，分别于1999年和2000年在福建教育出版社出版。第一本《中国农村教育发展的区域差异：24县调查》的内容是24个县的调查报告和6省份教育发展情况简介（马戎、龙山，1999），第二本《中国农村教育问题研究》是对我国农村教育现状与存在问题的专题研究文集（马戎、龙山，2000），讨论专题包括农村教育管理体制、区域差异、经费来源、教师队伍、职业教育、学生就业、少数民族教育、女性和残疾人教育等。2004年，我和加拿大曼尼托巴大学（University of Manitoba）社会学系的邝泽倩教授（Julia C. Kwong）合作开展了关于中国民办高校的研究项目，我们选择了北京的4所民办大学和3所公立大学开展个案调查和比较研究。

在24县教育调查课题中，我参与调查的地点是广东省高明市（现高明区）和电白县（现电白区），这两个地方的调查报告分别由我和薄伟康撰写。在当地教育局、中小学实地走访调查中，我感受最深的一点就是，基层学校中出现了严重的"两极分化"现象。各地县政府把全县大部分可用于教育的财政和人力资源都集中投放在县第一中学（县一中）和第一小学（县一小）。以高明市为例，我们有以下几点发现。①市教育局把全县各科最优秀的教师调入市一中和市一小（最优师资）。②把成绩最好的学生转入这两所学校（最优生源）。③1993年至1995年的3年时间里，市政府专门拿出272万元财政资金用于市一中的基建和专项支出（最优硬件）。④1993年至1995年，高明全市有171所中小学和55920名在校生。高明市的教育总支出为5559万元，市一中学生人均4400元，其余学校学生人均仅887元（最优运行经费）（马戎，1999：40）。在以上几个方面的高强度"重点投入"自然导致市一小毕业生的成绩远好于其他小学，市一中毕业生考入好大学的人数明显多于其他中学。这样的业绩保证了这两所学校在教育部各项评比中"达标"，这是市领导和市教育局领导的政绩。市一中和市一小拥有最优师资队伍和学生的成绩普遍较优秀，所以子女成绩不那么好但有财力的父母极力通过各种门路把孩子送进这两所学校，一个途径就是给学校捐资。我们听说有的家长的"赞助费"高达 30 万～50 万元，在 1995 年这是很大一笔钱。市一中利用近千万元的"赞助费"，每年扩招两个班，吸收这些考试成绩"未达标"的"赞助生"。这些钱可以为学校增添设备，为教师建住房、发补贴，招募外地优秀教师，形成师资队伍和在校学生的"良性循环"。那么，市领导们为什么会动用手中权力和全市财政、教育经费来支持这两所学校呢？一个是高考"政绩"，这是"为公"；另一个是这些领导（据说包括下属各局、各乡镇主要领导）的孩子们都在这两所学校，这是"为私"。

领导们做到"公私兼顾"了，但是失去了好师资、好生源的其他 169 所中小学的教师和学生们，他们的境况如何呢？据调查，高明一中普通教师月收入 1417 元，另一所中学校长的月收入只有 900 元（马戎，1999：49）。其他学校由于高考录取率极低，绝大多数学生对高考录取完全不抱希望，教师们也没有教学积极性，导致当地许多学生根本不上高中或在高一、高二即退学跟随父母外出打工，高三年级几乎没有多少学生。在某种意义上，高明市这 169 所学校的 52346 名学生（占全市中小学在校生的 93.6%）可以说是在为这两所学校的 3574 名学生"陪读"。这种机制运行的结果必然是学校之间的高度分化，一中、一小的学生们具有很强的优越感，前途光明，而其他各校的学生们预见自己成绩无法提高并对升学不抱希望，因而产生普遍的挫折感和厌学现象，教师无心上课，学生无心学习，高考录取率极低。在与这些学校的校长、教师和学生们座谈时，他们的精神面貌给我留下了深刻印象。我们在邻近的电白县调查时也发现完全类似的情况。

1996 年 8 月，我在内蒙古赤峰市翁牛特旗桥头镇进行"乡镇组织调查"，这期间我专门去调查了桥头中学。属于半农半牧区的翁牛特旗只有 3 所中学，与高明、电白的情况类似，全旗优秀师资和优秀生源都集中在乌丹第一中学，桥头中学排在乌丹第二中学之后，在硬件投入经费和办学经费等方面非常紧张，不得不出租部分校舍和经营菜园给教师发工资。当时该校已经拖欠教师两个月的工资，校长的月收入只有 371 元，学生大多来自附近农村，许多学生每周自带咸菜来节省菜金。该校 1996 年高考没有 1

名学生的成绩达到大学和中专录取分数线（马戎，2000：316）。对于当地大多数学校的教师和学生而言，这样的教学状况和结果都无法体现"教育公平"。

4. 关于陈彬莉的这本书

1985年，我曾在内蒙古自治区 W 县的两个苏木 6 个嘎查抽样调查了1152 户。2005 年夏，我带着 6 名研究生回到该县对当年调查过的农户进行追踪问卷调查，由于各户人口变化（过世、迁走、分家等），实际追踪到865 户（占 75.1%）（马戎，2012：445）。我设计的户访问卷内容包括家庭成员上学情况及学费开支，同时，我在这次调查中了解到了一些旗属中学的发展情况。安排我们调查活动的是旗教育局局长，他对当地学校情况非常熟悉。我们发现此时已不是在县一中集中县内各校优秀师资和生源的局面了，而是 C 市（W 县所属市）把下属 12 个区、旗、县的优秀教师和中考成绩拔尖的学生都集中在 C 二中（因为一中是民族中学，二中就是全市汉语授课最好的学校）。所以他抱怨现在的 W 一中也不行了，按他讲的情况，当时不是全县其他学校的学生为县一中"陪读"，而是升级到全地区各旗县学校的学生为地区一中"陪读"。这一发展态势令人震惊，标志着我国基层学校的分化和教育不公平现象在进一步恶化。

当时陈彬莉参加了这次调查，她的专业基础是教育学。我便与她讨论是否愿意对该县一中进行个案调查，系统追溯这所学校的发展经历，重点了解高考和"应试"教育给基层中学各方面带来的影响，探讨在目前高考体制引导下的中学应试教育都存在哪些具体问题与矛盾，各级学校学生"陪读"现象的现实发展，在学校个案调查基础上探讨今后高考形式的改革前景，以及基层中小学如何真正体现教育公平。我与陈彬莉对这一调查计划进行多次讨论，最后确定以此作为她的博士论文选题。同时，我也请县教育局帮助安排她在当地学校的调查活动。

此后，陈彬莉多次前往 W 县进行访谈调查，住在 W 一中的教师宿舍，了解该校的发展历史与运行现状，在大量深入访谈的基础上完成了她的博士论文，并在答辩中获得好评。本书就是她在博士论文的基础上修订完成的。研究的核心主题是在一所县重点中学个案调查的基础上讨论当前社会热议的"应试教育"体制及相关问题。

5. 国内现有的"应试教育"体制及其弊病

近些年,有许多大城市富裕家庭的父母们把子女送到名牌高中"国际部"或完全采用国外体制和教材的"国际学校",甚至一些人直接把孩子送到国外接受中小学教育。新冠肺炎疫情暴发,据说仅在英国就有约1.5万名未满18岁的中国"小留学生"需要回国。① 近些年,中国经济发展很快,许多学校的硬件设施得到显著改善,那么为什么仍有许多父母选择花费巨资把未成年孩子送到国外上学?为什么许多优秀学生仍然把去欧美留学作为优先选择?这些都是中国的教育界必须深刻思考的大问题。有些家长告诉我,他们的目的之一就是希望能够规避目前国内中学体制中完全以高考试题为目标、以高考成绩为指标的"应试教育",希望子女能够培养学习自主性,广泛地学习各方面知识和得到更加全面的发展。

目前,中国中小学以"高考"分数为学习终极目标的教学思想和培养体制,是无法培养学生的创新意识和创新能力的。而没有创新意识和创新能力,只是死记硬背根据历届高考题目设计的各科目"标准考题的正确答案",而且在12年中小学教育的过程中接受并习惯于所谓"标准答案"和固定的思维方式,从不质疑教科书中的内容,那么即使考试成绩再好,即使进入北大、清华等国内一流大学,也仍然难以成长为创新型人才。而没有一大批真正具有创新意识和创新能力的创新型人才,中国的科学技术、人文思想、社科研究发展就永远只能跟在西方国家后面蹒跚学步。

在推动并强化中小学的"应试教育"方面,我们也不能简单地指责各级政府主管教育的官员、校长和教师,他们之所以这样思考问题和行为,完全是由我国目前对于学校教育的考核指标体系所决定的。从政府角度来看,分管教育的市长、教育局局长业绩考核最重要的指标,就是下属学校的高考录取情况,多少学生考进大学,被什么等级的大学或大专院校(一本、二本等)录取,每一年的录取情况与前一年相比是"进步"还是"落后"。下属各校升学业绩直接影响各级分管教育领导干部的升迁。这些分管教育的干部再把各校的升学业绩与各校校长的升迁、对该校的经济支持力度等方面挂钩,形成一个"政府主管干部—各校校长"直接互通的利益

---

① 《关注22万在英国的中国留学生 特别是1.5万小留学生》,中国经济网,http://intl.ce.cn/qqss/202004/01/t20200401_34595638.shtml,最后访问日期:2021年2月19日。

链条。从社会和家长的角度来看，家长们并不是教育专家，他们最关心的就是自己的孩子能不能考上大学、能够考上什么档次的大学，所以哪所学校的学生成绩好、能考上好大学的机会多，哪所学校就是"好学校"，他们会使尽"浑身解数"（支付"赞助费"、"走后门"等）把子女送进这样的"好学校"。家长们的"口碑"和实际赞助无疑抬高了这些"好学校"的社会声誉，也使它们的各项收益增多。政府与社会这两个方面的合力共同发挥作用，使中国各级学校以"考试成绩"为评价标准的"应试教育"之风愈演愈烈，几乎到了难以扭转的局面。这种状况和发展态势如何改变，是当前中国教育界最应当思考的大问题。许多学者提出，唯有改变"教育行政化"的管理格局，才能打破"思维固化"的"应试教育"。这不仅仅涉及我国的中小学教育，大学教育同样存在类似的问题，譬如对各大学的业绩评估、对大学教师的业绩考核，同样存在"标准化"和普遍采用量化指标的现象，如比较各大学有多少个"一级学科"，多少个"长江学者"，多少个国家级课题，多少个国家级奖项，这些量化指标无疑是管理大学的"指挥棒"，而校长们的短任期和勤换岗，更是强化了对"短期效益"的追求。同样在教师的职称和业绩考核中，统计教师们都在什么档次的期刊发表了几篇论文，获得了哪个档次的奖项，写的报告得到哪一级领导的批示。其实，真正有学术开创性、在基础理论上有颠覆性的研究成果，其学术价值在最初阶段往往是为大多数人所不熟悉、所不接受的，被认为是"离经叛道"，是许多杂志不敢刊登、在评奖中被淘汰的。"真理往往掌握在少数人手里"，这句话无人反对，但是在现实社会中则是另一幅图景。过去的所谓"十年磨一剑"，除非是已经评上高级职称不担心丢饭碗的资深教师，否则也是不能融于今天的教师考核体系的。

在 21 世纪，中国教育事业的发展应当是多方面和深层次的，一是改变当前中小学的"应试教育"模式和提高教育的公平性，二是激发学生的创新思维，培养学生的创新能力。在这两个方面进行改革和创新，应当是我国教育研究最重要的主题。国家和家长们在青少年教育方面的投入已是天文数字，中国学生们在学习中的辛苦投入也是世界罕见的，但是不认真对待、不彻底解决中国教育体系中应试教育这个"死穴"，我们就很难期盼黎明的曙光。

6. 兼顾教育公平和顶尖人才培养

2001年以来，虽然我国各大学不断扩招，但是大学之间拉开了档次，优秀师资和优质生源持续向少数"一流高校"集中。从国家的角度来看，无疑是希望借此提升中国大学在世界高校排名的位次，但是我们必须考虑到这样的优秀师资和优质生源的集中，必然会对其他大学的教学质量和教学氛围带来不可避免的负面影响。我曾有个比喻：设想30所大学各有1名特别优秀的大学教师，各校有2万名学生。如果把这30人集中到一所大学里，无疑这所学校的2万名学生会极大受益，他们有机会聆听30位优秀教师的授课和学术讲座。同时，其他29所大学的教学氛围和教学质量很可能大幅降低。而这些学校哪怕是只有一位优秀教师，他的课程和学术讲座也会使全校师生受益，所谓"听君一席话，胜读十年书"。流失了这位优秀教师，29所大学的58万名学生和接受这些毕业生的社会各部门都将是利益受损者。2万名和58万名，这个比例不应当算一算吗？某种意义上，这是上述中小学"陪读"现象的"上延"。两种模式之间的得失值得权衡，而且由于"教育公正性"会因此受到质疑，社会受到的潜在伤害和负面影响更是无法计量。对于近些年来大学的评级和优秀教师从西部大学向中心城市"名校"流动的社会后果，我始终认为是需要全盘考虑的。

我国在经济发展方面的区域差异从20世纪70年代末实行改革开放以来持续拉大，沿海大城市和经济特区一度因为经济快速发展和灵活的人事制度吸引了大批西部地区的人才"孔雀东南飞"，西部地区大学的教师队伍也出现严重的流失，加剧了城乡之间、东西部之间的教育不公平现象。这是中国社会与政府需要高度关注的。《中共教育部党组关于印发〈"长江学者奖励计划"管理办法〉的通知》，其中一条是"东部地区高校不得招聘中西部、东北地区高校人选"。[①] 但是要从根本上扭转西部高校人才流失的现象，必须从各方面想办法改善西部高校教师的待遇和工作条件，单靠地方政府的财力支持还是远远不够的。中央政府的财政投入是一个方面，政府通过政策倾斜鼓励有眼光的企业家在西部创建民办高校则是另一个思

---

① 《"长江学者奖励计划"管理办法》的文献来源为教育部网站，http://www.moe.gov.cn/srcsite/A04/s8132/201809/t20180921_349638.html?from=groupmessage&isappinstalled=0，最后访问日期：2021年2月19日。

路。在21世纪，需要让西部地区形成"优秀高校—人才培养—经济发展"这三个环节之间的良性互动。

一个国家教育事业的发展，需要考虑两个方面。一是提供惠及全体国民的教育机会，不断增加义务教育年限和提高义务教育阶段教学质量，重视教育公平；二是在全球激烈竞争的态势下，要为培养世界级高端人才（包括所有学科）创造条件。国家面向高校提出的"211""985"等项目的目的就是希望通过对少数高校的集中投入推动中国出现真正的世界一流大学，培养世界一流人才。这两个方面必须兼顾，不能偏废。在各类学校中，公立学校虽然接受社会捐助，但办学经费主要由政府提供，是全国纳税人的钱，因此在经费分配方面，政府必须兼顾地区之间、学科之间、民族之间的平衡。私立大学或称民办大学则不必考虑这一层，可以根据自身经费情况决定对各自学校、不同学科的投入。

在公立、私立大学的结构与分工方面，美国的经验可以借鉴。作为科技领先世界的教育大国，美国是各国优秀人才的主要留学目的国。1982～1987年我在美国布朗大学攻读博士学位，1990～1991年在哈佛大学从事博士后研究，在美国研究型大学的学习经历使我受益终生。美国的一流高校绝大多数都是历史悠久的私立学校，经费充足，制度灵活，人才辈出。所以我一直期待中国的民办高校能够继承民国时期复旦、南开等名校的传统，在21世纪在为中国培养世界顶尖人才方面做出贡献。因此我在21世纪初组织了中国民办高校的系列研究，成果就是这套"丛书"中的第一本《中国的民办高等教育：历史与重建》。

7. 中国教育研究的其他议题

另一个值得关注的议题是我国职业教育事业的发展。2010年中国人口中获得高中以上学历者所占比例仅为24%，远低于高等收入国家的74%，我国农村学生完成高中学习的比例仅为37%（罗斯高，2017）。由于农村高中生考入大学的比例很低，许多家长和学生认为与其参加三年希望甚微的高中学习，不如在完成义务教育阶段的初中学习后，直接出去打工，认为高中三年的课程对学生就业没有多少帮助。农村学生不愿上高中，这是中学"应试教育"的另一个后果。如果我国今后能够大力发展有就业前景的中专和大专教育，今后在推行12年义务教育时把中职纳入规划并占有较大比例，那么这将有效地提高农村初中毕业生继续接受教育的比例，也能为国民经济发展提供目前紧缺的高等技术工人。1995年我在24县调查时就注意到政府已开始强调部分普通高中向"职业中学"转型,但是我们在对当地"职业高中"的实地调查中发现,实际效果很不理想(马戎,1999:34~36、50~51)。对于我国"职业中学"、中等和高等专科教育的调查研究还应继续开展。在这套"丛书"中,有一本是王秀丽撰写的《"定制式"人才培养的实践逻辑——以H大学的试点班为例》,调查和讨论的就是大学如何与企业合作定向培养高级技术职工。

当前,招生规模有限的著名高校仍然是全国近千万名考生的报考热门,这一格局在短期内很难改变。与高考联系的"应试教育"现象也会持续成为民众热议的话题。从国家层面来看,唯有一个发达的现代学校教育体系,才有可能支撑起国家的科技创新发展和现代经济发展。从个人层面来看,在现代社会,学校为我们每个人提供了系统化的知识和组织集体行为的纪律规范。学校成为我们实现"社会化"的重要场所,母校的学位和学术声誉也成为毕业生在就业市场上的重要符号。那些期待在自己人生道路中得到向上"社会流动"的青年以及他们的父母,必然竭力争取获得尽可能优质的教育和拿到更高的学位,中国的高考便成为无数中国学生"跳龙门"的重要门槛。今后如何调整和完善我国的高考制度,在选拔优秀人才的同时真正体现教育公平,为来自农村家庭和基层社会的广大青少年提供优质的学习机会和社会流动渠道,将仍然是我国教育研究的重要课题。

参考文献

马戎,1999,《高明市教育发展情况调查》,载马戎、〔加〕龙山主编《中国农村教育发展的区域差异:24县调查》,福州:福建教育出版社,第21~52页。

马戎,2000,《内蒙古自治区翁牛特旗桥头镇调查》,载马戎、刘世定、邱泽奇主编《中国乡镇组织调查》,北京:华夏出版社。

马戎,2012,《中国少数民族地区社会发展与族际交往》,北京:社会科学文献出版社。

马戎、〔加〕龙山主编,1999,《中国农村教育发展的区域差异:24县调查》,福州:福建教育出版社。

马戎、〔加〕龙山主编，2000，《中国农村教育问题研究》，福州：福建教育出版社。

〔加〕许美德、〔法〕巴斯蒂等，1990，《中外比较教育史》，上海：上海人民出版社。

马　戎
2020 年 5 月 25 日于茉莉园

目录

绪 论 ·· 1

第一部分 高考与高考制度

第一章 高考研究现状 ·· 9
第一节 如何认识高考制度 ··· 9
第二节 组织形式：由统一高考的存废之争演变为分类考试 ······ 12
第三节 考核内容和录取制度改革研究 ································ 17
第四节 高考制度的运行后果 ··· 22
第五节 比较视野中的高考制度 ·· 25
小 结 ··· 28

第二章 理论述评与研究设计 ·· 31
第一节 功能论视角：社会流动机制 ·································· 32
第二节 冲突论视角：地位再生产机制 ······························· 36
第三节 地位获得和教育获得经验研究的启示 ······················ 41
第四节 研究框架与方法 ··· 48

第二部分　应试体制的结构基础

第三章　1949 年以前的大学入学考试制度 ················ 59
 第一节　新教育之萌芽与发展 ························ 59
 第二节　中华民国时期大学入学选拔制度 ·············· 63
 第三节　中华民国时期的教育与社会 ·················· 71
 小　结 ·· 76

第四章　1949～1976 年的高考制度 ···················· 77
 第一节　两种不同的教育哲学 ························ 77
 第二节　大学入学选拔制度 ·························· 81
 第三节　国家教育模式 ······························ 85
 第四节　教育与社会流动 ···························· 95
 小　结 ·· 100

第五章　1977 年至今的统一高考制度 ·················· 102
 第一节　社会转型期的中国高考制度 ·················· 103
 第二节　转型时期教育的社会流动作用 ················ 117
 第三节　竞争性教育体系 ···························· 125
 小　结 ·· 137

第三部分　应试体制的运行机制

第六章　地位再生产机制：资源配置 ·················· 141
 第一节　被调查点基本情况 ·························· 141
 第二节　政府主导下的资源配置体制 ·················· 148
 第三节　学校声望地位以及市场机制驱动下的资源流动 ·· 154
 第四节　以升学率为指标的学校地位差异 ·············· 160
 小　结 ·· 164

第七章　地位生产机制：等级教育市场上的应试趋同行为 …………… 166
第一节　以升学率为基础的教育"锦标赛" ……………………… 168
第二节　关键资源的效率配置机制 ………………………………… 181
第三节　效率取向资源配置方式的扩散：乡镇初中的分层教学 … 189
第四节　学业分类过程 ……………………………………………… 195
第五节　复读经济 …………………………………………………… 211
小　结 ………………………………………………………………… 218

第八章　结论以及相关讨论 ………………………………………………… 220
第一节　结论 ………………………………………………………… 220
第二节　统一高考改革的讨论 ……………………………………… 226
第三节　本书的不足与有待进一步研究的问题 …………………… 235

参考文献 ……………………………………………………………………… 237

后　记 ………………………………………………………………………… 258

绪　论

现象一　一张重点高中作息时间表

表 0-1 是中国中部 H 省一所重点高中 F 一中的作息时间表，学生每天在校时间为 15.8 个小时，上八节课，自习 3 个多小时。在距离 F 一中 280 公里的地方，坐落着被称为"亚洲最大高考工厂"的毛坦厂中学。在毛坦厂中学，学生每天上 7 节课，自习 6 个小时。早上 6 点起床，6 点半开始早读，晚自习 22：50 结束。每天在校时间为 16.2 小时。[①] 除了每日精确到分钟的时间安排，这些学校学生的周末和节假日也被无限压缩。F 一中的高一和高二年级学生，周六全天上自习，周日上晚自习。高三学生除了周六没有晚自习以外，周末两天都在自习或者考试。毛坦厂中学周末的休息时间更短。围绕升学而进行精密的时间管理不是个别学校的独特现象，而是大多数普通高中尤其是"县中"的普遍性特征。在很多地区，尤其是在农村地区，这种现象已经向下延伸到了初中。时间管理是应试体制的一个核心组成部分。

表 0-1　F 一中作息时间

内容	时间	内容	时间
起床	6：30	第二节	8：40～9：20
早自习	7：15～7：45	广播操	9：20～10：00
第一节	7：50～8：30	第三节	10：00～10：40

[①] 《衡水中学和毛坦厂中学作息时间表告诉我们，成功没有捷径，唯有坚持！》，https：//www.sohu.com/a/190964073_99936831，最后访问日期：2017 年 9 月 9 日。

续表

内容	时间	内容	时间
第四节	10：50~11：30	第八节	17：35~18：15
午饭和休息	11：30~15：00	晚饭	18：15~19：00
第五节	15：00~15：40	晚自习一	19：00~19：30
第六节	15：50~16：30	晚自习二	19：30~20：20
眼保健操	16：30~16：45	晚自习三	20：30~21：20
第七节	16：45~17：25	晚自习四	21：30~22：20

注：此为中部地区某省F市一所重点高中（F一中）2014~2015年春季学期的作息时间表。

与此同时，近些年来，基础教育领域中又演化出了新的组织形态，即"超级中学"，这类中学规模庞大，通常一个省一到两所，以追求升学率为目标，集中垄断一省最为优秀的教师和生源来进行升学竞赛。这类中学被誉为"高考梦工厂"。超级中学作为应试成功的示范在不断整合全社会对于统一高考认知的同时，也得到了其他中学的"膜拜"和模仿。所有这些现象组成了中国基础教育领域中的独特图景。

这种图景最为突出的特征是，学校组织和基础教育系统的运行以考试和升学为目标，学生发展被指标化为考试分数，学校为考试机器。真正对教育系统的运行起支配作用的，不是政府和教师，也不是家长，而是考试。而这一点，已然与教育的宗旨完全背离。在围绕考试而进行系统动员的体系中，教育被完全工具化，其育人的本质被抽离，这种体制被称为应试体制。

为了克服升学考试尤其是统一高考对于教育的异化，20世纪80年代末以来，中央政府进行了诸多尝试，既包括高中会考制度，高考科目的"3+X"改革，也包括2000年以来基础教育领域中最主要的课程改革运动。尤为重要的是，无论政府采用何种策略来试图改变统一高考所导致的应试体制，结果都很难改变。2014年中央政府启动新高考改革方案，将"扭转片面应试教育倾向，坚持正确育人导向"作为改革的基本原则之一，但从近两年上海和浙江的试点工作来看，大多数高中仍然以"应试教育"来对改革进行策略性应对（李宝庆、魏小梅，2017；刘希伟，2016）。

现象二　2005年十大教育影响力事件之一：山西榆社高考成绩滑坡，引发当地教育地震[①]

2005年7月山西晋中市榆社县因为高考成绩滑坡，县常委通过县电视台发布公告，公开向全县人民道歉："高考成绩出现大面积滑坡，是有史以来最差的一年，在全市倒数第一。全县人民对此十分关注，反响十分强烈，社会各界深表忧虑和不满……县委常委会诚恳地向全县人民致歉！"

在道歉和检讨的同时，地方政府迅速对榆社中学（该县唯一的一所高中）的领导班子进行追责（全员停职待岗），并在全省范围内以年薪10万元公开招聘校长，每年拿出100万元奖励优秀教师和学生，承诺用6年时间让榆社教育大翻身。

榆社县为贫困县，2004年时全县将近1/3的人年收入在800元以下，全县6000多名初中毕业生只有一半能进入高中。

应试体制不仅仅是学校自发的选择，其中还有一个更为重要的行动主体，那就是政府。"榆社高考事件"呈现的是长期以来存在于教育领域中围绕升学率而形成的锦标赛体制。由于中国的高考招生计划分配以省、自治区、直辖市为单位，省级以下的地方政府和学校在既定的高考招生名额下形成了竞争关系。为了追求更高的升学率、名校录取率和一本录取率，地方政府的基本策略是动员下一级政府和学校展开锦标赛。在锦标赛中落败的地方政府和学校会承受巨大的压力，榆社高考事件中的县政府便是一例。

现象一引发的思考：何以高考和中学尤其是高中之间存在如此紧密的联结，以至于到目前为止的种种旨在打破应试体制、减轻学生负担的政策基本失效？

现象二引发的思考：高考具有一种强大的社会整合力量，不仅规范和

[①] 参见《山西榆社高考成绩滑坡　地方政府向全县人民道歉》，http://news.sohu.com/20050718/n226350385.shtml，最后访问日期：2020年7月10日。

带动教育系统内的活动，支配其中每一个行动者的行为，而且具有超然于教育系统的影响。在上述场景中，以高考升学率为基础的"锦标赛体制"正在以自己独特的方式形塑着地方政府的行为，支配和重组着一个地区的教育资源。超级中学就是一个最为成功的典范。

高考作为教育领域中的一项基本制度具有多个面向，而这些不同面向之间的紧张和冲突是当下高考改革所面临的主要约束。首先，高考作为一项基本的教育制度，承担着为高等学校选拔优质生源的职责。作为一种选拔制度，高考无论是从选拔内容，还是从选拔方式上都必然会对其下的基础教育产生一定的导向作用。较为理想的状况是，这一制度既能选拔出优秀人才，又能对低一级教育产生良好的规范作用，使之能够更好地促进个体的发展。作为教育系统内部的选拔制度，高考的本质首先是教育性。其次，高考作为一项社会制度，承担着多重社会功能。其一，高考是高等教育机会的分配机制。在高等教育文凭尤其是精英高等教育文凭是个体未来发展尤其是地位获得的必备条件的前提下，高考对于每个阶层、每个家庭以及每个个体来说都至关重要。无论是优势阶层的地位传递，还是弱势阶层的地位跃升，高考均是一个合法并且有效的途径。在中国社会领域的各项制度中，从来没有一项制度能够像高考一样，让全社会乃至所有的家庭都能获得一定的参与感，并且高度认同制度所导致的结果。正是基于这一非同寻常的意义，高考的公平性历来备受关注，也成为政府进行高考改革的基本价值取向。其二，从促进社会流动的意义来说，高考制度如同中国传统的科举制度一样，是一项基础性的社会整合制度，维系着社会的稳定以及国家与个人在社会公平与正义上的高度认同。此外，尽管从1977年以来高考的历次改革呈现了不断分权、多元的特征，但中国高考最为核心的特征仍然是统一，统一在某种程度上象征了以国家利益为本位的选拔理念。学生个体及家庭、高中、高校以及国家等多个层次行动者在一定的结构约束下，对于高考不同功能的偏好不同。

在较为理想的状况下，高考的教育和社会功能的实现应该并行不悖。但是，在特定的条件下，二者可能呈现紧张的关系。比如在当下的社会转型期，如现象一和现象二所示，二者都呈现了紧张与冲突的关系。基础教育在很大程度上是为高考服务的，教育的本质与内涵弱化。功能二的实现，即社会流动或者地位传递功能的实现，尤其是在高考改革中社会公众以及政府对于公平价值的过度强化在一定程度上干预和影响了功能一的实现。从这个意义上说，当下的高考制度并没有能兼顾以上两种功能的良好实现。在高考改革过程中，诸多以促进高考教育功能回归为目标的措施均以有损于公平原则为由而流于形式或者被搁置。而在现实的层面，超级中学主动以仪式化的形式向社会彰显自身的存在，在每年的高考时间窗口中，媒体以及不同年代高考亲历者所讲述的大量身份逆袭的"高考神话"，无不是在捍卫以"公平公正"为基本特征的统一高考的合法性。

  正是基于高考制度广泛的社会基础以及高度统一的形式，20世纪80年代以来基础教育领域中各个行动者在长期的互动过程中逐渐形成了系统化、具有自我强化功能的应试体制。本研究将以应试体制为研究对象，一方面考察导致这一体系得以形成的宏观社会结构因素，另一方面揭示这一体系的微观运行过程及其所带来的社会后果。具体而言，本研究要回答的第一个问题是，在上述两项功能的冲突紧张关系中，为什么功能二的实现会影响功能一的实现？本研究通过将高考制度置于中国社会宏观演进的脉络中来梳理导致应试体制的具体的制度和社会条件。从某种程度上，新中国成立以后，"统一"高考似乎是一个跨时空的存在，一方面，统一高考与传统的大一统体制具有同构性；另一方面，在重大的历史事件如"文化大革命"的强制性中断下，这一制度仍然能够在之后很短时间内迅速恢复，在一种新的话语体系中得到重生和发展。一些学者将应试体制的形成归咎于高考的"统一"，但客观上说，统一高考的存在充分说明应试体制的形成有其更为系统和复杂的原因。本研究的第一部分将从结构的层面，从不同历史时期社会分层/流动的秩序或规范、国家的教育模式以及高考的制度形态等多个方面来综合呈现应试体制从无到有的历史及现实过程。第二部分将以一个县的基础教育尤其是中学教育为基础，系统"深描"应试体制在区域层面、组织层面和课程、教学等学校微观层面无处不在的运行及其特征，探寻在不同层面各个相关行动者的行为模式以及其中所体现的逻辑，进而分析围绕着统一高考所形成的这一套系统化的应对模式所具有的各种社会后果。对应试体制的研究在一定程度上能够揭示统一高考制度两种基本功能的冲突和紧张，以及功能二不断被强化，而功能一不断被抑制的过程。

应试体制深深扎根于中国社会中的各种结构性的条件或者"土壤"中。对于这一体制的研究具有两方面的意义,一方面,揭开中国大多数基层中学运行的面纱,呈现在统一高考的影响下中国基础教育的真实面向;另一方面,为中国的高考改革提供一定的智力支持。

第一部分

高考与高考制度

第一章　高考研究现状

目前中国的高考，指的是普通高等学校的招生考试制度，包括入学考试和录取两个环节。考试环节主要包括统一考试和大学自主招生考试两个部分。统一考试是主要形式，由教育部统一组织，由教育部或实行自主命题的省级招生考试院命题，全国所有高中毕业生在相对固定的几天，一般为6月7日、8日、9日参加考试。自主招生是统一高考的辅助手段，起始于2003年，由试点院校对考生进行自主考核。考核通过的学生在录取中可以享受相应的高考降分录取政策。

现有高考的研究大体分为三类，第一类以政策或制度改进为目标，通过对改革原则、考试的各个技术环节（形式、内容、录取标准等）及相关政策制度的研究为当下高考改革提供技术和知识支持。这一类研究是高考研究的主体。第二类研究主要从多学科的视角来分析高考制度的本质及其所产生的影响。第三类研究为比较视野中的高考研究，以介绍国外高考制度为主要内容。比较的视角能够启发我们关注在不同的文化背景、社会环境中相似制度的共性及差异。本章将分别从上述三个方面对现有研究现状进行述评。

第一节　如何认识高考制度

一　不同学科视角下的高考及考试属性

如何定位高考制度直接关系到这一制度在社会及教育系统中所承担的功能以及国家、社会对这一制度所寄予的期望。总体来说，从目前的研究来看，高考通常被定义为具有教育和社会双重属性的制度。

一些教育学者倾向于将高考定义为教育制度，是教育系统内部不同层次之间的一种衔接制度，也是个体发展过程中不同阶段之间的一种衔接。由于高考一方面关系到个体的发展，另一方面关系到中等教育和高等教育的发展，关系到创新人才的出现和成长（谢维和，2014），因此，高考被称为教育系统内部具有高度关联性的"战略要点"，其设计是否合理关系重大。这一定义将教育作为高考的核心功能，能否为高等教育选拔出在知识和能力方面都优秀的群体并激励中等教育也做出相应努力是衡量这一制度是否合理的主要依据。其他功能都是在这一基础上的派生功能。高考的教育功能在很大程度上更贴近国家利益的逻辑，即在促进个体发展的同时，实现高质量人才的选拔。

社会分层视角下的研究者通常将考试定义为面向个体的一种教育选择技术，承担着分配资源和机会的职能。高考的形式化特征，使这一制度在所有参与者中都获得了最低限度的认同。从一定意义上说，考试制度试图以形式上的个体成就或成功来分配利益，进而促进社会的开放。上层社会的人的地位继承也必须通过技术选择的过程才能进行，只有那些能够很好地利用上层优势资源的人，才有可能在考试竞争中取胜，这表明阶层优势的传递需要严格的条件。形式上的中立性会导致下层精英向上流动的可能性加大，从而有可能在一定程度上影响甚至改变社会阶层结构（刘精明，2004）对于中国来说，高考教学大纲和考试形式上的统一，以及生存教育所推动的教育平等范围的扩大，为相对弱势地位阶层的孩子构建了一个向上流动的平台，也促进了千万下层子弟和县及以下的基层中学为改变命运而"孜孜不倦"地应试。社会分层意义上高考所承担的社会功能通常更贴近社会及家庭的实践逻辑。作为一项精英选拔制度，高考的选拔标准与一个社会的分层及流动秩序紧密关联。罗伯特·泰勒将1949~1977年这一时段的中国高考制度归纳为以文化资本和政治资本为核心标准的两种基本类型（Taylor，1981）。Bratton（1979）进一步将其具体化为两种选拔模型，即考试模型和推荐模型。

除此之外，也有学者从解构主义的视角来审视高考制度，将高考视为一种社会控制的手段与方式，运用福柯的理论，将教育定义为一种规训与自我规训的过程，认为考试的过程实际上就是权力的运作过程（张行涛，2003）。

二 改革原则：公平与效率之争——回归教育性

大多数学者的研究在兼顾教育性和社会性的同时，又有所侧重。在过去20多年关于高考改革的争论中，学者们通常从高考的不同属性以及不同功能的实现中所体现的原则来界定高考改革的原则。通常，对于教育性的坚持被概括为效率原则，而对地位分配功能的强调则被概括为公平原则。目前在双重属性以及功能的实现中，共识的观点是双重功能或者属性的实现之间存在一定的冲突或紧张。对于公平和效率的偏好一定程度上与不同功能的优先选择相对应。

主张公平的学者和政府官员认为，公平选才是社会大众对高考最为关注的一个方面，也是高考制度的基本功能和精神之所在，公平竞争是高考制度的根本（刘海峰，1997，2011；郑若玲，2007a；戴家干，2006；樊本富，2018）。具体论据如下。第一，统一考试及以分数为准的录取模式能够有效促进下层群体实现向上社会流动。相对于优势阶层，缺乏文化资本和社会资本的县及县以下中学的学生，只有通过自身勤奋和努力，才能弥补教育条件之不足。与其他模式相比，以考试分数为准的招生录取模式在一定程度上更有利于这一群体的高等教育机会获得（刘海峰，2010；张济洲，2015）。第二，传统文化的人情、关系和面子是多元选拔方式无法克服的障碍，社会诚信制度的不完善导致目前的高考改革应以公平为重。多元的选拔方式和录取标准由于缺乏刚性的标准，容易受到传统文化的侵蚀，从而失去公正性（郑若玲，2011）。第三，现实的高考改革实践中，曾有多项制度的改进因不利于公平而不得不被缩小范围甚至被废除，如保送生制度和高考加分政策（郑若玲，2010；樊本富，2018）。这些政策的终止在一定程度上也在不断强化公众对于高考"公平"的独特认知。应该说，公平价值在相当长的一段时间内主导着高考制度的改进，形塑着中国高考改革的某些面向。

随着统一高考所带来的应试弊端逐步显现，一些研究者认为中国高考政策长期以公平选才为首要利益诉求，使科学选才政策机制的构建面临难以逾越的观念障碍（申永丰，2007）。一些政策制定参与者也开始反思，"高考有其自身的功能与价值，不能承载过多又无法承受的教育和社会诉求"（谈松华，2018）。在过去40多年的高考改革中，这一制度所承载的诸多社会功能凌驾于教育功能之上，导致其在为高等学校选拔高素质人才方面的效率难以实现（王长乐，2012）。基于此，一些研究者提出高考的改革应该回归教育功能（郑若玲，2017），即高考制度首先要实现的是其科学选才或者检测应试者的知识、能力和素养的功能（叶赋桂、罗燕，2017）。事实上，自1977年高考恢复以来，对于公平和效率的关注始终贯穿于高考改革的过程中。只不过，每一个历史时期的侧重有所不同。对于当下而言，高考教育属性或基本功能的回归以及人才选拔效率的实现成为当务之急（钟秉林、王新凤，2017；王长乐，2012）。

第二节　组织形式：由统一高考的存废之争演变为分类考试

高考的组织形式所涉及的问题是国家与高等学校在招生考试中的权力分配。组织形式即高考由谁来组织？高校是否以及在多大程度上够参与其生源的选拔？从1977年开始恢复高考制度40多年来的演进中可以发现，这一制度的统一程度有所下降，一些地方获得了一定的考试命题权、一些高等学校获得了部分的招生自主权，如有些高校实行自主招生考试。但是总体来说，这一制度在长期的历史演进中，其价值取向始终保持着高度的内在一致性，国家深刻并且全面地影响着高等学校招生考试制度的建构，虽然高等学校和地方有了一定的自主权，但国家权力主导并强制推动其实施的形式仍然没有发生根本的改变（宋洁绚，2009），统一仍然是其最为突出的特征。

在高考组织形式的选择以及演变中，有两个关键性的历史事件影响较大。一是2007年，在中国高考制度恢复30年之际，学术界关于统一高考存废的大讨论。这场讨论从某种程度上呈现了研究者关于国家在考试制度中的角色和作用的认识差异。二是2003年，在高考的实践领域中出现了一种以探索多元化选拔方式为目标的高校自主招生试点。虽然自主招生是对统一高考的一种补充，但对于高等学校在高考中的参与来说，可以说是历史性的进步。以下将从这两个关键性的历史事件及其所产生的影响来梳理现有研究。

一 统一高考存废之争

在纪念高考恢复 30 年、40 年之时，针对高考的组织形式，学者内部存在两种针锋相对的观点。一种观点认为应该坚持统一高考（刘海峰，1997，2000）。另一种观点主张废除统一高考，针对统一高考对基础教育和农村教育所产生的不良导向，一些学者提出应该将高考从国家转移到民间或者高校，由这些机构来组织自主招生考试（顾海兵，2001）。主张统一高考的学者的论据主要包括如下几个方面。第一，统一高考公开、公平、公正（刘海峰，2000；樊本富，2005），其形式化特征有利于消除特权，给每个人一个平等竞争的平台，能否成功主要靠自己的努力。第二，统一高考能够促进社会流动（樊本富，2005b；郑若玲，2007b）。第三，在资源紧缺的条件下，大规模统一考试具有规模效益，可以节约大量人力、物力。如果让全中国 1000 多所高校都单独招考，那么会是巨大的资源浪费，需要耗费极大的组织成本（樊本富，2005；刘海峰，1997）。与此同时，国家可以通过统一考试来进行意识形态教育。在高等教育资源稀缺的条件下，选拔性考试首先应该将社会需要作为核心价值，以共性的要求组织考试，考生的个性在其中处于从属地位（樊本富，2005）。从这些论据可以看出，社会秩序、国家利益以及较少的成本均是统一高考得以存在的重要理由。主张统一高考的研究者也承认这一制度有诸多弊端，如应试体制的出现，但与上述这些根本利益相比，则利永远大于弊。在统一高考地位的维护上，研究者的话语与国家的话语体系高度一致。如 2016 年国家领导人在中央财政领导小组第十三次会议上的讲话中强调，"完善包括机会公平在内的社会公平保障体系，包括深化考试招生制度改革，维护和增强全国统一高考在人才选拔培养中的核心地位，清理规范各类特殊招生形式"。[①]

相比较而言，主张废除高考的声音多出现在非学术领域，主要是非教育研究专家提出的。2007 年全国两会上，人大代表范谊提交了《关于废除高考，创新高校招生制度的建议》，建议中认为，统一高考所导致的应试

[①] 《习近平暖心话语为广大学子加油鼓劲！》，https://news.china.com/zw/news/13000776/20180606/32486704_1.html，最后访问日期：2020 年 7 月 10 日。

体制使中国的教育迷失了方向。教育的定位应该从"选拔人"回归到"培养人"上来。① 与此同时，一些研究者也开始反思统一高考及其对中国教育所带来的负面影响，比如，统一并不等于公平，形式上的统一违背了人发展的多样化，认为这种公平是一种僵死的公平（顾海兵，2005a）。形式上的公平掩盖了中学、小学阶段教育资源配置上的城乡差异和重点校、非重点校的差异。在资源配置不均衡的条件下，用统一的标准来招生事实上是对弱势群体的排斥（顾海兵，2001）。统一高考制度导致了应试教育的产生（顾海兵，2005b）。统一高考之所以是个问题，其关键在于它否定了高校作为独立法人所必须具有的"原料采购权"（独立自主招生权）。如果高校是独立法人，它就自然拥有原料采购权——单独组织考试及其录取权。

关于统一高考的存废争论主要集中在是否要坚持统一的形式。与此相关的一个问题是，什么样的大学入学制度更符合中国的国情，更有利于人才的培养和选拔？综合上述争论，论辩的双方都是从这一制度所应该坚持的双重价值即公平和效率为出发点来考虑这一制度的优劣。主张应该统一高考者更多的是从这一制度所具有的程序正义着手，而主张废除这一制度者更多的是以效率为基点，认为中国高考制度的改革应该如同经济体制改革一样，从统一走向多样。

在争论的同时，也有学者对高考组织形式的改革持反思性的态度。雷颐从历史的脉络中分析为何民国时期大学可以自主招生，而1949年以后要实行统一考试招生，认为其根本原因在于政府和大学之间的权力关系。

2007年前后的这场争论带来了一些意想不到的结果，第一，高考研究者不再对统一高考的"统一"不加任何反思地坚持。在此之前，在中国的高考研究中所能够看到的大多是对统一高考的认同。经过此次争论，研究者开始将统一高考所带来的种种弊端（尤其是应试体制）纳入研究范围，关注改革的可能路径。在此基础上，高考研究被整合为一个统一的领域，即在维持统一高考主体地位的前提下，通过哪些补充性的形式来弥补统一高考的不足。另有少量研究仍然在专注于探究如何通过彻底的制度改革来

---

① 《中国目前要不要废除高考制度？》，http://www.china.com.cn/2007lianghui/2007-03/06/content_7913306.htm，最后访问日期：2020年7月10日。

重塑中国的基础教育和高考之间的关系。第二，政府以及大多数研究者在这次讨论中进一步统一了观点，即虽然统一高考带来的不利影响深重，但绝不可以以牺牲统一高考所带来的更大的国家和社会利益来改革。这次大讨论之后，在中国的高考研究领域，鲜有研究再去直面抨击统一高考背后的"集权"本质，统一高考再一次获得了合法性。

二 高校自主招生的政策效果研究

高校自主招生是作为统一高考的补充方式出现的，其目的是推动基础教育阶段实施素质教育，为高等教育选拔拔尖创新人才。自2001年东南大学等三所高校试行自主招生录取以来，目前自主招生共形成了两种模式：一是部分"211工程""985工程"重点建设大学面向全国或本省实行5%~10%招生计划的自主选拔，在高考成绩基础上降分录取；二是部分国家示范性高职院校和直辖市试点高职院校，面向所在省区市实行完全的自主选拔录取。高职考生参加院校自主招生测试合格后，可直接录取，无须参加高考。

研究者通常关注的是作为稀缺资源的重点大学的自主招生制度。重点大学的自主招生"主要选拔具有学科特长和创新潜质的优秀学生"，[1] 即择优。因此，在现实的运行过程中出现了对弱势群体的排斥。如张千帆的研究发现，自主招生虽然原则上面向所有学生，但在实际的政策执行过程中，一些高校在各地招生的比例没有公开，招生名额向所在地倾斜。即使是面向同一个地区，并非所有考生都有参加自主招生考试的机会，决定他们能够参与的初审过程以及初审标准并不公开。如有些高校的初审由考生所在中学来完成，而只有被该高校所认可的30所左右的市重点中学推荐的考生才能参加自主招生考试（张千帆，2010）。除了学校在操作过程中通过一些不透明的方式所进行的排斥以外，自主招生在执行过程中的标准模糊，其测评方式、考核内容、实施环节的相关特征以及优势阶层家庭子女在基础教育阶段的素质教育或者"课外辅导"中所获得的优势也在很大程

---

[1] 《教育部关于进一步完善和规范高校自主招生试点工作的意见》，http://old.moe.gov.cn//publicfiles/business/htmlfiles/moe/s4559/201412/181761.html，最后访问日期：2014年12月14日。

度上导致这一政策实施的结果是"不公平"的，家庭文化资本积累较少的学生尤其是农村生源在这场竞争中被排斥在边缘地位（鲍威，2012）。自主招生的机会更加青睐于来自知名重点中学的、家庭社会经济地位优越的城市独生子女（尹银等，2014）。

自主招生制度的目标是选拔具有学科特长和创新潜质的优秀学生，研究者通常通过比较自主招生录取的学生和统招生的差别来考查自主招生是否能实现政策初衷。基于不同的样本和不同的测量指标，在这一问题上，现有研究并未得出一致的结论。文雯、管浏斯（2012）基于对清华大学实施的中国大学生学习投入调查数据的分析发现，自主招生的学生在学习能力和学习兴趣方面均优于统招生。而马磊等（2009）对上海某大学的研究发现，自主招生录取的学生在能力和素质方面能够达到和适应大学的学习要求，入学后整体的学习成绩不低于统招生。一项基于北京三所高校的数据的研究对自主招生录取中的一个特殊群体，即破格录取者的学业表现、社会活动能力、非认知能力、毕业后的计划和实际去向等与统招学生进行比较后发现，二者并无显著差别（吴晓刚、李忠路，2017）。还有学者从自主招生的试题质量以及学生质量两个角度对自主招生制度的效果进行评估，结果发现，自主招生试题虽具特色，但质量较低，自主招生录取的学生在大学初期初显特色，但大学的培养模式限制了这些特色的进一步发展（李雄鹰，2013）。鲍威的研究发现，作为选拔具有学科特长和具备创新潜质的人才选拔机制，高校对自主招生制度做出了积极的探索。虽然自主招生制度选拔的学生入学后学业表现优于统考生，但没有超越保送生。该制度在选拔特色及功能分工方面，与既有的高校学生选拔制度，特别是保送生制度之间存在较大重叠，功能互补性并不明显（鲍威，2012）。

从以上关于自主招生政策实施效果的研究分析中可以发现，第一，这一制度不利于教育公平；第二，自主招生选拔的学生是否比统考生更为优秀仍然有待检验，现有研究对此之所以没有达成共识，可能的原因之一是通过自主选拔考试的学生仍需参加统一高考，高考分数仍然是录取的核心依据，由此自主招生很难对基础教育中的应试导向产生实质性影响；第三，从自主招生政策实施过程来看，高校作为一个选拔主体，其选拔能力作为高校能力建设的一个部分亟须提升，且在选拔过程中的短期行为亟须规范。从这三个方面来看，高校自主招生作为统一高考的一个补充，很难显著扭转中国统一高考所产生的系统性影响。

总体而言，统一考试作为主体的制度设计充分肯定了政府的重要地位。两种类型的大学自主招生在多大程度上能够分流学生的选择，进而减少统一考试对于基础教育的强引导作用，仍然需要一定的条件，只有当"高度或过度重视教育的文化传统和只重名牌大学的价值观有所改变"（刘海峰，2010），人们有差异化的需求时，才有可能通过自然分流的方式将不同群体分流到不同的考试中。从目前的状况来说，学生选择的趋同性以及大学自主招生与统考相捆绑的模式共同导致自主招生制度不会有效缓解应试问题，也不会有效提高人才选拔的效率，因为无论谁都无法跨越统一高考而直接被高校录取。而且，从大量的事实可以看出，在自主招生的过程中，大学要想跨越统一高考分数而直接录取一名禀赋超常的学生通常也要面临诸多的道德风险，在诸多障碍面前，大学常常不得不止步。

第三节 考核内容和录取制度改革研究

除了组织形式以外，考核内容和录取制度也是高考改革的重要内容。考核内容包括高考命题的组织方式以及考试的科目结构、具体内容等。高考命题的组织方式在一定程度上反映的是不同主体尤其是中央和地方政府在考核中的权力分配。具体的考试内容主要指高考的学科结构以及每个学科的内容，内容设定在一定程度上会引导和形塑基础教育的学习和教学过程，也会决定高校生源的知识基础和能力结构。录取制度中最为核心的问题是高校依据什么标准来取舍学生。录取标准的演变与高考的组织形式类似，经历了从单一到多元的过程，其背后也同样反映了主导价值观的变化。

一 高考命题的组织方式：统一还是分省份

高考命题的组织方式有三种形态，第一种为国家统一命题，第二种为分省份命题，由各省级的教育招生考试院组织专家命题，第三种为第一种和第二种的混合。命题方式的实质是考试权的集权与分权的问题，涉及中央和地方政府两个行为主体的权力分布。对于集中和分散命题方式的偏好同样反映了研究者对于高考的价值偏好（公平还是效率）。对于中央政府来说，统一命题在某种程度上是贯彻国家意志、实现国家利益的重要手段，也是中央政府对地方教育进行管理的一种重要途径。对于地方政府来说，我国基础教育的统筹权在省区市，分省份命题在一定程度上有助于地方政府在命题过程中结合当地的基础教育发展状况和特征来设定教育考核的内容和目标。从一定意义上说，权力和责任的统一也更容易使地方政府真正为地方基础教育的发展问责。

统一命题的最大优势是可以最大限度地确保高考公平竞争，而分省份命题则有很多弊端：使考试风险分散的同时也使风险呈扩大化；分省份命题质量不一，难度波动过大；实施分省份命题后，部分省份的命题质量、考试安全受到质疑，削弱了高考的权威性（刘海峰、谷振宇，2012）。分省份命题成本较高，受各地资源的限制，而且在命题技术和考试安全上存在较大压力（李木洲，2011）。

与统一命题相比，分省份命题更多地可以兼顾地方的差异性，有利于各省份根据新课改的不同进度实行新高考。与此同时，分省份命题通过赋权地方政府，增强地方政府对基础教育的统筹管理。此外，尤为重要的是分省份命题可以有效降低全国大范围高考的安全风险（覃红霞，2006）。

总体来说，中国的高考命题是以统一为主、个别省份自主命题为辅的格局。中央政府在高考命题中具有主导性的地位，地方政府更多的是执行者的角色。这一状况一直持续到 2004 年。① 2003 年，四川高考发生泄题事件引发了统一命题的安全危机，导致从 2004 年起分省份命题的省份增加到 11 个，2006 年增加到 16 个，约一半省份采用分省份命题，这一状况一直持续到 2014 年。2014 年，部分省份开始回归全国卷，到 2016 年除北京、天津、上海、江苏和浙江以外，其他省区市都重新开始使用全国卷。分省份命题向统一命题的回归过程实际上反映的是中央政府重新收归命题权的过程。

二 高考科目改革

考试内容和科目改革是高考制度的重要组成部分，目前改革的主要目标是减少应试导向，并增强学生和高校的选择权。改革主要围绕高考学科

---

① 中国自 1977 年恢复高考，从 1978 年开始实行全国统一命题，之后上海从 1985 年开始单独命题，北京从 2002 年开始自主命题。2004 年以前，其余省份均为统一命题。

结构的设置以及高中会考和高考关系的安排两个部分展开。

从1977年开始,中国的高考科目就是文理分科。但高考的高利害性和高竞争性,导致在中学出现了文科生不学理科、理科生不学文科、高中毕业生知识结构残缺不全的状况(刘希伟,2018)。为了纠正基础教育领域中严重的应试行为,且缓解高考的压力,教育界展开了一场关于高考改革的大讨论。在讨论中达成的共识是增加科目设置类别以及高校和学生的选择。大讨论的结果是最终促成了1990年10月《国家教育委员会关于改革高考科目设置的通知》的出台。在这一政策文件中,高考科目分为四组,① 高校及系科可以根据高考科目组的设置状况及自身特点,选择一组作为应考科目,考生则根据高校、系科、专业所要求的考试科目组选择一组来参加考试。这一改革的基本思路是通过会考来保证学生的基础知识和基本技能的掌握,通过减少高考科目来减少学生的应试压力。从文本而言,这一政策同时增加了高校和学生的选择权,但最终因为语文和数学并非必考等原因而被放弃。

之后从1993年开始全国普遍实行"3+2"方案,高考分文理科两大类,语、数、外为必考科目,文科加考政治和历史,而理科加考物理和化学。由于生物和地理两科被取消,出现生物教师大量流失、大学生物专业招生和毕业困难等一系列问题,这一方案遭到学术界的强烈反对。② 这一方案于1999年被"3+X"方案所取代,语、数、外为必考科目,而"X"指高等学校根据本校层次、特点的要求,从理(物理)、化、生、政、史、理(地理)等六个科目或综合科目中自行确定一门或几门考试科目,考生根据所报志愿参加高校(专业)所确定科目的考试。与之前的《国家教育委员会关于改革高考科目设置的通知》中的规定相比,"X"部分的制度设计赋予了考生和高校更多的选择权和空间。在"3+X"方案的宏观架构下,一些省区市进行了不同模式的试点。但结果均以失败而告终,其中的原因主要有几个方面:第一,"综合"科所能给予高校和学生的选择只是二选一,选择空间过小;第二,增加科目选择性的同时也需要高中以类似

---

① 第一组:政治、语文、历史和外语;第二组:数学、语文、物理和外语;第三组:数学、化学、生物和外语;第四组:数学、语文、地理和外语。

② 1996年,中国科学院71名院士联名致信党中央和国务院,呼吁必须重视生命科学教育,撤销高考免考生物的决定。

的教学资源配套为条件；第三，不同科目分数难以直接比较而导致考生以考分最大化收益为目标而弃理选文（刘希伟，2018）；第四，高中围绕考试科目的应试现象不但没有减少，反而有所增加。从缓解应试压力来看，"3+2"方案和"3+X"方案无本质不同。除此之外，有研究以山东某县级市2005~2009年的高考数据为基础，发现"3+X+1"的高考方案导致基本能力测试这一素质教育改革的新亮点被应试化，改革并没有到达预期的目标（张冀南、刘思琦，2012）。

2014年，新高考综合改革方案试图通过高中学业水平考试和统一高考相结合的方式，来进一步增加学生和高校的选择权。从上海和浙江的试点来看，首先是取消文理分科，其次是将高中学业水平考试纳入高考的评价体系，考生总成绩由统一高考的语文、数学、外语三个科目的成绩和高中学业水平考试3个科目成绩组成。全面扩大选考科目，形成必考和选考相结合的科目结构。浙江考生可以依据自身兴趣特长和报考院校要求自主选择选考科目，科目组合达35种，每一选考科目有两次考试机会。上海的考生也有20种选考组合。另外，这一方案也有可能会增加高校的招生自主权。

针对这一新的改革方案设计的合理性以及在试点地区的落地过程，不同研究者对这一方案的问题和效果进行了研究，主要有如下几个方面的发现。第一，从某种程度上看，基础教育中存在的应试主义倾向难以得到有效缓解。针对这一政策所提供的机会，学生会基于最大化高考收益的逻辑来组合自己的高考科目。比如，考生和家庭会出现对某些科目的策略性放弃，比如理科生会放弃难度较高的物理。选考之外的科目会在新的一轮高考方案的推行中成为弱势学科（刘宝剑，2015）。第二，高中学业水平考试的目的应该重在达标，而非择优和筛选，将其纳入高考最终分数只能导致这一制度的达标功能被弱化（叶赋桂、罗燕，2017）。而如果要强化其筛选功能，则可能需要在基础考试和达标考试的基础上进一步设计与择优选择相关的考试。但这一考试与统一高考之间的关系又需要进一步理顺。第三，高中不分文理科，为学生提供大量选择，与此相关的倡导的走班形式需要高中具有充足的师资和教育资源（谈松华，2018），中国大多数的高中尤其是农村高中基于自身有限的资源，在长期的应试过程中，形成了策略性的优化组合。而这一资源现状是无法为新高考改革方案下的学生提供多种选择的。所以，在短期内，很难期待新高考改革能够真正使中国的基础教育摆脱应试倾向。

三 录取制度：一元向多元的转变

统考分数之所以在相当长的时间内成为录取的唯一标准，其原因在于无论是政府、高校还是中学均认为这是统一高考的公平和公正所在。一些研究者认为，为了维护高考制度的程序公正，现阶段最合适的依据还是学生在统考中的成绩，学生的中学成绩、会考成绩等缺乏可操作性（刘海峰，2000）。但"唯分数"的录取标准导致了高中教育异化，忽略了学生个体发展的除智育以外的其他面向（文东茅，2014）。由此在高考中出现了多种补充性机制，如自主招生、保送生制度以及其他高考加分制度。这些制度在很大程度上是统一高考的补充性政策，在促进学生全面而又有个性地发展、为高校选拔人才提供多元评价信息方面做出了重要贡献。但是由于在具体的政策执行过程中出现了一些影响教育公平的问题，上述政策规模越来越小，限制越来越严苛，无一能逃过以公平和公正为名义的批判。大学的录取最终又不得不回到分数是考试招生公平唯一可靠依据的老路（谈松华，2018）。

2014年新高考改革方案中，针对统一的录取标准不利于学生创造力培养的问题，提出了以后的改革方向为综合评价、多元录取。所谓综合评价，指的是由多个主体对学生的多个方面进行综合考核评价，多元录取指的是分数不再作为唯一的录取标准，高等学校在最终录取时需要参考多方面的依据。具体来说，包括"两依据一参考"（"两依据"：高中学业水平考试和统考，"一参考"：综合素质评价），其目的在于打破唯分录取，实现多元录取。最终录取的主体是高等学校，录取依据的提供者包括多个主体，如高校、中学（高中实施综合素质评价）等。改革新方案原则性地规定了"两依据一参考"，但是没有给高校提供一个刚性的标准，如学业水平考试和统考之间的相对比例、综合素质评价在多大程度上可用等。在具体的政策执行过程中，高中所提供的综合素质评价成为最有争议的内容。

针对多元录取以及综合素质评价的使用，一些研究者提出需要满足一些约束条件。原先的统一高考坚持者认为，要实现上述改革需要一定的条件，如社会诚信体系的建设（刘海峰，2010）。从浙江和上海的试点来看，目前，综合素质评价要真正在录取中发挥作用，仍然面临着诸多不确定性，第一，中学是否、能否且愿意真实、系统记录学生各方面的表现，这意味着基础教育中需要建立系统的学生评价体系。第二，高校在多大程度上会使用综合素质评价。第三，综合素质评价纳入录取范围是否会使高考的录取更加不利于农村及边远地区的学生（谈松华，2018）。在这些方面没有系统的制度和程序进行规范，且政策可能的效果没有被验证之前，综合素质评价可能难以真正发挥作用。从这个意义上说，"唯分数论"仍然在相当长的一段时间内延续其影响。

第四节 高考制度的运行后果

统一高考是基础教育领域中的行动者（包括政府、学校、教师、学生和家长等）所不得不面对的制度约束。为了增加升学机会，长期以来，在基础教育领域中形成了一类围绕着提升考试成绩的组织化行为，即应试行为。高考是应试体制形成的最主要原因，除此之外，应试体制的存在还有一些社会性的基础，包括中国人的传统观念、以学历取人的就业制度等（钱民辉，2000；黄国勋、唐佐明，1999）。大规模的应试行为起始于20世纪80年代，苏珊娜·佩珀的田野研究最早描述了这一时期应试行为的一些特征，并认为考试的运行过程以及结果在一定程度上导致精英的复制与再生产（Pepper，1984）。但总体上说，这一时期学校层面的应试是学校、教师和考生个人面对考试进行的自发探索，不具有体系化的特征。现有研究主要从学校组织地位的形塑、学校层面的行为以及学校内不同行动者的行为三个层面来描述高考的运行后果。

一 学校组织地位的形塑

学校先赋地位的差异，尤其是新中国成立以来由重点中学政策所形塑的重点与非重点中学之间的等级序列，是每一所中学的发展所面临的客观现实。早在2000年初，一些研究就发现，地方政府为了追求以"升学率"为标志的教育绩效，对教育资源进行亲疏有别的不均衡配置，由此导致了教育领域内的"马太效应"，重点学校得到的钱越多，办得就越好，就越受领导重视，也就越容易得到钱（马戎，2000）。

"县中"以及超级中学被描述为地方政府为追求高考升学率所进行的制度创新。县中模式和超级中学最早是通过一些新闻报道进入公众以及研究者视野的。一些研究对超级中学所置身的制度和社会基础做了详细分析,研究发现,超级中学是政治、市场以及文化等多重逻辑引导下的应试产物(习勇生,2014;田汉族等,2016),具体而言,国家对高中政策的导向及治理方式、地方政府对教育政绩的追求、学校对生存危机的积极应对和对教育品牌的主动追求、家长和学生对优质教育的迫切需求和对升学的强烈渴望等因素共同导致了超级中学的产生。多重逻辑意味着多个行动者的存在,这些不同的行动者如何行动尤其是如何与自身所处的制度或环境互动,进而导致了超级中学的产生?对这类研究少有学者关注。总体来说,对于超级中学组织形态的关注多为媒体或者一些中学实践者,少有学者深入研究"县中"模式和超级中学的运行过程及机制。

超级中学的出现产生了一系列的社会后果,如加剧了普通高中之间在教育资源禀赋、一流大学入学机会、办学声誉与社会支持度等方面的差距(习勇生,2014)。基于超级中学破坏教育生态的教育现状,一些学者大力呼吁应该尽快重拳治理超级中学,消除"超级中学"或者遏制其不断扩张的冲动或者约束地方政府的行为(熊丙奇,2015)。

二 应试体制在组织层面的运行过程

目前的少量研究发现,应试体制在学校层面主要体现为学校为升学而教育,学生为升学而学习,课程的组织、内容和教学方法完全围绕高考应试而展开;考试制度使学生两极分化并使学习成绩差者、学习迟缓者处于严重的不利地位,使他们在一层层考试中被过滤掉(金生鈜,2001)。应试过程本质上是对教师和学生不断进行规训的过程。一项研究运用关系的视角分析了应试透镜下的师生互动。研究发现,师生之间的利益关系和亲密关系共同导致了学生的地位分化。在利益关系驱动下,教师的教学内容会围绕学校设置的升学"目标线"来组织。只有学习成绩在"目标线"附近的学生,才有可能获得更多的教师的青睐。而在亲密关系驱动下,优等生往往比差生更能获得更多的辅导机会。两种关系模式相互交错,共同导致了学生的地位分化(周序,2014)。

除此之外,大多数研究对应试体制的制度环境和生存逻辑的分析多建立在似乎已经达成充分共识的基础上。客观上说，学校所生存的环境并非单一的应试，新课改、素质教育等也是重要的、学校无法忽略的制度环境。学校如何处理自己所面临的诸多环境之间的矛盾或者不一致之处？学校如何满足不同社会阶层的诉求？从研究现状来看，似乎尚未揭示出学校生存的多重而丰富的面向。

三 个体层面的应试行为及后果

从个体的层面来说，正式的教育制度以及非正式的传统观念等推动着个体升学，无论哪一种取向的升学行动，其背后都蕴藏着升学者的理性决策（杨志勇，2004）。一些研究从经济学的成本收益的视角来分析学生的学习行为，其中分数为因变量，学习时间为自变量，为了实现成绩的最大化，不同知识基础、智力水平的学生采取了不同的时间分配策略。这些不同的策略组合的一个共同之处就是维持边际产出（边际成绩）的最大化（王一涛，2005）。

教育制度不同、规则不同，应考者的行为模式也会不同。一项研究比较了北京大学和耶鲁大学两校学生的应考过程，研究发现，两国考生由于制度要求不同，应考行为也不同。中国的高校招生基本以统考考分为准，相对单一；美国的制度在标准考试分数之外还包含对平时成绩和课外活动等的要求，评价标准更加多元。由于所要应对的考试不同，两类学生的备考模式也具有显著差异，中国精英学生专心学习，吃苦耐劳，作息时间紧凑，承受巨大的心理压力，而美国精英学生则在选修有难度课程的基础上，还需要积极参与多种课外活动来达到大学的录取标准（钟逸婧、彭凌雨哲，2010）。规则不同，人们应对规则的行为就会产生差异，进而选拔出的个体的能力和素质结构也会有显著差异。

除此之外，复读也是与高考相伴生的一种政府屡禁不止的现象。高考一次性考试中所存在的高风险、劳动力市场对于高学历的高回报、家长对于子女的高教育期待以及部分高中对于经济利益的追逐等共同导致了复读现象的产生（赵勇、陈卫，2012）。2016年，全国高考报名人数为940万人[①]，高

[①] 《2016年全国高考人数940万》，搜狐网，https://www.sohu.com/a/81137077_159125，最后访问日期：2021年2月19日。

中应届毕业生为792万人①，也即大约有15.7%的（148万人）考生为复读生。在农村地区这一比例更高。一项研究利用东部、中部、西部地区三个县的高考报名数据进行分析发现，农村地区高中复读人数呈现递增趋势，复读生人数占全部高考人数的比例达到了34%（杨润勇，2006）。如果以复读生占前一年高考落榜生的比例来衡量，这一比例会更高。如田虎（2009）的研究估算出我国每年落榜生中大约有62%的人会选择复读。

第五节　比较视野中的高考制度

所谓高考，即大学入学考试。不同国家具有不同的社会流动规范，而这些社会流动规范又塑造了不同国家教育体制的独特气质，从而决定了高考的具体形态。综观世界各个国家和地区的大学入学选拔制度，有两种最为基本的类型，一为考试制，二为证书制。美国、日本和中国均为考试制，英国、法国、德国为证书制。两种类型的选拔制度所依赖的社会流动规范存在较大差异。实行考试制的社会，其精英的选拔所体现的是竞争性社会流动规范（contest mobility），而实行证书制的社会，其精英选拔所体现的是赞助性社会流动规范（sponsored mobility）。证书制并不意味着学生进入大学不需要参加任何考试，而是大学入学选拔与中等学校毕业资格考试②为一体。而且，在特定类型的中等学校与高等学校之间存在一种较为稳定的连接，如英国文法中学与大学、技术中学与技术学院之间具有相对稳定的连接。③ 考试制多在国家教育体制为单轨制的情况下被采用。即使同为考试制，由于高

---

① 《各级各类学历教育学生情况》，教育部网站2016年教育统计数据，http://www.moe.gov.cn/s78/A03/moe_560/jytjsj_2016/2016_qg/201708/t20170823_311668.html，最后访问日期：2021年2月19日。
② 法国为高中会考。
③ 具体的发展路径是，文法中学的学生五年修满之后，经过一般水平的普通教育证书考试，合格者升入第六学级继续学习两年。通过高级水平的普通教育证书考试达到一定成绩之后，进入大学，其他的进入劳动力市场。而技术中学的学生经过16岁考试之后，成绩优秀者进入第六学级继续学习两年专业技术课程，通过高级水平证书考试的进入技术学院，其他的进入劳动力市场。综合中学的学生升入中学五年之后，经过16岁考试，成绩优秀者可以进入第六学级进行学习，两年之后通过高级水平的普通教育证书考试并达到一定水平者可以进入高等学校，其他的进入劳动力市场。

等教育的治理结构不同,高考的具体形态也存在差异。以下主要从考试的组织形式及其中所隐含的权力关系结构两个方面来对其他国家所采用的主要的大学入学选拔制度进行类型归纳。

一 考试的组织者及组织形式

从组织者来看,可分为以中国、韩国和日本为代表的国家教育行政部门统一组织,以英国、法国与德国为代表的中央、地方分工协作以及以美国为典型的第三方专业考试机构组织。考试机构可分为由国家统属的考试机构(中国、日本和韩国)、地方所属的考试机构、专业的考试机构(美国)以及大学。

在具体的组织形式方面,可以分为国家统一组织、大学单独组织、专业考试机构组织等多种形式。一些国家采用了上述其中一种组织形式,如美国采用的是专业考试机构来组织,中国的高考是国家统一组织。还有相当一部分国家采用多种组织形式,如法国和日本。法国的大学入学考试由两种考试组成,一种是高中毕业会考,通过这一考试的学生可以获得由国家统一颁发的"业士"学位,而且凭借这一文凭可以直接进入各类综合性大学;另一种是由各种大学自己组织的入学考试,这类考试竞争非常激烈。日本的大学入学考试分为:一是由大学入学考试中心组织的全国性的"中心考试",类似于中国的统一高考,但是难度要大大低于中国的高考;二是由国立、公立大学自主组织的与专业相关的专业考试(康乃美、蔡炽昌,2002;韩家勋、孙玲,1998)。

二 权力关系结构

不同国家的大学入学考试制度中所涉及的行动者不同。大体来说,可以分为三类行动者:政府、专业考试机构以及高等学校。在考核这一环节中,根据权力分布可以做如下划分:中央政府主导(如中国、韩国和日本)、专业考试机构与大学分工(英国、法国)、专业机构主导(美国)以及大学主导(美国早期私立大学、中国20世纪20年代的高等学校、印度高校)四种类型。①

---

① 前三种类型的划分主要来源于韩家勋、孙玲(1998)。

在录取这一环节中，除了中央政府主导的统一高考制度之外，在专业机构主导及大学组织的考核制度中，大学具有决定是否利用考试结果以及应用到什么程度的权力。以美国为例，学校不仅可以根据自身的发展定位和需要来自主决定是否采纳学术能力倾向测试 SAT（Scholastic Aptitude Test）或美国大学入学考试 ACT（American College Test）的成绩，而且还拥有自主决定上述分数在学生素质考核中所占比重的权力。在由大学主导的考核制度中，学校在最终的录取中具有决定权。在专业考试机构和大学分工的类型中，由于专业考试机构主要接受大学的委托或者是隶属于大学，因此，大学在最终的录取中也具有决定权。

在中央政府主导的选拔制度中，大学在录取中的自主行动空间很小，以中国的高考最为典型。日本 1990 年以前为统一考试，之后进行了改革，将"共通第一次考试"改为"大学入学中心"考试，在原本政府居于主导地位的体制中，逐渐为大学提供更大的行动空间，如大学可以自主决定对于"大学入学中心"考试的利用程度。导致这一权力结构变化的最主要因素是以赋予高等学校自由运作权力为核心的国立大学法人化改革（蓝欣、王处辉，2006）。高等教育的治理结构，即政府与高等学校之间的关系是决定一个国家大学入学考试制度的重要因素。通常而言，在具有学术自治传统的国家的大学入学选拔制度中，大学权力较大，学校会根据自身的发展状况来决定如何选拔以及选拔什么样的人才，而不同学校的发展状况不同，由此导致这些学校的入学选拔制度具有多元化的特征。在不具有学术自治传统，且政府对于高等学校的发展干预较多的国家的大学入学选拔制度中，大学对于选拔的参与较少，政府通过组织统一的考试来为高等学校选拔人才。

事实上，不同国家的大学入学选拔制度可以以政府和高等学校的权力分布为基本线索排列为一个序列，序列的一端是以分权、多样化为特征的美国大学入学考试制度，序列的另一端是以高度统一为特征的中国统一高考制度。连续体的中间是不同的国家，如果将考试组织形式、考试内容等分别作为一维来考虑，则每个国家都可以在这一多维空间中找到自己的确切位置。

假设大学入学考试对基础教育具有导向作用，那么不同的制度类型可能会对基础教育产生不同的影响。具体来说，大学在入学选拔制度的制定和实施中所具有的权力越大,就越有可能根据自身学校的定位和发展需要来设计自己的选拔制度。在一个充分分化的高等教育系统中,自我角色定位不同的高等学校,其选拔制度也不可能相同。在这种情况下,即使升学率对一所中学的发展很重要,但是,由于学生需求不同、不同高等学校的选拔制度也不同,中学所能采取的应对方式也只能是全面培养学生素质能力来服务于考试。在这种情况下,基础教育必然会呈现勃勃生机。反之,大学在入学选拔制度的制定和实施中所具有的权力较小,政府通过单一的形式来为所有高等学校选拔人才,在这种情况下,对于一所中学来说,如果升学率关系到学校的生死存亡,那么它必然会构建系统的应试策略来提升自己的升学率。

小　结

总体而言,中国的高考制度具有高度集权的特征,无论是从组织形式,还是从考核内容、命题来说,均体现了统一的特征。虽然从中国教育改革放权的大脉络来看,高考的统一性不断被减弱,异质性在增强,但这些异质性多为补充性内容或辅助性方式,统一始终是最为核心的特征。统一高考的形式化特征与民众的诉求在长期的历史过程中形成了一种特殊的联结。这种联结塑造了一种特殊的高考研究话语。在这一背景下,中国的高考研究有一个独特的坚持统一和统一唯分数论的"唯公平学派"。唯公平的话语体系几乎主导了1977年以来40余年的高考历程,学者的话语体系、社会对于公平的需求以及符合国家利益的大一统的高考模式形成了一个相互强化的体系。直到近十年来,高考教育性的回归或者效率的彰显才进入高考研究的主流话语体系之中。

针对高考教育性的回归,2014年国务院出台《关于深化考试招生制度改革的实施意见》,提出建立分类考试、综合评价、多元录取的考试招生模式。从目前上海和浙江的试点经验以及长达十多年的大学自主招生的试点经验来看,这一新的模式尚未对基础教育产生新的影响,而且试点模式能否以及在多大程度上会推广仍然有待进一步的实践和研究。从某种程度上看,以"统一"为特征的"唯分数录取"方式仍然有可能在一定的时间内发挥主要的作用。总体来说，现有研究仍然存在以下几个方面的缺失。

第一，经验研究不足。虽然高考始终是中国教育政策改革的焦点且国家从1977年以来进行了多方面、多层次的改革，但目前少有学者对这些政策的效果进行系统的经验研究。高考研究很多时候是停留在价值观争论的层面，除了大学自主招生的相关研究以外，少有系统的经验研究来支持。这是现有研究的一大不足。这在一定程度上使中国的高考研究难以对国家的政策改革提供系统有力的证据或者支持。

第二，技术取向的研究较少。对于高考制度的改革及制约因素，现有研究主要关注传统文化、政治因素和经济因素，对于技术因素如测量理论、考试技术和评价模型等的关注和研究远远不足（柳博，2010）。客观上存在很多种人才选拔方式，但判断一种选拔方式是否有效一方面要看其效度，即通过该选拔方式选出的人才是否真正具备学习高等教育内容所需要的素质，另一方面要看其信度，即该选拔方式是否稳定可靠。具体到高考试卷的编写，每一个题目的设计都需要经过信、效度的检验。而这些一方面依赖于命题参与者对命题所涉及专业知识的掌握，另一方面依赖于其对于测量学的理论和技术的把握。从这个意义上说，高考试卷的编制应该建立在先进的心理测量理论和技术的基础上。要保证高考试卷的科学性，试题的编制、评分以及反馈过程都要有心理或教育测量工作者的参与和研究（杨向东，2007）。由此，无论是选拔技术的有效性，还是高考试题的科学性，目前国内学者对此的关注严重不足。

第三，虽然诸多研究均认为高考承担着重要的社会功能，对这些功能的过度关注甚至抑制了其教育功能的发挥，但少有研究将高考真正置于社会结构的脉络中系统分析高考的社会基础。如有研究指出，传统文化对于高考的公平有较高的诉求，但这些研究尚未对决定高考特定的制度形态的参数进行结构性的描述与分析。因此，高考如何被决定，哪些基础条件影响甚至决定了高考的具体形态，是今后的研究需要深入关注的。

第四，应试体制是高考改革的现实起点，也是统一高考运行的后果，但目前少有研究对应试体制的运行进行系统研究。应试之所以成为基础教育中体制性的特征，很重要的原因在于其不是单个个体自发的行为，而是一种系统性的行为。无论是地方政府，中学、家长还是学生都被卷入其中。目前一些文献描述了应试体制的一些特征，但未对这一系统及其运行进行深入的刻画与分析。决策者虽然希望通过高考制度的改革来改变应试体制，但对于应试体制的内在运行却缺乏系统的了解和把握。除此之外，作为高利害、高风险的竞争性考试，高考是许多教育矛盾和社会矛盾的集合点和表现点。社会力量在影响或制约高考改革的同时，也参与到了应试体制的形成之中。但在当下的应试体制研究中，对于这一点的关注仍然不足。

第二章　理论述评与研究设计

理解应试体制、中国高考乃至整个教育对于中国人的意义需要从两个方面来进行。一方面，需要将教育置于现代化的话语体系中，研究在现代社会中教育与社会分层及个体社会地位之间的关系，这是教育的普遍性；另一方面，需要将教育置于中国特殊的历史文化情境和当下转型的社会脉络中来考察教育对于中国人的特殊意义。

就教育的普遍性而言，在现代社会中，教育或文凭是一种体现社会地位的"通货"，与社会的阶层结构以及社会流动之间存在着紧密关联。社会学关于社会分层的研究存在两个基本的理论传统：功能主义传统与冲突论传统。两种传统对于教育在社会分层中的角色进行了不同的定义。功能主义将社会分层视为维持社会系统的普遍的功能需求，个体通过教育而获得的技能水平是社会分层的关键维度。人类社会进入工业社会以后，在机会均等的教育制度设定的前提下，教育是个体实现向上社会流动的有效途径。冲突论则认为，功能主义的分析忽视了不同的集团对学校教育所产生的不同影响，社会分层本身是不同集团力量不均衡的表现，教育是在社会优势集团的控制下，实现社会再生产的工具。在两种不同的理论视阈中，教育与社会分层之间的关系呈现了截然不同的面貌。

基于中国传统社会中的社会流动经验，一些西方或中国学者对科举制度社会流动功能的研究构成了功能主义研究体系中不可或缺的一部分。虽然所置身的社会形态截然不同，但他们关于教育社会流动功能的假设基本相同。对于中国高考制度的研究无法脱离这样一个坚信教育可以改变命运的独特的社会情境。本章将从功能主义和冲突论两个方面来综述教育对于个体地位获得的作用机制，因为这些机制同样形塑了基础教育中各个层面行动者的行为。

第一节 功能论视角：社会流动机制

一 功能主义的论述

功能主义者分析社会阶层化的基本思路来源于涂尔干社会分工的思想灵感。社会稳定需要秩序，要形成稳定的秩序，就需要社会分工，而分工的结果就会形成高低不同的阶层结构。社会阶层化是所有社会的基本特征，阶层化提供了社会合作的基础，所有人都能从中获益。

K. Davis 与 W. E. Moore 在 1945 年所发表的《分层的一些原则》一文针对不同社会位置的人具有不同的等级声望这一现象提出了自己的解释：为了使社会能够正常运转，社会必须具有某些必要条件，其中合理分配社会成员到合适的社会位置就是必要条件之一。在他们看来，"作为一种有效的机制，一个社会必须用某种方法把成员分配到不同的社会位置上，并且诱使他们去承担该社会位置的责任。社会根据不同社会位置的重要性给予不同的职位以不同的报酬，从而给社会成员以激励"（Davis and Moore, 1945）。那么，什么样的社会位置具有高的声望等级呢？他们认为，与其他社会位置相比，功能更加重要的位置以及需要更专门的技术或能力去承担责任的位置应该具有较高声望与报酬。

从上述分析中可以推衍出教育和地位之间的关联。教育作为一个技术和能力的培养机构，其所获得的技能越重要、越稀缺，也就越容易促使个体在地位竞争中获得更为重要的位置，进而促进个体的地位获得或者地位流动。从这个意义上说，教育决定了成功。这一点也得到了帕森斯的认同，在他看来，现代社会的特征之一是，从先赋地位转向成就地位，从特权制度转为技术功绩主义。学校教育具有两项基本功能：其一，社会化功能，学校教育传递社会价值，对下一代进行社会化教育；其二，选拔人才的功能，使每个人都能人尽其才、才尽其用。学校教育以个人的成绩为原则公平地衡量每一个人（郑世仁，2000）。成绩是个体的外在能力的标志。在功能主义的理论架构中，学校教育对于个体地位获得或流动的作用在一定程度上是"成就地位"和"技术功绩主义"的例证。

另有一些学者从社会控制或社会流动规范的角度构建了教育促进地位

流动的不同模式，不同模式又进而形塑了微观层面个体的行为。特纳认为，每个社会都必须解决如何维持个体对该社会体制忠诚的问题。"在一个形式上是开放的并且向大众提供教育的阶级制度中，人才选拔模式决定了社会地位的升迁模式，这一点是形成学校教育制度的关键，它甚至比社会地位升迁的程度还要重要。"（Turner，1960）他以美国和英国的社会精英筛选过程为典型，概括归纳出两种社会流动方式，赞助式升迁流动与竞争性升迁流动。升迁流动的规范对教育制度产生了一种恒常的张力，决定了学校教育制度的形态，而学校教育制度又在某种程度上塑造着个体对于对社会制度的忠诚。作者以美国为例所呈现的竞争性规范及其对个体所产生的影响为本研究提供了真知灼见。如通过未来主义取向、有抱负的规范等多重方式来促进个体对于体制的忠诚；每个个体都在为精英地位而竞争，没有最终的胜利者，成功本身是相对的，而每次成功只是在为下一次的参与积累更多的才能；等等。研究者对于竞争性升迁流动下的这些特质的描述几乎可以在中国社会得到全部印证。特纳的理论为分析不同流动规范下个体的教育行为提供了微观的基础。

功能主义者的分析基本上是在现代化的框架之内，将教育作为获致因素来看待的，强调教育对于个体社会地位提升的作用，功能主义者所持有的对于不同的社会位置依其功能差异给予不同报酬的观点，被后来的地位获得研究者作为评估各种职业和社会经济地位的依据。

二 社会流动研究中的独特谱系：科举及考试制度的研究

除功能主义学派以外，还存在着另外一个与中国关系极为密切的研究体系，即对于与科举及考试制度相关的社会流动的研究。与科举及考试制度相关的社会流动研究是中国社会流动研究中的一个独特谱系。与上述结构功能主义的论述不同的是，科举制度撇开了教育的技能面向，将注意力集中在科举以及教育所促进的社会流动上。虽然同在功能主义的框架下展开，但与结构功能论者不同的是，与科举及考试制度相关的社会流动研究者认为，科举制度作为一种文官选拔制度，其承载的教育内容，即儒学本身不是一套基于职业分化的技能知识，而是一整套的伦理价值体系以及治理术。儒家教育本质上是一种地位取向的教育，其作用于个人地位的中介并不是技术知识，而是伦理价值体系。科举制度及与之相关的教育考试制度的共同特征在于通过客观的考试制度确立贤能统治体系，客观上促进了社会的流动，逐渐成为全社会普遍接受的价值传统和行为指导（梁晨等，2017）。

科举制度之所以能够被一些学者认为是中国古代社会具有现代性因素的精英选拔制度，是因为其合乎程序正义。总体而言，除了皇室成员以外，没有政治上的职务能够被世袭。精英地位从形式上而言向每一位士子开放。科举几乎是唯一的社会流动渠道。尽管在不同时期通过科举所分配的精英地位有一定差异，但科举所传递的这种地位升迁的神话却相当稳定。与此同时，与科举功名相连的权力、财富以及社会声望等种种资源激励着中国古代学子皓首穷经，追逐功名。

已有研究发现，科举客观上促进了社会流动（潘光旦、费孝通，2009；Kracke，1947；Ho，1980）。潘光旦和费孝通（2009）对清代915份朱墨卷的分析发现，出身平民家庭者占33.44%。克拉克依据南宋《绍兴十八年同年小录》和《宝祐四年登科录》中的数据发现，中进士者中的平民分别占到56.3%和57.9%（Kracke，1947）。何炳棣对明清时期大量获取功名者的家世资料（主要包括人物传记、中举考生的名册、进士名册以及其中所涉及的家世资料）进行了量化处理，研究发现，在明朝进士名册中，1505～1580年，父祖三代之内没有任何功名者占46.9%，三代之内有一位或多位生员者占0.9%，二者合计为47.8%；三代之内有生员以上功名者占52.2%。1586～1610年，父祖三代之内没有任何功名者占28.5%，三代之内有一位或多位生员者占16.0%，二者合计为44.5%；三代之内有生员以上功名者占55.5%（Ho，1980）。由此，"科举制度具有相当的开放性和一定程度的竞争性，造成封建社会的人才流动"（潘光旦、费孝通，1947）。

梁晨及其团队的研究从一个更为宏大的社会脉络中考察由考试制度所形塑的教育精英群体，结果发现，一个半世纪以来中国的教育精英的社会来源在不可避免的重叠或延续的同时，更多地出现了"新家庭"，呈现新老精英不断交替的过程（梁晨等，2017）。这种精英构成的流动与代谢，与不同时期考试制度的标准、教育资源的获取和选择性录取过程的转变之间存在内在关联。

对于普通的平民来说，客观化的考试制度提供了稳定的社会流动期望。考试制度的背后所体现的是竞争性社会流动规范，无论是成功者还是失败者，都对这一制度的忠诚、官方的意识形态和民间的认同具有高度的同构性。这一社会流动规范同样塑造了"想象的未来"（未来主义取向），永不停息的个体努力、强调个体的勤奋与努力等关于教育与未来关系的认知和态度。而这些认知与态度又通过系统的方式，如大量民间故事和传说、榜样人物的示范、官方的意识形态，全方位地进入教育的价值体系之中，一直延续至今，成为影响当下中国学校、家长乃至学生的关键因素之一。

科举制度在某种程度上与功能主义理论对于教育的功能赋予有一定的相同之处。如果说美国社会对于教育神话的信奉是现代化的产物，那么在当下的中国，教育改变命运既是现代化话语体系的一部分，又得到中国独特文化基因的不断强化。基于程序正义、社会流动功能的发挥和上述社会心理结构的同构性，中国的研究者通常将高考与科举进行类比。科举的社会记忆已经成为中国高考改革过程中的前车之鉴和必须要考虑的约束条件。

三　功能论视角的不足

功能主义理论假设了社会地位是开放的，而教育作为一种后致性因素，是一种重要的地位分配机制，可将有技能和天赋的人配置到社会中更为重要的位置。从理论上说，教育对于所有人来说都具有地位分配的功能，教育所传递的内容是中立的，不具有阶层性。教育和后天的努力是现代社会中促进社会流动的重要机制。

Tumin 在 1953 年对 Davis 与 Moore（1945）的文章进行了反思与批评，他认为，功能主义对于社会分层的研究具有合理化社会结构的倾向，社会阶层化的所有正面功能，其实都是负面功能（Tumin，1953）。而且尤为重要的是，功能论几乎没有关注到权力对社会分层的重要影响，忽略了一个社会既有的精英团体对于精英地位的维护以及对精英选拔方式的影响。

冲突论学者将功能主义理论中教育的功能概括为技术功绩主义、生产的技术决定论或者选优任能论。他们认为，结构主义框架下所呈现的关于教育的神话忽视了教育本身可能具有的阶层性，教育在社会分层过程中对原有社会结构具有固化或凝结化的作用，有时候是作为优势阶层排斥弱势群体的工具而存在。

第二节 冲突论视角：地位再生产机制

与功能主义者不同，在冲突论的理论体系中，教育与既有的权力阶层有千丝万缕的联系。在马克思主义者看来，教育的本质是再生产生产力和生产关系。而在韦伯主义者看来，教育文凭是一种重要的社会排斥手段，通过证书垄断的方式，社会集团的既有利益得到维护。而在布迪厄的理论体系中，社会等级制的再生产通过以教育为载体的文化资本的再生产来实现。无论是基于何种机制，在冲突论者看来，教育的结果并未如功能主义者所预期的那样促进社会流动，而是强化了既有的阶层结构。

一 生产关系再生产机制

马克思主义传统的学者主要从生产关系入手来分析教育促进地位再生产的发生过程，如鲍尔斯（Bowles）和金蒂斯（Gintis）使用"对应原则"来概括教育和生产过程中的社会关系。资本主义教育通过"对应"来再生产生产过程中的等级关系。教育中的分层对应了职业分层，不同学校的教育特点实际上对应着经济活动中不同层次劳动力的要求，在所培养、奖励、阻止或者处罚的能力方面存在系统差异。通过学校教育的培养和奖励，个人的志趣、自我概念被塑造成一种与其所处阶层位置相对应的个性特质（鲍尔斯、金蒂斯，1990）。决定其未来职业地位的并不是知识和技能，而是这种个性特质。从这个意义上说，学校教育扮演的是上层建筑的角色，其目的不在于促进更为均等的社会流动，而是为资本家训练所需要的劳动力。经济领域中的等级结构决定了教育系统的基本特征，而功能论者的选优任能论把教育仅仅看作单纯提供认知技能的过程，忽视了其阶级性质。

但个体何以会认同自身所处的学校以及未来的社会地位，进而使社会结构能够不断再生产呢？鲍尔斯和金蒂斯将其归功于选优任能的以能力为本位的平等主义意识形态。学校教育中的不平等通过客观的绩效评定，即竞争性的学业成就被合法化，由此导致个体得到且安于不同类型的教育机会和不同声望地位的职业。当人们相信技能或者学业成就在劳动力市场中具有相应的内在价值时，上述合法化过程就得到了强化。

二 正式文化"通货"：教育文凭

在韦伯主义的理论体系中，身份团体是社会的基本单位，教育是社会排斥或者社会屏蔽理论体系中的一个重要部分。具体而言，教育证书或文凭是一种地位资源，也是身份团体进行社会封闭或者排斥的重要手段。在身份团体和地位群体中，教育文凭首先是成员资格的标志，并不代表专业技术或者成就。学校或者教育的主要功能在于传授特殊的身份文化，塑造上层社会中早已根深蒂固的顺从文化，而非传授个体提高劳动生产率的技能（柯林斯，2018）。

帕金认为，各个社会团体都试图将获得资源和机会的可能性限制在具有某种资格的小圈子里，社会屏蔽就是为此设定的一套资格的程序，通过这些程序将一些参加者排斥在这些社会资源或机会之外。社会排斥是占主导地位的社会屏蔽方式。工业社会主要有两大社会排斥工具，第一是围绕财产制度而设计的工具，第二是学术或专业资格证书和文凭。证书和文凭作为社会排斥的方式之一，目的在于对社会分工中的核心职位进行控制（Parkin，1974）。

柯林斯通过系统分析19、20世纪以来美国社会的数据发现，近代以来，教育规模不断扩大，教育的重要性日益增强，原因不是工业生产对于技能人才的需求增加，而是人们要通过教育来进行地位竞争和地位排斥。人们接受教育不是因为教育能够带来技能的提升，而是为了花钱买一个更好的职位。工作中所需的技能往往来自实践和组织所进行的再培训（柯林斯，2018）。教育文凭具有"通货"的特征，一方面被用来限制竞争那些具有优厚报酬的职位的竞争者数量，另一方面被用来帮助那些享有"教育专利"的人垄断这些职位（柯林斯，2018）。受惠于文凭制度的群体由于其文凭而获得了较好的职位，而在文凭竞争中处于不利地位的群体则被排除在了较好的职位之外。

基于文凭的重要性，教育作为生产文凭的制度化机构，自然成为处于相对劣势的地位群体想要其子女获得精英地位的最重要的途径之一。在这种情况下，教育或者文凭作为争夺权力和特权斗争中的一种资源就变得越来越重要（伦斯基，1988）。

三 文化再生产机制

与马克思主义的再生产理论相同，布迪厄也将学校教育作为现代社会中对既定等级制进行再生产的机制。与前者不同的是，布迪厄更为侧重文化资本的重要性。再生产指的是社会等级制的再生产，即社会各场域中由行动者（个人或团体）所占据的不同位置的继承性传递。社会等级制的再生产主要通过文化资本的再生产来实现，具体以教育制度为中介，通过学校这一特定场所来进行特权继承。文化资本在布迪厄所论述的三种形式的资本中具有根本性，即在某些条件下文化资本可以转换成经济资本或社会资本。文化资本主要是通过教育资格的形式被制度化。

文化资本具有以下重要特征：第一，在社会中并非平均分布；第二，文化资本的具体形态包括制度化文化资本、身体化文化资本（惯习，对特定文化的熟悉感等）和客观化文化资本；第三，家庭是文化资本传递的最早场所，早期家庭生活中所获取的文化资本在个体后期的教育获得过程中作用相对稳定甚至得到不断强化。来自社会上层家庭的孩子，在早期的家庭生活中，由于父母每时每刻的示范、家庭文化环境的熏陶及内生于家庭中的阶层惯习的影响，发展出了特定的语言和文化能力，并且形成了一种对特定文化的熟悉感。这种熟悉感以及父母在家庭生活和教育过程中对子女的协作式养育会促使上层、中产阶层的子女在长大以后能够更快适应主流社会的规则，并使之为自我的发展服务（Lareau, 2003）。

具体而言，文化资本的传递过程是家庭的既有优势或者劣势经由学校教育不断转化为个体学业成就的过程。作为一种等级制再生产的机构，学校所要求和奖赏的文化是上层阶级的文化，由此早期在家庭生活中形成的对上层阶级文化具有熟悉感的群体，能够更迅速有效地积累学校所赏识的知识技能、审美品位、生活方式，从而达到较高的教育阶段。通过这种方式，"最初的文化资本上的不平等便经由学校演绎为某种学业资格，引导着社会空间中特定位置的继承者走向与其前辈相似的社会位置，并拥有适合该位置的一系列社会资源，进而再生产出既存的社会等级制"（张似韵，2002）。文化资本的最初获得借助自身在学校教育体系中的使用和强化而得到了承认和延续。

布迪厄的文化资本是一个相对较为宽泛的概念，既包括制度化的教育学历、客观化的文化用品，也包括身体化的文化资本以及隐藏在家庭生活中看不见、摸不着却支配着家庭成员行为的惯习。伯恩斯坦将文化具体化为不同社会阶层所使用的符码，即语言差异。符码分为精密型代码、封闭型代码两种类型，前者是一种具有普遍意义和指向的编码，符合语法规范，后者为具有特殊意义指向的编码（Bernstein，1975）。以这两种代码为基础的符号系统与社会结构之间存在紧密关联。中产阶级家庭的孩子在日常生活和家庭中更有可能使用精密型代码，而出身于社会下层或者工人阶级家庭的孩子则更有可能使用封闭型代码。这两种代码本身不具有优劣之分，但学校教育以精密型代码及其社会关系体系为基础，要求下层的孩子转而接受精密型代码，而这些孩子对掌握这些代码所必需的背景毫无切身感受。从这个意义上说，中产阶级的子女具有相对优势。不同出身背景的孩子在早期的家庭生活中所接受符码的差异进一步演化为在校学业成就的差异。通过传递占统治地位的文化与语言，符码成为维持阶层边界最有效的工具。

无论是宽泛意义的文化资本，还是符码或言语，不同阶层对于这些资源占有的差异最终经由学校教育过程被合法化、制度化。在学校场域中，不同的行动者遵循着文化资本的优势或劣势进行竞争，最终，初始文化资本的阶层差异得到进一步延续甚至是扩大。

既然学校教育作为一种再生产的结构，其过程中隐含了诸多的不平等与符号暴力，那为什么学校教育仍然是现代社会中人们所诉诸并且试图通过以此来改变其社会地位的一种途径呢？在布迪厄的理论体系中，出身于下层的孩子更多的是教育体制权力的积极承受者。之所以会积极承受，是因为这一群体对权力的认同。教育体制中的权力只有在权力的强加者和权力的承受者积极同谋的情况下才能够运行。教学机构运作的关键在于，学校教育的承受者事先习得了认同，布迪厄将学校教育活动称为魔法活动，"只有承受魔法活动的人在个人行为中所采用的感知范畴和行动范畴与教学机构的客观结构真正达到和谐时，魔法才能真正起到作用"（布尔迪厄，2004）。学校教育制造了一种假象，即社会不平等是由各人不同的禀赋、努力和欲求所导致的不可避免的后果。也就是，学校教育的运作传达着一个关于平等的神话，通过行动者对此的认同，隐藏在貌似中立背后的社会地位再生产过程被合法化。从这个意义上说，教育是代际地位再生产的最为重要的隐藏机制（布尔迪约、帕斯隆，2002）。即便是在教育扩张的过程中，教育也有着最大限度维持社会不平等（Raftery and Hout, 1993）或有效维持不平等（Samuel and Lucas, 2001）的特征。

四 社会等级秩序再生产机制

冲突理论将教育作为社会等级秩序再生产的一个重要途径，主要有两种模式，即强再生产模式和弱再生产模式（Meyer, 1986）。强再生产模式普遍关注整体性社会阶级或者地位群体如何通过学校系统得以再生产，强调学校教育过程对于原有社会阶级结构以及生产关系的复制。弱再生产模式强调个体性的家庭传承作用，再生产的中介是文化以及知识。相比较而言，以文化或知识为中介的再生产过程更为隐秘。

但处于较低阶层的群体会何以认命或者认同自己的处境？原因在于以下三方面。第一，现代化理论中所带来的种种关于教育的神话，其中包括选优任能的意识形态。但如果一个社会的阶层结构完全封闭，处于底层的群体完全没有向上流动的可能，那么即使有选优任能的意识形态，较低阶层的群体也不会认同自身的处境。因此，这就涉及第二个原因，即教育形式上的中立性在客观上为社会较低阶层的子女提供了跨越社会阶层之间的文化障碍，提供了实现向上流动的空间或可能性。尽管这种空间或可能性有限，但对于社会较低阶层的群体来说，客观上的、少量的社会流动验证了现代教育的社会流动功能并非神话。在布迪厄的理论体系中，这是阶层得以再生产不得不付出的代价。以学校教育为中介的文化再生产又具有某种随机的逻辑，它使一个阶级作为团体可再生产自身，却并不能保证其中所有的成员都能保住自己的原有社会位置。这种再生产机制在它所维护的阶层团体利益与它不可避免要剥夺的一部分人利益之间，无法两头兼顾。然而出于增强隐蔽性的需要，教育制度告别了那种公然给予每个人它暗中要给予他们的东西的做法，对每个人提出了相似的要求（布尔迪约、帕斯隆，2002）。"但为了保证某些更主要的合法性利益不致旁落，这种风险性又是统治阶级不得不付出的一些代价。"（张似韵，2002）第三，当工人阶级子弟在教育竞争中处于不利地位时，他们会选择主动反叛学校的主流文化，使阶层地位的再生产不仅仅是被决定的结果，更像是主动放弃的结果。

第三节　地位获得和教育获得经验研究的启示

一　地位获得研究

地位获得研究主要探讨以下几个问题：第一，子女的社会经济地位（职业）与父辈社会经济地位的关系；第二，这种地位传递关系如何受到教育这一中介变量的影响；第三，教育这一中介变量的净影响有多大。最为经典的地位获得研究是布劳和邓肯于1967年所提出的模型。两位作者主要考察先赋性因素（父亲的受教育程度和职业地位）对于个人的地位获得（目前的职业地位）的影响。他们的研究发现，父亲的职业地位对子女的职业成就具有直接影响和间接影响。在现代社会日益绩效化的背景下，家庭地位传递的主要方式是教育的间接继承（Blau and Duncan, 1967）。父代对于子代机会的影响体现在子代的教育获得中。父亲的受教育程度和职业地位，解释了子女受教育程度变异量的26%；父亲的职业地位、子女的受教育程度以及第一份工作共解释了子女职业地位变异量的43%（Blau and Duncan, 1967）。对个体的职业成就影响最大的是其受教育程度。

从中可以看出，教育在地位获得研究中具有二重功能，即传承与独立影响。所谓传承功能，是指出身通过教育来影响地位，教育是一个中间变量，是出身影响地位的中间站。在布劳和邓肯的研究中，出身对教育的决定价值在1/4左右，其后，Hauser与Featherman（1976）的研究发现，出身对教育的决定值为37%左右。在美国，出身对教育获得的影响为1/4~2/5（许嘉猷，1986）。教育又进一步影响了职业地位或声望。大量对于职业声望的研究发现，个人的声望地位主要取决于受教育程度（Treiman, 1976；李春玲，2005）。出身或者背景通过父母的教育期望以及在教育中的投入转化为个体的教育获得，进而影响了个体的社会地位。

此外，教育本身也具有独立的影响，在布劳和邓肯的地位获得模型中，出身仅仅解释了职业地位变异量的20%（许嘉猷，1986），剩下未解释的部分就包括了教育的独立影响。而在不同的制度背景和文化传统中，教育独立影响的部分通常被概括为教育的社会流动功能。

布劳和邓肯的研究证实了社会流动和再生产这两个对立面向的同时存

在。教育作为代际传承的主要机制,是精英群体实现地位传递、避免子女地位下降的稳定的制度化方式。作为重要的社会流动机制,教育使那些劣势群体能够在一定程度上凭借教育所设立的普遍主义的精英选拔体制减少自身的竞争劣势,实现持续向上的社会流动。在任何一个国家,这两种机制都是同时存在且共同作用的。研究者也通常通过考察这两种机制在教育获得中作用的相对强弱来检验一个国家或者一项具体教育制度的公平性。

二 中国的教育获得研究

中国的教育获得研究一方面继承了西方教育获得研究的传统框架,即布劳和邓肯的先赋后致框架,另一方面将中国情境的特殊性纳入了研究范围,如将教育获得研究置于转型的背景中,考察社会变迁、市场转型对教育公平所产生的影响,着重考察中国社会以及教育体系中一些基本的制度性因素对教育获得产生的影响。这些研究共同呈现了中国高考制度的社会基础,也为理解和建构应试体制的研究框架提供了参考。

1. 社会变迁与教育获得

中国的教育获得研究更多地将教育置于社会变迁的脉络之中,通过研究先赋和后致因素在不同历史时期的相对作用及变化,来考察教育不平等的变化趋势。共同的结论是国家政策、意识形态以及重大事件均在不同时期影响了教育机会的不平等(李煜,2006;李春玲,2014)。研究者通常将考察时段分为新中国成立初至"文化大革命"结束(1949~1977年)以及1978年以来两个时段。一些研究用"平均主义"模式(Hannum,1999)和"自由竞争"模式来概括这两个时段(方长春、风笑天,2018)。在1949~1977年这一时段中,教育机会的分配有平等化的特征。国家通过一系列的政策和措施来推进平等化进程,使教育机会的分配以及教育模式向着更为有利于工人和农民家庭出身的人倾斜(Parkin,1971)。这些干预政策成功地阻断了家庭背景与子女的教育获得之间的关联(Deng and Treiman,1997)。进一步的研究将这一大的时段细分为两个阶段来考察家庭背景与教育获得之间的关联,结果发现,1966年以前,家庭背景与教育获得以及职业获得之间有紧密联系,但"文化大革命"期间这种联系被切断,与知识分子子女和干部子女相比,被庇护的工农家庭出身的人员更有可能通过教育实现向上的社会流动(Whyte,1975)。"政治挂帅"的教育政策客观上使教育机会平均化，极大削弱了阶层的再生产（李煜，2006）。

"文化大革命"对于中国的教育获得模式产生了深远的影响，强力切断了长期以来稳定存在的家庭出身与教育获得之间的联系，却构建了另外一种形态的联系。虽然在这一过程中，大多数研究假设了一个被影响的群体的存在，但也有研究发现，以家庭为单位的个体或者努力抗拒这种冲击，或者利用这种冲击所造成的混乱，通过权力因素来延续过去稳定的教育获得中的代际影响（刘精明，1999）。在这一过程中，社会记忆以及更深层次的文化传统会在一定程度上具有抗干扰能力，使上千年的教育传统及社会记忆得到延续。

"自由竞争"模式被看作1978年以来的主导模式。虽然各个层级的教育机会均有大规模的扩张，但教育不平等问题并未得到显著改善（吴愈晓，2013a）。随着义务教育的普及，小学和初中的教育机会不平等程度没有变化，甚至有所下降，高中及其他高级中等教育的机会不平等程度却持续上升，高等教育机会的不平等进一步扩大（李春玲，2014）。这种不平等主要体现为城乡差距的扩大和家庭背景影响的稳定甚至增强（吴愈晓，2013a；李春玲，2014；李煜，2006）。其中，初中升高中成为教育分层的关键点。

在这一时期的研究中，起始于1998年的高等教育扩招成为一个影响机会分配的重要事件或者政策，因而也集聚了大量的相关研究。关注这一政策影响的研究多将"最大化维持不平等假设"（Maximally Maintained Inequality，MMI假设）或卢卡斯于2001年提出的"有效维持不平等"假设（Effectively Maintained Inequality，EMI假设）作为研究的理论假设，认为教育机会的不平等程度并不会随着机会的增加而下降，而是以更为有效的方式维持。一些研究证实了上述两个假设，扩招没有缩小阶层、民族和性别之间的教育机会差距，反而导致城乡之间的教育不平等程度上升（李春玲，2010）。也有一些研究发现，扩招具有性别平等化效应，相对于扩招之前而言，扩招之后高等教育机会的性别平等化正在从家庭文化程度较高的群体向家庭文化程度较低的群体、从非农村地区向农村地区延伸（张兆曙、陈奇，2013）。

2. 教育分流制度与教育获得

对于教育获得的影响因素而言，国外的研究通常关注学校、家庭以及社区三个部分。学校教育的影响主要通过两个前后相关的途径来实现。第一个是教育过程，这一过程中出现了学生的能力分化和不同的学业表现；第二个是教育分流制度，通过不同阶段具有分流意涵的制度安排来将个体引导到不同的教育机构，如重点学校制度以及学轨制等。这些因素是国家安排或者制度框架下的一种社会分层机制，影响着相应的教育机会分配。根据特纳的两种理想类型的精英选拔模式，重点学校制度和学轨制是精英教育体制的外在表现，学校有重点与非重点、职业与学术等多种形式的分化，在不同等级的学校接受教育意味着享受不同的教育资源以及随之而来的不同的人生发展机遇（吴愈晓，2013b）。

研究一致认为，优质教育机会的获得具有累积性优势，重点中学和非重点中学的这种区分制度进一步影响了个体后续的高等教育机会乃至最初的职业获得（王威海、顾源，2012）。但这一制度对于教育公平所产生的影响，则没有形成一致的结论。一些研究认为，重点中学制度的存在促进了社会流动。重点中学特别是县一级重点中学是来自农村或小城镇的学生进入精英大学的重要通道，从而为中下阶层的孩子提供了向上流动的机会（梁晨等，2012）。而另一些研究则认为，重点学校制度很大程度上是社会阶层地位再生产的一个重要中介。一方面，家庭社会经济地位越高的学生，越有可能进入重点学校，家庭背景因素在长期的过程中以或明或暗的方式作用于教育分流（方长春，2005）；另一方面，在重点学校就读对获得下一阶段的重点学校机会有重要影响（吴愈晓，2013b；王威海、顾源，2012）。

学轨制通常被作为区分不同社会阶层子女生活机会的重要形式。职业教育和普通教育的分流意味着学生进入不同的学制轨道，接受不同性质和类型的教育，从而与不同的职业目标和社会经济地位联系在一起（刘精明，2004）。在一些国家，中上层的孩子更有可能进入学术轨道，而蓝领及较低阶层的孩子则更有可能进入职业教育轨道，进而拥有不同的高等教育机会和职业（Shavit and Mueller, 2000）。中国的研究也进一步证实，家庭社会经济地位越高的学生，越有可能选择学术教育轨道而非职业教育轨道（吴愈晓，2013b；方长春，2005）。

3. 家庭背景影响教育获得的机制或者路径

现有国内关于家庭层面的研究总体而言综合了布劳、邓肯的先赋、后致框架和布东的两个教育不平等的机制，形成了系统的框架。具体而言，家庭层面的资源影响子女教育获得的过程以及结果的机制主要包括以下三种。第一种机制为文化再生产，家庭通过高教育期望、文化资本隐性或显性的传递以及人力资本的投入，将文化优势转换为子女的学习能力。其制度基础在于教育体制遵循绩效原则，机会分配依据学习表现择优录取。这也是教育不平等所产生的首要路径，即因儿童个人禀赋、主观努力程度以及可资利用的家庭资源的不同而产生的能力差异或分化（李煜，2006；刘精明，2014）。第二种机制是资源转化机制，家庭将其社会经济资源转化为子女教育机会的优势，从而实现代际不平等的传递。在某一个升学阶段，较高阶层利用资源优势通过特权排斥（贵族学校）、经济排斥（学区择校以及择校费等）等方式获得更多、更好的教育资源和机会。其制度基础在于教育制度中存在的资源转化空间。当社会剧烈分化时，阶层间拥有的资源量差异巨大，这时如果又存在一定制度空间使排斥机制能有效运作，那么资源转化模式将成为产生教育不平等的主导逻辑（李煜，2006；唐俊超，2015）。资源转化机制导致个体因为其家庭在结构中所处位置不同而具有不同的教育选择。第三种机制是因儿童处于不同结构位置，在"结构授予"机制下而产生的机会不平等（刘精明，2008）或者是政府干预导致的不平等，比如通过否定或者部分否定绩效原则的方式，采取照顾某些特殊群体的制度设计，来实现或者削弱代际不平等（李煜，2006）。这三种路径或者机制实际上区分了两种机会差异的类型，一种为因能力分化所导致，另一种为因家庭所处的结构不同而产生。

上述两种类型的教育机会差异实际上对应了两种不同的家庭资源。刘精明（2008）的研究进一步细分了两种类型的先赋性家庭资源，即内生性家庭资源以及外依性家庭资源。典型的内生性家庭资源包括家庭结构以及家庭文化资本，较少受外部社会条件及社会过程的干预。内生性家庭资源主要通过能力分化来改变学生的学习能力，从而影响他们的教育机会获得，由此这些资源所产生的不平等的影响具有更高的稳定性和持续性。外依性家庭资源就家庭资源与外部社会之间的依赖性而言，指儿童成长与发展所必需的物质性资源，均有赖于父母或其监护人在劳动力市场所得，与更大的社会系统之间存在依赖关系。这一类型的家庭资源主要通过结构授予或直接的资源分配改变学生的受教育机会。当外部的社会条件改变时，这一类资源的影响可能会随时发生变化。

总体而言，上述三种模式或路径以及两类家庭教育资源可以归纳为教育不平等的再生产的二元路径，一种路径以学习能力以及进一步的学业成就表现为基础，以择优录取的制度安排为前提；另一种路径是外生性家庭资源通过结构授予或直接的资源分配来产生影响（唐俊超，2015）。而且由于教育获得过程具有路径依赖，前一阶段通过外生性家庭资源而获得的优势，在下一阶段有可能会进一步转化为学生的能力。

三　地位获得、教育获得研究与中国高考研究

1. 社会流动与地位再生产是教育作用于个体社会地位的两种基本机制

在现代社会中，教育对于个体社会地位获得的重要性深入人心。在现代化理论中，教育作为后致因素的代表，通过有效促进社会流动而彰显着一个具有现代性的社会系统的开放性。无论是客观层面的社会流动证据，还是主观层面人们对于选优任能意识形态的认同，教育的社会流动功能都已经成为共识。与此同时，在中国，基于科举制度的社会流动经验，上述共识有着长时间的历史文化传统，即使在遭遇到像"文化大革命"这样的具有破坏力的历史事件时，家庭层面也仍然在尽最大努力地维系着这一传统的稳定性。地位再生产指教育是维护现有优势阶层的优势地位的重要机制。社会优势阶层通过各种显性或隐性的机制、或强或弱的方式来维系并将地位传递给自己的子代。文化再生产以及选优任能的意识形态共同保证了阶层地位的再生产。这两种机制构成了教育机会分配的最主要逻辑，也是诸多教育不平等研究的基本框架。本研究也将继续沿用这两种机制来解释微观层面行动者的教育行为。

2. 中国教育获得的多重综合框架：制度性变迁与先赋、后致框架结合

中国的教育获得研究通常采用的是一个综合的分析框架，这个框架中既包含传统教育获得研究中的普遍性因素，也包括特殊的中国情境变量，如社会变迁以及中国教育系统的特征性变量。1949年以后，中国教育的政治安排经历了平均主义模式和自由竞争模式的转变，相应宏观制度的变迁导致了不同历史时期不同的教育选拔技术以及教育获得模式的出现。城乡分割、重点与非重点学校的区分，将学生及其家庭置于不同的场景之中，一方面，客观制度化的区分以及由此附带的不同教育资源和机会作为"先赋"因素影响了不同阶层的教育获得；另一方面，处于不同结构位置的家

庭及其学校占有不同的资源，具有不同的行动空间，进而在子女教育中采取不同的教育策略，由此进一步导致了不同群体的教育获得。

3. 高考制度作为一种针对个体的教育选择技术，其运行结果体现了现代社会"唯才是举"的典型特征

考试制度是现代社会一种成熟的教育选择技术。在结构功能主义看来，高考是一种机会分配的重要制度，高考分数是学生的学术能力以及未来可能的生产能力的外在表现。以高考分数为依据，不同能力的学生被分配到不同学校的不同专业。在社会分层的理论中，考试通常是被作为针对个体而展开的教育选择技术来加以研究的（刘精明，2004）。技术选择主要是指根据人们的智力水平、抱负、努力程度以及仅仅由此产生的能力、成就方面的差异而进行的选择。从这个意义上说，考试制度首先是一种基于能力和知识的筛选制度。但是，当这一制度的结果与各种社会利益连在一起时，这一制度便成为教育利益分配或者进行教育排斥的手段。针对个体而进行的选择，意味着通过考试进行的教育排斥不是整体排斥，而是针对单个个体的排斥。这种排斥制度在形式上是开放且平等的。规则的形式化特征保障了个体层面对于这一制度最低限度的认同，也促进了这一制度的长久延续。

那么这一制度与阶层之间具有什么联系呢？一方面，只有那些能够很好地利用阶层或地位优势且能够将这种优势转化为学习能力或者分数的个体，才会在考试中显示出阶层或家庭背景的优势；另一方面，形式上的开放与公平使处于阶层劣势的群体成员可能通过努力而取得优胜资格，进而获得考试通道中的教育利益。由此，考试的形式化特征，事实上也使地位崛起和精英流动成为可能（刘精明，2004）。正是基于这两个方面的特征，考试制度动员了所有社会阶层成员的参与。

四 教育获得框架下的中国高考及应试体制研究

综合现有教育获得以及相关的中国高考研究，本研究将从以下几个方面来着重考察中国高考制度以及由这一制度所形塑的应试体制。

第一，宏观的制度性安排形塑了不同时期的教育获得模式以及高考制度的特征，研究中国的高考制度及其影响，无法脱离这一制度所处的具体的社会历史背景。第二，以分数和能力为主的统一高考制度是一种基于个

体的教育选拔技术，其所具有的形式公平，使绝大多数人需要以能力以及相应学业表现、高考分数为准则来参与机会分配。由此导致所有社会阶层动员家庭内大量的资源来投入子女教育，以提升最终的产出，即分数。第三，基于教育获得的过程具有优势累积或路径依赖的特征，家庭的能动性贯穿于整个基础教育全过程。每一个具体阶段的教育获得，均是出身和能力的共同作用，而且前一阶段由出身所带来的竞争优势很有可能在下一阶段的竞争中转化为能力。由此，从整体来看，教育获得过程是家庭的资源不断被能力化或者合法化的过程。第四，在高考统考以及各个层级优质教育机会的分配中，自主招生、保送以及各种学科竞赛等均为处于结构授予优势下的群体发挥其能动性提供了一定的空间。第五，重点学校与非重点学校、城乡分割结构下的城市学校、农村学校构成了等级性的基础教育体系，虽然在这一体系或者场域中的行动者所占据的位置不同、可利用的资源不同，但最终的目的以及所应对的考试制度却基本相同，由此导致不同行动者的行为策略呈现共性的方面。与此同时，资源与位置的不同也赋予不同的行动者以不同的行动空间。由此，研究中国的高考制度以及处于这一制度影响下的组织、家庭和个体的行为，必须将其置于这一体系之中，分析处于不同位置的个体或者群体的高等教育机会获得以及这一结果的生产过程。

第四节　研究框架与方法

一　研究框架

应试体制是指在基础教育领域中各个行动者在长期的与统一高考的互动中所形成的稳定模式。本研究所要回答的问题是，当下中国统一高考制度为什么以及如何导致应试体制的形成。具体可以分解为两个问题或者层面。第一，统一高考与应试体制之间存在何种联系？笔者将从结构层面，即社会分层秩序、国家教育模式（尤其是教育分流制度的安排）以及相应的高考制度的特征三个方面来分析当下统一高考与应试体制的连接，即考察导致应试体制出现的结构性原因。第二，统一高考何以导致应试体制的形成，即统一高考通过什么样的方式和途径影响了学校教育的运行。这一部分的研究将从微观层面来分析基础教育领域中的各个行动者围绕着高考以及升学所形成的稳定的行为模式以及其中所体现的行为逻辑。

1. 结构层面：应试体制的结构基础

一个社会中，升迁性社会流动规范会对教育制度产生恒常的张力，迫使教育制度与其保持一致（Turner，1960）。这种张力集中体现在重要的教育机会分配和关键节点的教育分流制度。如果我们将高考制度作为将社会流动规范与教育系统连接的关键制度，那么就会发现，一方面，这一制度受到其所处时代的社会分层和流动秩序的制约和塑造；另一方面，高考制度又将这些宏观的因素带入教育系统中，从而影响到教育系统的一些基础性的安排，如国家在一个时期所采用的教育分流制度。这些基础性的制度安排反过来又会影响到高考的运行。从某种程度上可以说，应试体制的形成在很大程度上是统一高考制度与大的社会流动规范以及教育系统内各种基础性制度安排等多种因素互动的结果。

宏观层面不同体系、制度之间的互动通常在一定的历史脉络中展开，历史演进的内在逻辑也成为影响高考制度选择以及教育模式选择的重要因素。在某种程度上，新中国成立以后，"统一"高考似乎是一个跨时空的存在，一方面，统一高考与传统的大一统体制具有同构性；另一方面，在重大的历史事件的强制性影响下，这一制度仍然能够在之后很短时间内迅速恢复，在一种新的国家利益的话语体系中得到重生和发展。一些学者将应试体制的形成归咎于高考的"统一"，但客观上说，统一高考在多个时代的存在充分说明应试体制的形成有其更为系统和复杂的原因。

基于此，本书的第一部分将时间或者历史维度纳入研究框架，从不同历史时期社会流动或社会分层的秩序或规范、国家的教育模式以及高考的制度形态等多个方面来综合呈现应试体制从无到有的历史及现实过程。不同历史时期中，社会流动规范以及国家的教育模式决定了高考的竞争程度，而高考的具体形态则限定了基础教育中行动者的可选择空间。通过这种长时间的研究，一方面能够明晰当下这个时期的特殊性，更为准确地把握应试体制的社会结构原因，另一方面有助于发现不同时期制度选择的相互依赖性以及一些深层的具有连续性的因素或者机制。

以下简要介绍第一部分的分析框架。首先是社会流动或社会分层秩序或规范。社会分层秩序所要回答的是哪些因素在影响甚至决定个体的社会地位，即一个社会依据哪些标准将不同的个体分配到不同的社会位置。不同时期的社会流动规范中教育的重要性有一定差异。而这种差异又会进一步影响人们对于教育尤其是高等教育的期待和诉求。

其次是国家教育模式。在不同历史时期，国家在不同层级、不同类型的教育发展中采取的模式不同，由此导致整体的教育系统具有不同的结构和特征。具体包括国家在基础教育发展中扮演的角色，小学到初中、初中到高中的升学及筛选制度安排，不同层级教育规模的相对比例，高等教育的发展模式，等等。这些因素共同影响着高考竞争的激烈程度。以中等教育分流制度为例，这一制度的有效性在一定程度上决定了最终参与高考的学生的规模与质量。能否真正分流取决于所分流的教育类型（如中专）是否以及在多大程度上有助于个体社会地位的提升。如果分流出去的教育类型为生存取向的教育，那么这种分流一定意义上相当于淘汰，淘汰出去的是低学业成就者，根本无法缓解最终的高考竞争压力。如果其他与普通高中平行的职业教育类型也能有效促进个体的地位流动或者地位获得，那么，优秀学生在这一初升高的节点就有可能选择职业教育，进而使高考竞争压力得到缓解。

最后是劳动力市场的结构化特征也影响着个体的高等教育需求。正式劳动力市场中的个体可以获得较为合理的工资和福利，而次级劳动力市场中的个体权益则难以得到保障。通常来说，文凭是影响甚至决定个体能够进入哪个劳动力市场的重要因素。由此，劳动力市场对于文凭的要求在一定程度上会间接影响到其他将来会进入劳动力市场的个体的教育选择行为。社会流动秩序、中等教育分流制度的有效性以及劳动力市场需求共同影响着个体的教育选择行为，从而影响着社会对于高等教育的需求。高考竞争程度一方面依赖于高等教育需求的总量与结构，另一方面取决于一个国家的高等教育模式。高等教育模式不仅包括高等教育规模，也包括高等教育层次结构。需求与供给之间的差距决定着高考这一途径的拥挤程度，也即考试的竞争激烈程度。差距越大，竞争就越激烈。

应试体制的形成一方面与高考的激烈竞争有关，另一方面与高考的"统一"形态具有内在关联（见图2-1）。制度的本质是规则，规则引导人的行为，规则不同，行为自然不同。稳定、形式化程度高的统一高考在解决大规模考生的选拔问题的同时，也诱导了相应的微观行为。这些微观的应试行为经过长时间积累、传播和演化，成为系统成熟的策略体系，即应试体制。

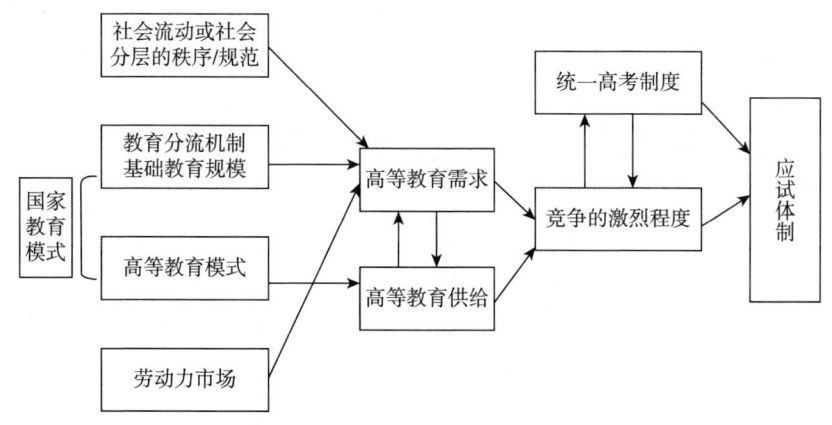

图2-1　应试体制的社会结构基础

2. 行动层面：应试体制的运行机制

社会结构层面的分析为应试体制的研究提供了宏观脉络。具体到微观层面，基础教育场域中的各个行动者基于自身所占据的位置和占有的资源在长期的与高考的互动中形成的行为模式是应试体制的核心内容。

具体来说，这一场域中的行动者包括不同层级的政府、不同地位和层级的学校、拥有不同资本的教师、不同社会经济地位的家长以及不同学术能力的学生。一方面，这些行动者之间由于地位和资源占有的不同，可能存在一定的权力关系；另一方面，场域中的所有行动者均基于利益最大化来行动。处于优势地位和占有资源者希望在机会竞争中能继续保持其优势地位，处于劣势地位和未占有资源者也尽其所能最大化自己的利益产出。所有的行为大概可以归纳为两类。一类行为是教育资源和机会的分配，另一类是学校在普遍意义上所采取的应试行为策略。影响教育资源配置的行动者通常是政府官员、重点中学（处于等级学校教育网络中优势地位的学校）、社会优势群体。他们的行为体现了社会地位再生产的逻辑。无论是哪一个优势群体或者阶层，其优势的传递必须通过高考分数来实现。另一类行为是在更广泛意义上的教育的社会流动意义上所发生的行为。这一类行为主要体现为学校层面以及教师、学生和家长微观层面所采取的共性的应试策略（见图2-2）。本书将这一类行为体系称为地位流动所驱动的行为。资源和机会的配置更多的是再生产逻辑的体现。而在知识的生产和传递过程中，主要体现的是普遍意义上的地位获得逻辑。无论是哪种力量在发生作用，最终目的都是在高考中能够立于不败之地。从这个意义上说，个体的高考分数是上述所有力量综合作用的结果。通过对微观学校教育运行过程的考察，本书试图展现统一高考与中学教育中每个行动者的内在关联，并在此基础上阐述这些关联所具有的社会后果。

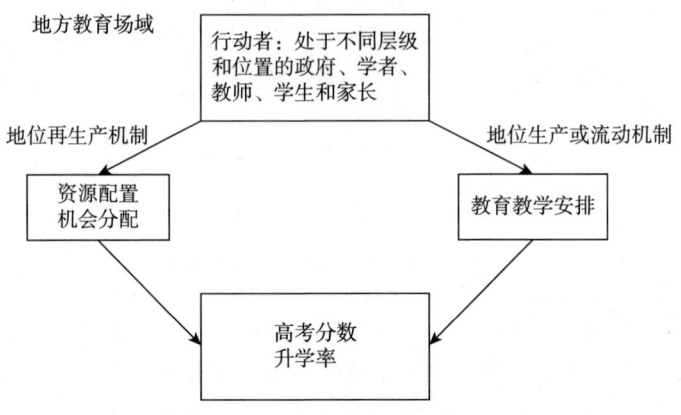

图 2-2　两种机制驱动下的应试体制的运行

二　基本概念界定

高考制度，又名大学入学考试制度，通常包括选拔考试、录取两个组成部分（汤德用，1998）。选拔考试是对申请进入高等学校的个体进行的考试，"目的是为高等学校招收新生提供智育方面的信息，以便于对学生进行精细区分，择优选拔"（顾明远，1990）。除了对申请者的学术知识和水平进行考核之外，选拔考试还可以对申请者其他方面的状况进行了解和测查。录取是高等学校根据相应的标准来选择应试者。

具体到中国的情况，本研究中的高考指的是以统一考试为主体的大学入学选拔制度。统一具体体现在考试时间、内容等多个方面。考试时间统一，目前一些省份实行单独命题，即由省教育考试院组织专家来独立命题，在本省的范围内，高考的内容高度统一，且相对稳定。大学的招生名额以省为单位进行分配。对于绝大多数考生和学校来说，高考分数是唯一的录取标准。虽然目前部分大学有自主招生的空间，但这一空间一再被压缩，随着各种加分政策的收紧，高考分数的决定性作用将会进一步增强。

应试体制指的是在地方政府以及中学中形成的以升学率为主要目标的教育运行系统。这一系统包括两个层面。第一，政府、学校围绕自身的升学利益通过市场机制、行政手段等多重机制形成了稳定的互动模式。第二，学校、教师以及学生个体在长期与考试互动的过程中，通过激励机制、身份认同等多重机制形成了稳定成熟的策略体系。区域、组织层面与教师、学生个体层面的策略相互配合，形成一个完整、系统且具有不断再生产和自我强化能力的提高升学率的系统。

地位再生产指的是在地方的教育场域中，占据相对优势地位的群体或者组织在优质教育资源和机会的竞争中利用自身所拥有的或者结构所赋予的各种资源来保持甚至提升自身的优势。

地位流动指的是在"教育能够改变命运，促进社会流动"的信念驱使下，在地方教育场域中，占据不同位置的行动者采取共性的策略体系来促进其向上的社会流动。

三　研究方法及数据资料来源

本书的第二部分所使用的文献和数据主要来源于《人民日报》（1949~2018年）、《中国教育成就：统计资料1949—1983年》、《中国教育事业统计年鉴》（1984~2007年）、《中国教育年鉴》（1984~1986年、1988年、1989年、1990年、1994年、1995年、1996年）、1982年和2000年人口普查资料的部分数据，以及《中国干部统计五十年：1949—1998年干部统计资料汇编》、杨学为编的《高考文献》、杨学为主编的《中国考试史文献集成》以及国家相关的政策文本。《人民日报》作为主流媒体，其中包含了大量的与教育相关的报道。本研究主要使用如下内容：第一，官方对于教育的价值判断以及在不同历史时期所发生的变化；第二，每年的政府工作报告以及历次教育工作会议的内容以及相关的教育政策文本；第三，每年由教育部或高等教育司所发布的普通高校招生工作的通知等。

第二部分为田野调查。本研究选取内蒙古自治区一个以农牧业为主的W县作为田野地点，主要有以下几个方面的考虑。首先，农村地区作为高考竞争最为激烈的场所，能够为本研究提供最为典型的应试模式。W县为中国北方的一个国家级贫困县，从经济发展水平和社会发展水平来说相对落后于发达地区，教育资源极其匮乏且人口较多。2004年，W县农牧民人均纯收入为2156元，在内蒙古位列第78。① 2017年，W县农村常住人口人均可支配收入为9470元，名列第77,② 同期全国的平均水平为13432元。③ 2004年，W县在岗职工平均工资为9590元，在内蒙古101个区县中排名第90位。④ 2017年，W县城镇人均可支配收入为25978元，在内蒙古103个区县中，排名第85,⑤ 同期所在省的平均水平为35670元，全国的平均水平为36396元。⑥ 截至2018年，该县仍然为国家级贫困县。

  选择贫困的农村地区作为田野工作地点，具有特殊意义。相对而言，农村地区尤其是贫困地区的考学竞争与城市相比，更为激烈。因为考学是农村孩子能够摆脱艰苦生存环境、实现社会地位升迁的制度化途径。而且，除了出外打工之外，经济发展水平低，尤其是第二、第三产业能够容纳的农村剩余劳动力很有限，这样导致考学成为几乎所有上中学孩子的唯一选择。2000年以来，国家在该地区实行"两免一补"政策，减轻了农民的教育负担，在促进义务教育普及的同时，客观上也为高中教育提供了更多的生源，进而也就进一步加剧了升学考试竞争的激烈程度。由此，贫困地区农村基础教育尤其是中学教育是体现高考制度影响之深、之重最为突出的场域。贫困地区的教育资源非常匮乏，教育基础薄弱，政府、学校如何配置有限的教育资源来发展当地的教育事业能够突出体现教育决策中政

---

① 《内蒙古统计年鉴2005》，内蒙古自治区统计局网站，http://tj.nmg.gov.cn/files_pub/content/PAGEPACK/96c532702451477cbdfcd5a679459b97/web/index_c.htm，最后访问日期：2021年2月19日。

② 《内蒙古统计年鉴2018》，内蒙古自治区统计局网站，http://tj.nmg.gov.cn/files_pub/content/PAGEPACK/66d2e078c7714ed0a5a378ec901b5c56/indexch.htm，最后访问日期：2021年2月19日。

③ 国家统计局网站年度数据，https://data.stats.gov.cn/easyquery.htm?cn=C01，最后访问日期：2021年2月19日。

④ 《内蒙古统计年鉴2005》，内蒙古自治区统计局网站，http://tj.nmg.gov.cn/files_pub/content/PAGEPACK/96c532702451477cbdfcd5a679459b97/web/index_c.htm，最后访问日期：2021年2月19日。

⑤ 《内蒙古统计年鉴2018》，内蒙古自治区统计局网站，http://tj.nmg.gov.cn/files_pub/content/PAGEPACK/66d2e078c7714ed0a5a378ec901b5c56/indexch.htm，最后访问日期：2021年2月19日。

⑥ 国家统计局网站年度数据，https://data.stats.gov.cn/easyquery.htm?cn=C01，最后访问日期：2021年2月19日。

府工作的重点所在。此外,薄弱的农村教育培养出来的学生在高考这辆战车上与起点不同的条件优越的学生相互竞争,其淘汰与竞争的残酷程度也凸显得更为充分。

其次,选择贫困的农村地区作为田野调查点也是笔者的研究旨趣所在。事实上,可能高中毕业的每个人都是高考的亲历者,对于不同时期的高考有着不同的阐释。对于笔者来说,笔者求学就是从村小开始起步的,对于农村教育,对于高考,无论是从感情上,还是从经历上都有一种亲近感。在某种程度上,这种亲近感能使曾经进入农村中学场景的笔者,得以理解置身于这一生活中的人们的行动与思想。不过这种经历也有可能遮蔽现实的真实场景。这也是笔者在整个田野过程中所遭遇到的困境。

W 县一共有 4 所普通高中、27 所初级中学。本研究主要调研了三所中学,具体包括两所高中和一所初中。W 县的四所普通高中,其中三所为汉授普通高中,另一所为民族高中。与高考直接相关的是高中教育,笔者调查了两所汉语授课的普通高中与一所农村初中。其中一所为重点高中,重点高中的办学模式集中而突出地体现了"县中模式"的特征。该校建立于 20 世纪 50 年代,设立的初衷如同所有的重点学校一样,是集中有限的教育资源来培养精英,无论是从学校的文化传统还是从办学水平来看,该校均强于其他学校。另外一所普通高中,即 W 二中,办学水平远不如 W 一中。另外,中考一定程度上是高考的预选,高考制度的影响会通过中考向前延伸。因此,本研究也将初中纳入了田野调查范围,选择了一所办学水平处于 W 县中等的一所乡镇中学,即 Wh 中学。

从 2005 年 7 月至 2006 年 1 月,笔者前后三次去 W 县收集与论文相关的实证调查资料,前后持续两个月时间。在具体的调研阶段,笔者主要做了如下工作:第一,收集该地区的社会经济发展和教育发展水平的数据,具体包括人口、产业结构、劳动力结构、教育经费支出结构、历年高考成绩的相关数据;第二,调查前几年内政府的教育主管部门,如 C 市教委、W 县教育局下发的有关教育尤其是中学教育改革的文件,有关招生、经费、教育教学改革的文件;第三,各个学校的分年级在学人数、历年高考成绩、师资结构、教育经费来源等相关数据以及学校有关教学评估、教师奖惩制度的规章与文件;第四,访谈了 W 县教育局的领导,部分学校管理者、教师和学生。

考虑到教师在学校中所扮演的角色（主科、副科、所教年级、是否班主任等）不同，其面临的升学压力也不同，在教师的选择中尽可能兼顾其多样性。每所学校主要选取的教师如下：毕业班和复习班访谈对象主要包括班主任，语文、数学、外语的任课教师，物理、化学、生物的任课教师，政治、历史、地理的任课教师以及音、体、美任课教师。每所学校10~15人。对于学生的访谈采取的是焦点团体小组的形式，在两所高中分别进行两组，每组6人。高中学生的选择主要考虑来源（县城还是农村学生）、性别、学习成绩、年级和文理科。初中进行了一组焦点访谈，主要考虑年级、班级、性别和来源（乡镇还是农村）。

另外，截至2020年，田野调查中所获资料如经济和教育发展的相关数据已经过时，而且在政府和学校层面有些制度发生了少许的变化，本研究主要从以下三个方面来增强时效性和研究结论的说服力：第一，从上述各所学校网站上收集了一些最新数据和政策文本，以此来加强或者修正基于2005~2006年调查的结论；第二，收集了W县所在的C市近几年的高中招生政策文本、W县所在的C市中最好的一所重点高中（C二中）的招生简章以及其他高中的相关制度文件；第三，从一些国内中学的网站收集了一些相关的制度资料以侧面印证本研究的结论。

第二部分 应试体制的结构基础

> 教育形式可以是多种多样的……在每个历史时刻，都有几种可能的未来。
>
> ——埃米尔·涂尔干（2003：10）

只有将高考制度移送到其历史刻度的起点，我们才有可能理解其历史源头，一步步追随该制度所历经的与社会变迁同步的一系列变化，直至最终达到我们当前的处境。现有研究多认为传统文化与教育竞争等共同导致了应试体制的产生，现实中高考改革的目的之一是打破应试体制。传统文化一方面作用于统一高考的"统一"性的坚持，另一方面作用于教育竞争。教育竞争使社会的各个阶层过度关注高考的工具性及"公平性"。那么，在中国独特的文化传统中高考是否可以有不同的制度选择？高考在统一的形态下，是否就一定会导致应试体制的产生？

在这一部分中，本书将高考制度以及相应的教育历程放到一个更为宏大的历史进程之中，从不同历史时期社会分层或社会流动的秩序或规范、国家的教育模式以及高考的制度形态等多个方面来综合呈现应试体制从无到有的历史及现实过程。这种长时段的研究，一方面，可以通过不同历史时期的比较，凸显当下这个时期的特殊性，更为准确地把握应试体制的社会结构原因；另一方面，可以发现不同时期制度选择的相互依赖以及一些深层的具有连续性的因素或者机制。

第三章 1949年以前的大学入学考试制度

第一节 新教育之萌芽与发展

中国的大学入学考试随着新教育尤其是现代高等教育的出现而产生。新教育最初在"中学为体，西学为用"的架构下，只是传统教育之补充，到1901年清末新政和1905年科举制度废除之时，新教育已经被赋予"补救时艰"的历史使命。科举制度和新学堂作为一旧一新的代表，二者之间的衔接与过渡为民国时期中国教育的发展奠定了基础，提供了条件。下文将从宏观层面的制度变革和微观层面影响旧教育延续和新教育发展的核心群体即士绅阶层的行为变化来呈现这一过程。

一 宏观层面：废科举、兴学堂

新教育产生于晚清国家危亡话语体系。一方面，新教育被赋予"补救时艰"的意义；另一方面，新教育体系在中国的落地过程伴随着与传统的教育体系和科举制度的冲突与互动。在这一时期，西学和新教育基本上是以同一幅面孔出现的。

初期的改革是在不触及中学根本地位的前提下引入西学，即"中学为体，西学为用"，西学的引入是在"用"的意义上展开的。新学堂大体分为三类，即翻译学校、军备学校和一些综合性的学校。1862年，为了培养一些同西方国家打交道的翻译人员，清政府设立了京师同文馆，之后广方言馆等语言学校相继成立（李华兴，1997）。与此同时，洋务派创建了诸多以军事人才培养为目的的学校，如北洋水师学堂、福建船政学堂等。这些学校成为中国现代大学以及专科学校的雏形，不少日本学者和西方学者在其中身居要职。但总体来说，这一时期，新式学堂对于大多数人来说并没有多大吸引力。"尽管学堂当局以每月津贴白银一两招徕学生，应考者依然寥寥。"（许纪霖，1991）1897年，张君劢进入上海广方言馆时，当时大多数人认为念"洋学堂，既无功名，又做不了官，读了等于白读"（许纪霖，1991）。在这一时期，清政府扩大了科举的考试范围，如将算学、经济专科等纳入考试。

甲午中日战争中国的战败加速了科举的废除以及新教育的兴起，人们将中国的失败归于科举。在这一过程中，体用框架基本被抛弃，科举与新教育的关系被彻底对立，原先改革科举的主张逐渐转变为废除科举，科举的废除是新教育发展的必要条件。而且，科举的废除与新教育的发展、新式人才的培养在这一具体的情境中担负着挽救"时艰"的重任。具体而言，1903年，张之洞和袁世凯联名上《奏请递减科举折》，提出通过减少"科第名额，移作学堂取中之名额"这一渐进方案来促进新学。他们认为"其患之深切著明，足以为学校之的而阻碍之者，实莫甚于科举。……是科举一日不废，即学校一日不能大兴；士子永远无实在之学问，国家永远无救时之才；中国永远不能进于富强，即永远不能争衡于各国，臣等诚私心痛之。……况科举之为害，关系甚重，今纵不能骤废，亦当酌量变通，为分科递减之一法"（朱有瓛，1987）。1905年9月2日，袁世凯、赵尔巽等奏《请废科举折》指出："臣等默观大局，熟察时趋，觉现在危迫情形，更甚曩日，竭力振作实同一刻千金。而科举一日不停，士人皆有侥幸得第之心，以分其砥砺实修之志。民间更相率观望，私立学堂者绝少，又断非公家财力所能普及，学堂绝无大兴之望。就目前而论，纵使科举立停，学堂遍设，亦必须十数年后，人才始盛。如再迟十年，甫停科举，学堂有迁延之势，人才非急切可成，又必须二十余年后，始得多士之用。强邻环伺，岂能我待。""故欲补救时艰，必自推广学校始。而欲推广学校，必自先停科举始。拟请宸衷独断，雷厉风行，立沛纶音，停罢科举。"（舒新城，1981）在内忧外患的促使下，当日，清政府发布"上谕"，宣布"著即自丙午科为始，所有乡会试一律停止，各省发科考试亦即停止"（杨学为等，1992）。

科举的废除在一定程度上是为促进新教育发展而采取的应急之举，这一举措从制度层面为新教育的发展扫除了障碍，但也导致其后的人才选拔全无标准，为民国时期的各种乱象埋下了伏笔。钱穆在《国史新论》中曾经阐述中国古代考试制度对于传统中国社会的意义："（一）是用客观标准，挑选人才，使之参与政治。……（二）是消融社会阶级。因考试乃一种公开竞争，公平无偏滥。考试内容单纯，可不受私家经济限制。……（三）是促进政治统一。……至其实施方面，因有种种缺点，种种流弊，自该随时变通。但清末确一意变法，把此制度也连根拔去。"由此导致："民国以来，政府用人，便全无标准。人事奔竞，派系倾轧，结党营私，偏枯偏荣，种种病象，指不胜屈。"（钱穆，2005）

废除科举后如何促进新教育的发展？一些开明人士认识到，只有构建系统的现代教育体制，才有可能解决人才的问题。1902~1904年，清政府以日本为模板构建了中国最早的两部学制，即《钦定学堂章程》与《奏定学堂章程》。在新学制中，清政府延续了自《京师大学堂章程》以来的奖励出身制度来激励新学堂的发展。这一制度一直持续到1911年。学堂与功名的相连使人们对功名的追逐自然转向了对学堂的追逐，而功名所具有的文化资本属性和符号意义也被一起"嫁接"给了学堂。新式学堂教育一方面具有与传统教育及科举功名显而易见的差异，另一方面顺利地继承了科举功名的某些特征。因此，学堂经历在1905年以后便成为唯一的文化资本。正如张之洞等人所述，废科举后，要使"俾天下士子，舍学堂一途，别无进身之阶"（杨学为等，1992）。由此可见，奖励体系作为一种过渡性的制度安排，既体现了对于传统的观照，又为现代教育机构的产生和获得合法性奠定了相应的基础，还为当时人们接受新式教育提供了内在的激励。

二 微观层面：传统士绅精英行为的变化

在影响士绅阶层生命发展机会的重大制度即科举制不断被改革最终被废除的背景下，中国传统士绅阶层的行为也发生了若干变化，这些变化为新教育的进一步发展壮大提供了条件。

首先，传统的士绅阶层在1895年开始分化，其中有相当部分转向了新学堂。应星以1895年后的士绅为研究对象，发现在40名上层士绅中（多数出身富家或者官家、士人、商人，且在当时社会中留下历史痕迹）始终坚持走科场道路的只有5人，赴日留学考察者有13人，投入新学堂者有

18人。在46名下层士绅中，只有4人继续选择攀缘科场阶梯由底层走上上层，其余的人均选择到国内新式学堂或日本接受再教育（应星，2017）。从中可以看出，新教育的主体其实是传统社会中的士绅。其次，这一群体对于西学以及新学的接受并非完全被动。实际上，洋务运动过程中新教育仅仅限于极少数人。1895年以后，在传统士绅家庭里，其子女的读书生涯也开始被重新规划，家庭教育中出现了新旧并举的特征，在传统经学教育的基础上，主动纳入新学的内容（程再凤，2011）。这一方面是对宏观科举制度改革与变化的应对，另一方面是士绅阶层面对未来的主动应对和长远规划。

最后，士绅阶层的集体转向为新教育的发展与壮大提供了阶层基础。传统中国围绕帝制国家和儒家文化，在科场场域中形成了稳定的士绅惯习和士绅社会。在这个场域中，考生们根据自身的位置去争夺以科举功名为代表的文化资本（应星，2017）。科举制度的废除在终结了士子们通过科场来谋官职的希望的同时，也为现代教育系统在中国的落地提供了过渡性的空间，从此，传统社会中的精英便逐步将以往对于科场的期待和参与转移至新学堂和新教育。与此同时，以留学为出口的新式教育多设在城市，成本较高，这些特点为具有丰厚经济和文化资本的传统士绅阶层提供了在新一轮文化资本争夺中取胜的条件。最终，新旧文化资本的共同拥有使传统士绅成为新教育的最大获益者。

从上述几个方面来看，科举的废除和新教育的产生之间并没有根本性的断裂，而是有一定的延续性。虽然，这一过程是缓慢而艰难的。比如，新式学堂进入具体实施阶段后，全国多个地方爆发了"毁学风潮"，以至于一时间毁学成为风气（袁轶峰，2009）。但毁学运动源于就地筹款政策引发的纠纷，与新教育自身的合法性并无根本冲突。一方面，传统中国的士绅阶层作为新旧教育之间的中介，将中国传统教育的某些制度和社会基因传递到了新教育，也就是现代教育体系之中，这些社会基因构成了当下中国乃至具有类似文化传统的国家和地区教育变革的重要约束；另一方面，这一群体的参与客观上推动了新教育的发展与壮大。

三　大学入学考试制度的萌芽

中国最早的现代意义上的大学入学选拔制度出现在1904年的《奏定学堂章程》之中。《奏定学堂章程》是中国现代意义上的第一部学制。在这一体系中，高等教育具体包括高等学堂、高等实业学堂、分科大学、大学堂、通儒院等。这些学校的入学考试主要由各校自主组织，学部只给予一些原则性的指导与规范。以大学堂为例，基于当时尚无系统完善的初等、中等教育体系，京师大学堂等的生源主要分为两部分：一部分是通过预科班来招生，另一部分是各省选拔的高等学堂毕业生。两个途径的考核方式不尽相同，前者为大学堂自己组织考试，直接升入大学堂，但是要进入预科班则需经过严格考试。各省高等学堂毕业生由各省提督学政加以考核，合格之后的名单送到京师大学堂，京师大学堂自己再来组织复试，最后才能决定是否录取。地方的教育部门拥有初选的权力。

各分科大学的生源主要来自高等学堂大学预科毕业生，若报名人数多于招生计划，则须由大学来组织考试，择优录取。如已考取但限于名额未被录取，则下学期免试入学。若报名人数少于招生计划，则可招收高等学堂与大学预科程度相等之毕业生。高等学堂以及高等实业学堂的招生也由各校自己来组织和实施。从中可见，现代化初期，中国大学入学选拔的权力主要在分科大学或高等学堂。大学入学考试为中等教育和高等教育之间相互衔接的选拔性考试，一方面不得脱离中等教育的基础，另一方面又必须为进入大学接受专业化教育选拔合格的人才。在当时缺乏现代学校教育体系系统支持的背景下，初始的大学入学选拔制度形态为基于学校需求的自主选拔。

总体而言，晚清新教育的萌芽与发展一方面延续了过去的部分传统，另一方面具有了一些初步的"现代"的形态。奖励出身制度延续了旧有秩序的惯性，减少了现代化教育体系输入过程中所遇到的文化上的障碍。科举的废除以及新教育的发展过程，同时伴随着中国传统的士绅阶层向知识精英的转换。现代社会中教育的地位获得功能与中国传统对于读书的重视不谋而合。无论是科举还是现在的高等教育以及为高等学校遴选人才的制度设计，均为受教育者或者读书人提供了一种与其成就、地位相关联的内在激励机制。这一时期，多元化的高等教育体系逐步形成，政府的无暇顾及以及经验缺乏使大学入学选拔成为大学堂和高等学堂的自身事务。

第二节　中华民国时期大学入学选拔制度

民国时期，西学东渐以及西方国家的入侵使中国政府以及民众认识到以儒学为基础的传统教育已经难以满足现代国家发展的需要，以现代知识体系为基础的各种专门人才以及新式教育才是重振国家之希望（梁晨，2018）。在国内新知识阶层的推动以及外国教育制度的不断示范下，中国的高等教育领域中逐渐形成了多样化的、以大学自主招生为主的大学入学选拔制度。本节将从选拔对象、选拔的组织以及选拔方式等多个方面来具体呈现民国时期大学入学选拔制度的具体形态。具体将以南京国民政府的成立为界限，分为两个阶段。前一阶段为大学自主招生，在后一阶段政府的干预逐步增多，大学入学选拔制度曾经一度演变为联合考试乃至统一的形态。除此之外，在国民政府所构建的正统的教育体制之外，还出现了一种以满足革命和实践需要的由共产党所创建的高等学校及其入学制度。

一 以自主招生为特征的大学入学选拔制度（1912~1928年）

与大学入学考试相关的制度安排主要分为以下几个部分：入学主体资格限定、入学途径、入学考试的组织主体、考试的基本方式以及大学入学考试与中学之间的关系等。在不同的制度安排下，政府与高等学校的权力分布有一定差异。

（一）入学主体资格限定与入学途径

鉴于这一时期中等教育规模相对较小，各大学初期仍然通过预科和招收同等学力的学生来满足生源需求。1913年的《大学规程》规定："大学学生入学之资格，须在预科毕业或经试验有同等学力者。前项预科，或与预科相当之学校，非遵照本章程办理者，其毕业生应行入学测验。""预科学生入学之资格，须在中学校毕业，及经试验有同等学力者。"① 大学的招生对象为预科毕业生或者同等学力之学生。《专门学校令》将专门学校的招生对象界定为中学毕业生或同等学力者。

入学途径基本上可以分为两种：一为预科，1912年《大学令》规定：大学预科生修业期满，试验及格，授以毕业证书，升入本科。② 二为同等学力测试，同等学力者需参加试验合格方可入学。预科的选拔只有在"中

---

① 《教育部公布大学规程（1913）》，转引自舒新城编，1981。
② 《教育部公布大学令（1912）》，转引自舒新城编，1981。

学校毕业生如超过定额时,应行竞争试验"。一直到 1917 年修正《大学令》时才明确规定:"其学生入学资格须在中学校毕业或经中学毕业同等学力试验,得有及格证书者,但入学时应受选拔试验。"①② 考试成为进入预科的唯一路径。

预科制度最早始于清末,是为解决生源不足而采取的权宜之计。以 1917 年北京大学在校生的升学途径分布为例,其中通过本校预科直接升学的学生比例为 35.6%,通过各省高等学堂考入的学生比例为 40.5%,以同等学力考入者的比例为 23.9%(见表 3-1)。但是随着本校预科生的规模逐步扩大以及其他两个途径生源的逐步萎缩,大学预科成为主渠道。1924 年《国立大学校条例》在《附则》中为预科留一定空间的同时,也确立了高级中学毕业生为大学的主生源,入学的方式为考试。至此,通过考试进入大学的模式才得以真正确立。

表 3-1 1917 年北京大学在校生升学途径分布

单位:人,%

学生类别	文科	理科	法科	工科	合计
本校预科	16	64	169	51	300 (35.6)
从各省高等学堂考入者	66	24	232	19	341 (40.5)
以同等学力考入者	162	16	15	8	201 (23.9)
合计	244	104	416	78	842 (100)

资料来源:《本年度学生履历一览表》,载《国立北京大学廿周年纪念册》,1918 年。

---

① 《教育部修正大学令(1917)》,转引自舒新城编,1981。
② 招收同等学力学生在某种程度上仅仅相当于补充生源,为过渡办法。1915 年,教育部规定了专门学校招收同等学力学生不得过 2/10 的限制。1919 年,教育部改定办法,凡各专门以上学校招收新生,应分别办理,如所招新生中学毕业者已可成班,即无须再招收同等学力学生。如毕业生人数太少,可酌收数名,但其额数仍不得超过 2/10。1921 年 9 月 8 日,《北京大学日刊》(第八三六号)在对北京大学报考资格的限定中也重申了教育部的这一规定,即"查本年秋季各专门以上学校招收新生广告,仍间有同等学力字样。此项办法殊于部章抵触。将来本部对于以同等学力学生呈报备案者,自不能认为有效。本部为事后之窒碍起见,特再颁行宣告,凡各专门以上学校于本年秋季招收新生,应一律以中学毕业为限,不得再收同等学力学生,以符部章,而杜冒滥"(《北京大学日刊》第八三六号,1921 年 9 月 8 日,转引自王学珍、郭建荣,2000)。

（二）大学自主选拔招生考试

从这一时期发布的规范大学入学的制度文本来看，政府仅对大学入学的主体资格和相应的制度做了一些基础性的设定，并未对考试进行详尽的规范，大学作为主要的组织者拥有相当大的自主权。

1. 大学以及高等专门学校

1912～1932年，大学入学考试是高等学校的内部事务，招生考试权在学校。除了预科班的学生之外，各大学公开招生。学校自行公布招生简章、确定招生人数、组织入学考试并确定录取标准。考试科目、时间、地点由学校自己确定，学校自行命题、阅卷。学校可根据其需求和招生的实际情况组织多次考试。其中，只有一个例外就是高等师范学校。师资作为国家资源，由政府进行统一调控，因此，高等师范学校招生由教育部统一规划。

2. 政府

政府制定的关于入学制度的规范为原则性内容，基本上不介入大学的入学选拔过程，只是在涉及宏观的整个教育系统，如中等教育和高等教育之间的衔接问题时，才做一些调控。以中学教育和大学入学考试之间的衔接为例，1919年1月31日教育部公布《各专门学校大学校中学校招生办法训令》中提出，"嗣后各专门学校及大学预科招生，命题概须依照中学毕业程度，勿使太过不及，至于学校衔接有所妨碍"。其中进一步规定："（一）各高等专门及大学校招考新生。除外国语外，其他各种科学，应以本国文命题。（二）生徒答案，应用本国文，其能以外国文作答者听。（三）请部通令各高等专门学校及大学校预将招生程度详细昭示，其一年级生或预科生所读何书，以若何程度为课程之开始，函达各省教育厅，于每年寒假中通知各校，俾早预备，以便衔接。"①

如果用伯顿·克拉克的政府、大学和市场的三角来分析这一时期的高等教育格局，那么大学处于自主的地位，市场或社会在一定程度上推动着高等教育的发展，而作为另外一端的政府力量较弱。虽然国家权力一直试图进入学校教育的各个层面，但限于实际情况，未能建立起如科举般统

---

① 《教育杂志》第11卷，第3号《法令》，1919年3月，转引自杨学为等，1992。

一、严密的控制体系（梁晨，2018）。

二 政府介入逐步加深的统一考试和联合考试阶段（1928~1949年）

1928年，国民政府结束了派系斗争的局面，成立了南京国民政府。为了加强政治控制、维持社会秩序，南京国民政府开始加强政权建设。其中，教育尤其是高等教育是一个重要领域。这一时期政府加强了对高等教育的控制：首先是为应对自1922年以来的收回教育权的呼声，在民族主义舆论的支持下，将教会大学纳入私立高等学校体系；其次是加强了对私立大学规范和制度化的要求，尤其是将私立大学的立案审批权掌握在教育部，成为政府对于私立大学施加控制的撒手锏；最后一点，也是最为重要的内容，就是加强对公立高校方方面面的控制，其中就包括高等学校招生入学考试。

（一）入学主体资格限定

这一时期的入学主体资格与北洋军阀政府时期相比没有根本的改变。南京国民政府在1929年发布的《大学规程》和《专科学校组织法》等文件对大学、独立学院入学报考者的条件进行了规定，都必须是"曾在公立或已立案之私立高级中学或同等学校毕业"。通过将报考者界定为公立和已立案之私立高中毕业生，政府加强了对私立高中的规范与管理。到20世纪40年代，战争的影响导致高等教育生源进一步减少，为了增加普通高中以外的其他学校毕业生进入大学的机会，政府扩大了报考者的范围。如1946年北大、清华和南开三校联考的招生简章中，新增了两个有资格报名的群体："曾在公立师范学校或前高中师范科毕业得有毕业证书或升学证明书，并于毕业后服务满规定年限者"和"曾在公立或已立案高级职业中学毕业得有毕业证书者，但限于报考与原毕业学校性质相同之科系"。[①] 从中可见，与前一时期相比，这一时期教育系统的整体性和不同层级之间的衔接更为顺畅。

---

① 《北大清华南开三大学三十五年度联合招考一年级新生简章》，转引自王学珍、郭建荣，2000。

(二) 入学途径: 预科废除, 以考为主

预科制度本为解决生源不足的权宜之计。在这一制度中, 教育选拔的关键在于预科选拔, 因为学生只要进入预科学校并通过毕业考试, 即可升入大学本科, 无须再参加入学考试。但客观上, 由于为预科选送人才的过程中存在各种各样的徇私舞弊行为, 不利于学生质量的提高。教育部于1930年发文废除预科。这一制度的废除导致考试成为进入高等学校的唯一途径。为解决生源问题, 各大学分别建立了附属中学。与此同时, 教会学校和少数公立、私立大学也通过认可中学制度来从指定中学招收毕业生(梁晨, 2018)。

(三) 大学入学考试组织形式的变迁: 统一考试与联考

针对当时中学毕业生升学难、中学教育和高等教育衔接不上以及高等教育文科和实科比例失调等现象, 1931年, 国联教育考察团建议大学实行统一考试。从1933年起, 以纠正大学文科和实科学生比例严重失衡问题为切入点, 教育部开始积极介入大学院校招生。如实行比例招生法, 规定公私立各大学限制文、法、商、教育、艺术等新生招生名额, 使文科新生平均人数不得高于实科招生人数; 而只有文科学院的学校的招生人数, 不得高于1931年的招生人数。1935年, 教育部进一步推行实际名额控制, 规定"大学文、法、商、教学科招收新生, 每一学系所招新生及转学生数额以30名为限", 对"未依照本办法办理者, 其新生入学资格, 教育部不予承认"(梁晨, 2018)。这一举措比较有效地控制了文、法、商、教育类学生所占比例不均衡的问题。但这些措施总体上都是对招生结果的具体要求, 教育部依然没有介入招生工作的具体组织与安排, 高等学校仍然是招生的主体。

之后, 为了解决战时人力、物力、财力之不足, 节约组织成本, 方便考生, 也为了增强政府对整个教育体系的统筹能力, 从1937年开始, 中华民国训政时期, 政府开始统一招生的尝试。1937年, 中央大学、武汉大学和浙江大学试行联合招生; 1938年, 国立各院校统一招生, 统一组织, 统一考题。1940年, 参与统一招生的院校扩大为公立各院校, 同时, 成立了永久性质的公立各院校统一招生委员会, 规划并执行统一招生各事宜, 同

时在全国设立十二个招生区，各招生区设立招生委员会。通过这一形式实现了从命题到录取标准等的标准化和统一。不过，总体而言，当时参加统一考试的学校非常有限，全国专科以上学校1938年为97所，1939年为101所，1940年为113所（杨东平，2003），而参加统一考试的院校仅限于国立、公立院校，三年分别为22所、28所、41所（李涛，2014）。对于私立院校，教育部虽加强管理，但是新生的入学考试仍然由各校自行组织，教育部扮演的是第三方监督的角色。从中可见，当时"统一"的程度十分有限。

抗日战争进入相持阶段以后，交通困难，全国统一招生考试也不得不终止，转而实行以联合招生为主，辅之以单独招生、委托招生、成绩审查等多种方式。所谓联合招生，是指教育部划分考区，指定考区内国立、公立、私立院校联合招生（1941年私立院校除外）。举行联合招生的各考区，组织成立联合招生委员会，以召集学校校长为召集人，招生委员会的组织由各考区自行拟定。联合招生的报名、命题、阅卷等事宜，一般根据教育部的规定，由各考区自行办理。凡不在本考区的各院校，可征求其他考区的同意，委托其他考区代为招生。受委托的各考区可于本考区考试后举行入学考试，不必与本考区考试同时举行。委托其他考区代招学生的命题、阅卷及揭晓等事宜，由考区间自行商定。

联考中，政府核定各校的招生名额，并确定考试科目。除此之外的事宜，均由各学校之间自行商定处理。教育部扮演监督者的角色。无论是学校之间联合、委托代理，还是单独招考，高等学校作为独立决策的主体，基本上都具有决定包括录取标准在内的入学选拔的自主权。以北大、清华、南开大学联合招生的考题为例，出题由三校分担，共出三种试题，分配如下：北大负责国文和数学，清华负责英文理化，南开大学负责生物公史[1]。这一制度能够运行依赖于当时存在的大学共同体内部的相互认可。与之前的统一考试相比，这一时期政府的干预有所减弱，而学校的自主权有所恢复。

总体而言，民国时期大学院校的招生长期由学校主导，学校在招生的

---

[1] 《三校本年联合招考，划分九区八月举行》，《益世报》1947年5月16日，转引自王学珍、郭建荣，2000。

组织形式选择等多个方面具有相当多的自主权。政府的干预多为间接的方式且多针对国立、公立学校，未涉及招生考试的具体内容。

三　革命传统之中以松散联结为特征的高等学校入学制度

与南京国民政府成立并行的是，共产党也根据自身的革命实践构建了服务于革命需要的自成体系的教育系统，一直延续到1949年。这一体系中的高等学校不是根据知识体系和学科分类建制的组织结构，所进行的也不是专业化教育。在入学选拔中，学术能力并非决定性因素，能否被录取主要取决于申请者个人的政治忠诚。1949年以后，政治忠诚或者家庭出身成为录取标准之一，一定程度上是这一时期革命实践传统的延续。

苏维埃政权以及陕甘宁边区政府等成立的高等学校主要包括：中央苏区时期的苏维埃大学、抗日战争时期的抗日军政大学和解放战争时期的高等学校。决定能够进入这三类学校的因素主要有两个：其一，政治忠诚，其二，革命斗争的实践经验。如苏维埃大学的入学标准为："凡年在十六岁以上，不分种族、性别，曾在政权机关、群众团体和党团负责工作有半年以上的，在边区积极参加过革命斗争的，其文化程度能看普通文件，均有入学资格。"（刘昕，2003）抗日军政大学的目的是培养抗日战争中军事政治的领导干部。其对入学资格的规定如下："一、不分党派，不分信仰，不分性别，以抗日高于一切，坚决献身于民族解放事业者。二、大学、高中或初中毕业，或具有同等学力者。二、身体健强无不良嗜好及传染病者。四、凡年在十八岁以上，三十岁以下者。"（刘昕，2003）解放区高校的目的是吸收外来的知识青年，进行政治教育；培养区乡干部（工人成分不受此限），着重进行政治教育和文化教育；招收初中程度的学生，以文化学习为主，准备将来学习各门技术。

从制度设定的角度来说，这些学校虽然也有入学考试，但基本上不存在根据考试分数来筛选的问题，学术能力不是必需条件。入学考试的目的是了解学员的履历和文化知识水平，以定编队授课之标准。入学考试的组织并没有完全制度化，而是"随到随考"。考核内容也比较粗略。

总体而言，1912~1949年这时段中，大学入学考试制度以高等学校自主招生为主，政府的干预十分有限。南京国民政府成立之前，北洋军阀政府无暇顾及教育，因此对大学入学考试也少有规定。虽然发布了一系列的制度，但少有落实且在这些制度中政府的力量相对较弱。1928年之后，政府将考试作为控制和规范教育的一个重要途径，加大了对于大学入学考试的介入，如成为大学招生规则的制定者和执行状况的监督者。但总体来说，由于高等教育系统的多元化结构，如存在大量私立大学（包括教会大学），政府并未全面控制整个高等教育领域以及所有高等学校的入学考试。

与此同时，这一时期的大学已经基本确立自治的理念和运作机制，除了在统一招生年份政府进行了全面监控以外，无论是在计划招生还是在联合招生阶段，政府的监控并没有深入到大学招生选拔的核心，即考核的具体内容和选拔的标准中。高等教育整个组织群体呈现一种以专业声望为基础的自治状态。

第三节 中华民国时期的教育与社会

一 弱政府，强社会

中华民国成立之后的1912~1916年，袁世凯掌握政权。北洋军阀统治下的北京政府在袁世凯死后展开了权力之争，对文化界、教育界基本采取不加干预的态度。尽管形式上仍然是北京政府掌握着中央权力，掌管着一些内政事务，但实质上是军阀各自为政，政局混乱。没有一个强有力的政党能够拥有足够的力量来动员社会的各个阶层，建立一个强大的政权。与此同时，军阀之间的混战以及各个利益集团对权力和经济利益的追逐导致了当时的工业化很大程度上集中于非生产性的战争工业，民族工业势单力薄，整个国家的财政亏空（费正清，2001）。

这一政治格局对中国的教育发展产生了意料之外的影响：有研究统计了1912~1928年，除兼署代理的22人次以外，共换教育总长15人次（苏云峰，2007）。政局的动荡以及没有统一的官方意识形态为当时以归国留学生为主体的新文化运动以及教育革新运动提供了很大的空间。在新文化运动中，传统的儒家意识形态遭到批判，现代西方的教育理念、理论和制度得到引进。与此同时，民族工业逐步兴起，民族资产阶级作为一个阶层逐步产生，为建立现代教育系统提供了一种可能。也就是在这个时期，中国的私立大学开始出现，并且成为中国高等教育系统中一个重要的组成部分。

此外，在当时的政治权力格局中，还存在另外一个不可忽视的角色，即国外势力（有时也被称为帝国主义）。国外势力通过办教会学校对中国教育产生了巨大影响。抛开其意识形态不说，教会学校基本上是西方教育理念、制度的物化体现，对当时的公立高等教育起到了示范作用，并成为当时高等教育系统中一个有机组成部分。以1922年为例，全国有公立大学7所、私立大学13所、教会大学17所（费正清、费维恺，1994）。教会大学几乎占据了当时中国高等教育的半壁江山。

总体来说，这一时期中央政府的衰弱尤其是财政能力不足，基本没有能力去影响并强力干预高等教育的发展。私立大学和教会大学经费上的独立性也使政府难以干预其发展，学校可以根据自身需要来选择和设计招生选拔制度。1927年南京国民政府成立之后，中央政府开始试图构造国家政治统一的局面，财政能力的增强以及统一教育权的需要使政府开始加强对教育的控制，考试是其中一种重要的途径。但多元化的办学格局导致政府的干预只能限于部分高校以及部分事务。

二 新的知识阶层：近代高等教育的推动者

中国教育现代化早期学习的理论和制度均来自欧美和日本。清朝末年通过多种途径学习西方：第一，在政府的组织下，近代中国的留学教育开始启动，大批学生去日本、欧美国家留学；第二，大量翻译西方的著作；第三，在当时的洋务学堂和高等学堂中大量聘请西方学者。比如丁韪良任京师同文馆总教习，丁家立为北洋大学总教习，林乐知掌管上海广方言馆，傅兰雅受雇为上海江南制造局翻译馆译员，福开森为南洋公学监院，李题摩太为山西大学堂西学书斋的总理。

民国时期，新的教育理论和制度的载体主要是归国留学生、外国讲学者、教会学校以及翻译成中文的西学著作和大量的教材、教科书。除了为宏观的国家（社会）以及高等教育系统格局提供了大学自治的空间，新的知识阶层尤其是有留学经历者是包括大学招生在内的高等教育自治的身体力行者和推动者。1901～1939年，从日本各类学校毕业的中国学生为12000人。1854～1953年的一个世纪内中国留美学生达21000人（费正清、费维恺，1994）。据国民政府教育部《专科以上学校教员名册》统计，1941

年 2 月到 1944 年 3 月间审查合格的教授、副教授为 2448 人，其中留学生出身的共 1913 人，占 78%（杨东平，2003）。这一群体一方面深谙西方的教育制度和理念，另一方面具有传统士大夫的"救世"情怀，且很多人身居要职。如 1931 年全国 79 所公私立大学，校长为留学生出身的有 65 人（杨东平，2003）。重要的职位使这个群体能够实践西方的教育理念和制度，其中就包括大学自治、学术自由的制度和理念。到了 20 世纪 30 年代，以留学生为主体的教育精英成功地构建出相对独立和自治的高等教育体系。教育独立与大学自治成为高等教育领域中的共识。在这一背景下，招生作为大学的内部事务自然也由大学独立组织与实施。

三 国家教育模式

1. 新教育令人艳羡却成本过高

如前文所述，科举废除之后，人们逐步由科场期待转移到新教育。进入近代社会以后，存在求学、行医、从军、从政、经商、高攀的婚姻、革命等多种可以跨越阶层的社会流动途径，其中高等教育是晋升为高等士绅的最令人敬仰和最光荣的途径（周荣德，2000）。只不过，对于大多数穷人的孩子来说，这一途径可望而不可即。首先，在相当长的时间内，中学教育与大学入学考试之间脱节，大学入学标准设定过高且招生规模较小，由此导致大学入学考试很难通过。其次，新教育的成本远高于传统教育。越是高级的学堂越是设在大城市，学堂要求交学费。除学费外，新学堂均为全日制教学，且中学堂以上的学校大多要求住宿，这些无疑增加了新教育的成本。汪一驹对 20 世纪 30 年代的学费进行测算后发现，一个家庭有 30 亩地才能支持两个孩子上初小，有 50 亩地才能支持一个孩子上高小（汪一驹，1991）。这一情形被概括为"学堂重地，无钱免入"（舒新城，2013）。大学的学费以及其他各项支出更是普通家庭难以企及的，以至于当时有人指出，进大学首先需要经济条件，其次才是学力，而经济条件远比学力更为重要（梁晨，2018）。由此可见，这一时期高等教育更多的是各种精英家庭的特权。文化资本和经济资本的门槛使高等教育在很大程度上成为精英地位再生产的重要途径（梁晨等，2017）。

2. 国家财政能力不足、传统精英的退出抑制了农村基础教育的发展

在乡村，除了农民情感上的拒斥和基于实践理性对于新式教育的拒

绝，新学校的生存也遇到经济困难。20世纪前半期，中央政府之财政能力不足、乡土社会中士绅阶层的退出导致乡村基础教育的发展十分缓慢。在传统的双轨治理中，乡绅为国家与乡土社会之间的中介，他们拥有土地资产与人际声望，在享有各种特权的同时也承担了若干社会责任，其中便包括兴建和支持农村学校。正是这一群体的积极参与以及农村传统的宗族制度、义田制度、学田制等共同导致传统中国农村的高识字率。科举废除以后，学堂成为跻身政界的唯一出路，而学堂多处在省城或京城，城市集中着财富、名位和权力这些资源，因此就出现了大批农村士绅精英源源不断流向城市，去寻找自己的生存和发展机会（萧功秦，1996）。

之后，20世纪二三十年代国家政权深入乡村社会，其扩大的速度远远超过了小农经济的增长速度，导致了国家政权的内卷化。为了避免作为政权在乡土社会的代理人所带来的尴尬，更多的乡村精英进一步退出了公共事务。在这一背景下，政府汲取基层资源以及政权建设的需求导致赢利型经纪在乡村迅速增长（杜赞奇，1996）。这一群体的强取豪夺使乡村财政枯竭，财政的枯竭使作为新政权建设内容之一的新式学堂运转成了无源之水。

3. 疏离于广大乡村的现代教育

除了教育经费以外，基础教育在农村发展缓慢还有更为深层的原因。民国时期西方化的学术和教育主要面向少数精英群体和城市生活，农村地区在更大程度上依然是传统的价值和知识独占的领域。这一时期政府自上而下所构建的教育制度远远脱离普通民众生活和实践的需要，被质疑为机械照搬外国的教育制度，教学计划、课本和教学方法都以西方的知识和榜样为基础，教育的目的是升学乃至留学。

李景汉在20世纪30年代初对定县的教育管理体制进行了详细的调查，其中提到当地人接受私塾、不愿送子弟进新式学堂的问题（李景汉，1986）。廖泰初在30年代的著作《动变中的中国农村教育——山东省汶上县教育研究》中对山东汶上县农村教育状况的调查发现，老百姓之所以爱私塾而不爱洋学，一方面是因为农民对政府失去了信任，另一方面是私塾的教材和管理办法迎合了老百姓的胃口，接近儿童日常的生活经验，洋学的课程和地方格格不入（马戎、龙山，1999）。费孝通在《江村经济》中也提到，村里的经济活动与学校课程以及学校的学习组织方式之间产生了矛盾，同时，当时的教育是单纯的文化教育，这种文化培训并不能对社区生活有所帮助。很多农村家长是文盲，不认真看待学校教育，而没有家长的帮助，小学校的教育是不易成功的（费孝通，1986）。由此可以看出，新教育以升学为取向，忽略了中国的传统以及乡土社会的需要，由此导致了对下层人民的排斥。

尽管中国自古以来具有"学而优则仕"的传统，但是，对于当时具有80%文盲的中国社会来说（麦克法夸尔、费正清，1992），通过现代教育途径来实现自我社会地位升迁和改变的人少之又少。在自20世纪初开始的将近半个世纪里中国的大学中，处于社会底层的乡土社会基本上是失语的。而中学基本上集中在城市。从这个意义上说，这一时期的中学教育与中国的乡土社会相疏离。以1949年为例，只有3‰的适龄人口能接受中等教育，而大学作为精英教育仅仅容纳了3‰的适龄人口（麦克法夸尔、费正清，1992）。在这一发展模式中，高等教育仅仅为少数人的事情。从1938年的统考结果来看，参加考试的学生有10836人，被录取的有5370人，录取率高达49.6%（见表3-2）。根据考生出身学校的性质可以做如下分类：从当时考生的主要分布来看，其中，国立中学和省/市立中学的考生占到42.7%，这些考生应该是在省会城市，而绝大部分私立学校也集中在城市。农村学生所进入的学校一般是县/市立中学。从学校的总数来看，87.3%的中学集中在县/市，但是县/市立中学的应考人数仅占总数的10.5%。平均每4.4所县/市立中学仅有1人应考。这说明有一大部分来自县以及县以下的学生根本就没有参与大学入学考试。

表3-2 1938年统考结果统计

学校性质	学校数（所）	应考人数（人）	录取人数（人）	录取率（%）
国立中学	28	779	505	64.8
省/市立中学	302	3849	2039	53.0
县/市立中学	5005	1136	615	54.1
私立中学	401	5072	2211	43.6
合计	5736	10836	5370	49.6

资料来源：刘昕，2003。

小　结

晚清时期，中国传统的教育观念"学而优则仕"在失去科举制度这一载体后缓慢实现了与现代教育制度的嫁接。这一社会观念基础一直持续至今，影响甚至支配着多数人的教育选择及行为。民国初期中央政府之软弱以及军阀割据的政治格局为中国20世纪初期文化教育思想等领域内的现代化提供了一定的空间。清末新式学堂培养的新式人才和在西方与日本接受留学教育后又在政府或者大学中任要职的知识阶层成为西方现代教育体制和理念的传播者，在经世致用的传统观念的支配下，这一阶层成为中国现代大学的主要构建者。此外，教会大学在这一时期也成为西方大学教育在中国的成功示范。政府的控制干预能力有限，且多元办学的格局决定了大学入学选拔成为各校自主的行为。薄弱的基础教育、尚属于起步阶段的高等教育以及现代教育体制与中国乡土社会之间的疏离导致了只有极少数社会精英的子女能接受高等教育。所以，这一时期高等教育基本上是文化精英、政治精英和经济精英的特权，入学不存在激烈的竞争。

南京国民政府时期，政府将教育纳入国家政权建设的范围，加强了对大学入学选拔制度的宏观调控。这一调控仅限于大学招生的外部的非核心事务以及少数高校，但也因为战争的爆发而终止，并未对高等教育的自主招生产生实质性的影响。

在民国政府所创建的正规教育体系之外，苏维埃政权、陕甘宁边区政府等创建的革命大学的入学制度体现了完全不同的逻辑。如在入学主体的限定中，民国政府更加注重制度化、规范性以及知识本身的逻辑，制度的设计与执行以高等学校的需求为本位。革命大学则更为注重政治情感和意识形态忠诚，制度的设计与安排以革命和实践的需求为出发点。这一实践知识论与国民政府所构建的制度化的高等教育所秉承的对于高深知识的追求则完全不同。以上两种传统在1949年新中国成立之后均得到了一定程度的继承。

第四章 1949～1976年的高考制度

中华人民共和国成立之后构建了符合新政权需要的教育体制，其中便包括统一高考。统一高考是这一时期国家社会主义体制在教育领域中的基本形式之一。高度集权的国家政治制度以及这一制度深刻的历史传统在很大程度上影响了新中国成立以后高考的制度选择。虽然在"文化大革命"之前，大学入学选拔最主要的形式是统一考试，但这一时期在基础教育领域中并未出现系统的应试行为。以下将从主导教育发展的实践哲学、教育在社会分层中的作用、国家教育模式三个方面来回答这一问题。

第一节 两种不同的教育哲学

中华人民共和国成立之初的教育体制来源于三个传统。第一个传统是中华民国政府以西方教育为模板所构建的教育体系，该体制远离人们生活的实际需要，远离社会民众，是以培养精英为目标的升学教育和留学教育。第二个传统为中国共产党在长期的革命实践尤其是教育实践中所积累的边区学校经验。这一传统一方面强调忠诚，另一方面充分考虑教育对于农民生活的适切性。第三个传统为在同一意识形态联盟的苏联教育（佩珀，1992）。

不同的传统隐含的教育哲学观念不同，而不同的教育哲学指导下的教育实践及体制存在巨大差异。第一个传统以刘少奇、邓小平为代表，主张现代化取向的教育观，主张通过正规的学校教育体系来培养现代社会、经济、科技发展所需要的人才。教育是现代化的一个面向。本书将此简称为现代化取向的教育观。现代化取向的教育观与传统的教育观有契合之处。第二个传统起源于以毛泽东为代表的中国共产党在延安时期的教育经验，主要遵从实践以及革命需要的教育哲学，将教育定义为实现革命动员和满足人们需要的广义的制度体系。在这一传统之下，教育首先是改造社会结构的重要工具，其次应该满足人们生产和生活的需要。本书将这一传统称为革命和实践取向的教育观。第三个传统则体现的是前两种传统的一定程度的综合。以第一个传统和第二个传统为代表的两种教育哲学观之间的冲突贯穿于新中国成立初约 30 年中国教育的制度建构过程之中。

一 什么是教育？教育的社会功能是什么？

现代化取向的教育观将教育视为国家现代化的一个重要方面。教育的目的是培养现代经济、社会以及科学发展所必需的人力资源。这种教育观主张通过正规的、系统的学校教育体系来达成目标。正规教育体系相对封闭，以传授书本知识为主。为了便于教和学，知识被系统化和组织化为不同的层级和序列，学校和教师根据知识的不同层级对学生进行分级分类教学，通过考试来测量学生对于知识的掌握程度。与这一体系相匹配的大学入学的选拔和录取也围绕学术能力而设计。

革命和实践取向的教育观认为，教育是改造旧社会和建设新社会的强有力的工具之一："教育工作必须在党的领导之下，才能很好地为社会主义革命和社会主义建设服务，为消灭一切剥削阶级和一切剥削制度的残余服务，为建设消灭城市与乡村的差别和消灭脑力劳动与体力劳动的差别的共产主义社会服务。"（《建国以来重要文献选编》第十一册，1995：490）教育的目的是培养"共产主义社会的全面发展的新人，就是既有政治觉悟又有文化的、既能从事脑力劳动又能从事体力劳动的人，而不是旧社会的只专不红，脱离生产劳动的资产阶级知识分子"（《建国以来重要文献选编》第十一册，1995：491）。教育的首要目标是培养个体的政治忠诚，其次是使个体有文化，既懂理论知识，又有实践能力。在这一框架下，教育是一个开放的体系。

二 什么知识最有价值？

现代化取向的学校教育更为侧重知识本身的系统化和权威性。在正规的学校教育体系中，教育内容是指写入书本和教材的科学文化知识。掌握这些知识的群体有权力对学生进行教育。散见于生活和实践中的知识并未被采纳到课堂教学中。

革命和实践取向的教育观,以毛泽东最为典型。毛泽东具有广博的学识,但他不是书斋里的学者,而是在长期革命战争和建设实践中锻炼成长起来的革命家、军事家、思想家、政治家。这种经历使他特别推崇实践和直接经验,特别重视自学和学以致用。这也使他对中国传统教育和苏联教育模式往往持一种激烈的批评态度(郑谦,2013)。在他看来:"世界上的知识只有两门,一门叫做生产斗争知识,一门叫做阶级斗争知识。"……"一切比较完全的知识都是由两个阶段构成的:第一阶段是感性知识,第二阶段是理性知识,理性知识是感性知识的高级发展阶段。"……"有什么办法使这种仅有书本知识的人变为名副其实的知识分子呢?唯一的办法就是使他们参加到实际工作中去,变为实际工作者,使从事理论工作的人去研究重要的实际问题。这样就可以达到目的。"(《毛泽东选集》第3卷,1991:815~816)

知识必须经过实践检验,没有经过实践检验的知识不能成为真正的知识。毛泽东认为:"这样看来,有两种不完全的知识,一种是现成书本上的知识,一种是偏于感性和局部的知识,这二者都有片面性。只有使二者互相结合,才会产生好的比较完全的知识。"(丁晓平,2019)毛泽东对传统教育观下的学校教育模式进行了批判:"现在这种教育制度,我很怀疑。从小学到大学,一共十六七年,二十多年看不见稻、粱、菽、麦、黍、稷,看不见工人怎样做工,看不见农民怎样种田,看不见商品是怎样交换的,身体也搞坏了,真是害死人。"(苏渭昌,1996:53)除了生产斗争的知识以外,阶级斗争的知识也应该被纳入学校教育体系,学生应该通过阶级斗争的实践来检验是否掌握了阶级斗争的知识。

革命和实践取向的知识观打破了仅将学校作为传授传统体系化书本知识的封闭体系的现状,认为仅仅掌握了书本知识的学生的知识结构并不完整,因为这些知识并未经过实践的检验。在开放的教育体系下,教育活动发生的时间和空间得到拓展,以往教育者的知识权威被消解,教育不仅仅发生在课堂上,农村、工厂和企业等都成为教育场所。从某种程度上说,革命和实践取向的知识观的外延更为宽泛。

三 什么样的教学方式最有效?

在正规的学校教育系统中,为了便于教和学,知识被组织化为不同层级和水平的课程与教材,教学和学习的主要场所为课堂。革命和实践取向的教育观削弱了学校的核心地位,认为社会在教育中扮演重要角色,学习可以发生在田里、工厂里和大街上。参加生产劳动是培养社会主义新人的重要方式,而且比传统的学校教育效果更加有效和直接。通过生产劳动和实践,教室与社会之间的区隔被打破,书本知识的重要性被降低,教师的专业权威和职业声望也被逐步消解(Chen, 1981)。直接的生产劳动代替了与实践没有直接相关的知识的获得。1958 年 3 月,毛泽东宣称:"从古以来,创新思想、新学派的人,都是学问不足的青年人,他们一眼看出一种新东西,就抓住向老古董开战。美国富兰克林发明了电,他是卖报的孩子,高尔基只读了两年小学。当然学校也可以学到东西,不是把学校都关门了,而是说不一定在学校。"(转引自施拉姆,1992)在不否定正规学校教育价值的同时,毛泽东认为,学校并不一定是教育发生的唯一场所,而且在学校开展的教育要实现生产和劳动的结合。"今后的方向,是学校办工厂和农场,工厂和农业合作社办学校。学校办工厂和农场,可以自己办,也可以协助工厂和农业合作社办。学生可以在学校自办的工厂和农场中劳动,也可以到校外的工厂和农业合作社去参加劳动。学校办工厂和农场,要尽可能注意同教学结合。学校也要协助工厂和农业合作社开办学校。"(中共中央、国务院,1958)劳动成为一种重要的教育方式。

除此之外,正规学校教育中的考试制度也成为毛泽东批判的对象。"整个教育制度就是那样,公开号召去争取那个五分。就有那么一些人把分数看透了,大胆主动地去学。把那一套看透了,学习也主动了……中国历史上凡是中状元的,都没有真才实学,反倒是有些连举人都没有考取的人有点真才实学。不要把分数看重了,要把精力集中在培养分析问题和解决问题的能力上,不要只是跟在教员的后面跑,自己没有主动性。"(毛泽东,1996:492)

这一时期,革命和实践取向的教育观持有者对传统教育的批评产生了另一方面的偏颇,诸如重实践、轻书本;重政治、轻专业;重大众、轻精英;重普及、轻提高;重出身、轻表现;重平等、轻差别;重非正规化、轻正规化和制度化；重社会教育、轻课堂教育；等等（郑谦，2013）。

这两种教育哲学观念体现了不同的逻辑。总体来说，现代化的教育观更为传统，主张通过正规教育来实现现代化，遵循的是人力资本的逻辑。革命和实践教育观将教育作为社会改造的工具，通过教育来实现社会阶层结构的重构。前者关注的是通过正规教育来培养社会的精英，后者则将教育作为缩小原有精英和大众之间的鸿沟、实现社会平等的工具。前者主张通过严格的选拔考试来选拔社会精英，而后者则主张尽可能增加教育机会，让所有阶层都受到教育。前者更倾向于构建精英教育体系，而后者则更主张采取大众教育的模式。在新中国成立初的30年间，革命和实践取向的教育观对传统的正规学校教育体系构成了很大的冲击，在一定程度上消解了传统社会及文化对于书本教育的尊崇。在这种话语体系中，传统文化中教育对于个体地位获得的工具性价值在短时间内被抑制。

第二节 大学入学选拔制度

1949~1977年可细分为两个时段：第一个时段为1949~1965年，统一高考制度被确立，第二个时段为"文化大革命"时期，这一制度被废除。1977年以后，国家恢复了统一高考。统一高考制度是国家社会主义体制的一个有机组成部分，其形式并非任意选择，而是有明显的路径依赖性，与国家的历史演变过程、政权形式以及历史文化有密切的关系。以下将从投考资格、选拔方式和录取标准三个方面简述1949~1965年中国统一高考制度的特征。

一 投考资格

新中国成立初期，入学主体资格的限定一方面体现的是学术标准，另一方面显示出国家在高等教育机会分配中对于不同社会阶层的偏好。具体到报考资格的限定上，体现出以学术水平为主要标准，辅之以出身限定的特征。

这一时期，国家急需人才，大学招生主要依赖于原有的高中或者同等学力的毕业生，但由于基础教育基础薄弱，高中教育规模在相当长的时间内无法满足高校招生的需求。1952年高中毕业生仅相当于高校招生规模的45.6%，1953年为69.1%，1954年为73.9%。[①]为了满足高校的招生需求，除了应届高中毕业生以外，国家大力动员其他同等学力者来报考，具体包括经过自修确具有高中毕业文化程度的非在职及非在学的社会知识青年、往届高中毕业生、中等专业学校本届毕业生以及机关、企业、学校和团体经批准升学或者转业的具有高中毕业文化程度者（高等教育部、教育部，1954）。

在动员高中毕业生和具有同等学力者报考的同时，这一时期国家学习苏联建立工农中学，将工农干部和工农青年纳入中学教育。这一方面可以解决生源不足之问题，另一方面可以对这一群体进行扶持。工农速成中学的发展随即迅速扩大了高等学校中工农家庭出身的学生的规模。

这一时期在大学的招生中，国家一方面尽量维持高等教育的学术标准，即规定投考者必须具有高中文化水平或者同等学力，另一方面又不得不通过设立工农速成中学等方式对工农阶层进行扶持。但总体而言，在1958年之前，学术水平仍然是主要标准。1958~1960年，革命和实践取向的教育观的影响进一步加大，报考资格进一步向工农阶层倾斜，工作经验和实践经验也被纳入录取标准。

二　选拔方式

1950~1951年的高等学校入学基本上延续了联合考试和单独考试并举的选拔方式，考试由各校自己组织或联合组织，命题也是组织群体或者单个大学的行为。经过短暂的过渡之后，1953年教育部确立了统一高考。"所谓统一，是指统一的计划，统一的组织领导，统一的报考，统一的录取调配，即全国的高等学校的招生名额，均由中央高等教育部、中央教育部根据国家培养干部数额、类别统一规定；招生的组织领导是全国统一的，中央由全国高等学校招生委员会，各大行政区各主要省由招生工作委员会组织领导这一工作的进行。投考学生在统一的日期报名，根据统一的试题考试，国家根据统一的原则录取学生"。（杨学为，2003）国家为入学考试的组织者和最终结果的决定者，高等学校为国家计划分配的接受者，

---

① 根据《中国教育成就：统计资料1949—1983》中的各级各类学校毕业生数和招生数计算。

在招生考试的具体事务中基本不存在自主决策的空间。

这一时期统一高考的起因与1938年国民政府的统一高考类似，均源自国家对于高等教育进行宏观调控的需要，"一方面目前国家各种建设事业迫切需要大量的高级建设人才，一方面全国高级中学的毕业生数量太少，这是一个很大的矛盾。能不能解决这个矛盾，是我国高等教育事业能否顺利发展的重要环节。而解决这个问题的办法就是全国高等学校统一招考。这种做法的好处有三点。第一，可以有计划地增加学生来源。第二，通过统一招考和有计划地分配录取的新生，既可保证国家重点建设的需要，同时也可适当地照顾各种建设事业的需要。第三，在目前，个别学校招生，容易产生对学生程度要求太高而脱离实际，或是过分降低录取标准而影响培养高级建设人才的质量的偏向。通过统一招生，则可以适当地保证招收新生的质量"（曾昭抡，1953）。只不过1938年统一高考受到战时形势所逼，而新中国成立后的统一高考则是国家社会主义体制系统建构中的一个环节。为了使对人才培养有计划性，政府将整个高等教育纳入国家专门技术人才培养的规划，与此相适应，国家对于大学的入学选拔和毕业分配进行了统一。区别主要体现在两个方面，第一，两个时期"统一"的对象不同，1938年统考仅针对公立高校，而1953年则面向所有高校。第二，统一程度不同，1938年的统一仅限于招生，而1953年的统一则具有系统化的特征。

除了统考以外，还存在单独考试和保送两种辅助性的入学途径。单独考试包括三个部分：第一是优秀小学教师升入师范大学的考试；第二是高校为工农速成中学毕业生单独组织的考试（杨学为，2003）；第三是部分未参与统考的高校对工农干部和产业工人等单独组织的考试，以及为在职干部等单独组织的入学考试。前者的目的是统一配置师资，而后两种方式则是为了扶持工农群体。为了进一步提高高校中工农家庭子女的比例，1958~1960年，增加了保送的方式。

统一考试是基于学术能力的筛选，是竞争性选拔，而单独考试和保送所进行的考试更类似于摸底。总体而言，这一时期的高等学校招生以统一考试为主。

三　录取标准

在现代化的教育观念体系中，代表学术能力的分数是录取的核心标准，而在革命和实践教育观念体系中，政治资本和实践经验为核心标准。新中国成立初期，国家赋予教育培养工农出身的新型知识分子的职责，1949年12月23日，教育部长马叙伦在全国教育工作会议的开幕词中对这一时期的教育发展目标进行了定义："由于我们的国家是以工农联盟为基础的人民民主专政的国家，因此我们的教育也应以工农为主体，应该特别着重于工农大众的文化教育、政治教育和技术教育。因此除了我们的社会教育毫无疑义的应以工农为主体外，我们的小学校应该多多吸收工农的子女，我们的中学校和大学校，也应该有计划有步骤地为工农青年大大开门，以便大量地培养工农出身的新型的知识分子，作为我们国家建设的新的坚强骨干。这是中国新教育建设的工程中具有头等重要意义的工作，我们应该首先努力促其实现。"（转引自杨学为，2003）

而要培养工农出身的知识分子，首先必须面对的问题是这一群体受教育基础薄弱的问题。以1949年为例，全国总人口中80.00%为文盲，12.96%为小学文化程度，0.74%为中学文化程度（见表4-1）。要培养工农知识分子，除了为这一阶层提供专门的通往高校的工农速成中学以外，在不同时期的大学入学录取标准中还存在对工农群体不同程度的倾斜。倾斜的方式是将革命经历和实践经验纳入录取标准。

表4-1　1949年中国不同文化程度的人口分布

单位：万人，%

	规模	比例
大学毕业生	18.5	0.03
中学毕业生	400	0.74
小学毕业生	7000	12.96
文盲人数	43200	80.00
总人口数	54000	—

资料来源：不同文化程度人口的规模和总人数口数来源于《剑桥中华人民共和国史：革命的中国的兴起1949—1965》，但不同文化程度人口规模的汇总数为50618.5万人，与《剑桥中华人民共和国史：革命的中国的兴起1949—1965》所提供的总人口数54000万人不同，在本表中比例基于54000万人计算。

新中国成立初在大学录取中对于政治资本的考量主要体现在对工农家庭出身或本身就是工农干部的工农速成中学毕业生的录取上。当这些毕业生的成绩达到所报考专业的录取标准时，要优先考虑录取。在保证报考者学业水平的前提下，革命经历、阶级出身以及实践经验成为录取新生时的附加考虑条件。文化资本是录取的核心标准。在这种情况下，文化资本多的家庭的子女在竞争中处于优势地位，而工农阶层则处于不利地位，由此导致高校中工农出身的学生比重低于其他阶层。1956年，高等学校在校生中有34.1%是工农家庭出身（国家统计局，1959）。

随着中等教育规模的逐步扩大，升学问题逐渐作为重要的社会问题显现出来。1958～1960年，大学录取中对于工农阶层的倾斜程度提高，学业水平的重要性随之下降。1958年，高等学校中出身于工农家庭的学生比例由1957年的36.3%提高到48.0%，1959年高等学校新生中工农家庭出身或者本人为工农成分者占到54.5%（国家统计局，1959）。与此相伴的一个问题是，高等教育的质量开始下降，学校资源开始紧张。1961年和1962年，统一高考的录取恢复了对入学考试分数的强调。

从投考者资格要求、考试的组织形式以及录取标准三个方面可以看出，现代化取向的教育观与革命和实践取向的教育观的冲突贯穿于1949～1965年的大学入学选拔过程中。现代化取向的教育观的坚持者倾向于保持并维护正规教育的核心地位，通过以知识尤其是书本知识为核心的统一考试制度来选拔有资格接受高等教育的个体，只有如此，才能保证教育的高质量，进而培养专门技术人才。革命和实践取向的教育观的持有者则更看重的是实践和革命经历。

第三节 国家教育模式

现代化取向的教育观与革命和实践取向的教育观对教育的功能定位不同，导致二者在教育发展模式上存在差异。前者主张通过正规教育来培养社会的精英，而后者则将教育作为打破原有社会的精英和大众分野、实现社会平等的工具。前者主张通过严格的选拔考试来选拔社会精英，而后者则主张尽可能增加教育机会，让所有阶层尤其是工农阶层受到教育。本书将前者称为精英主义的教育体系,将后者称为平均主义教育体系。以下将通过这两个理想类型的比较来分析这一时期国家教育模式(精英教育与大众教育的关系)对大学入学制度的运行所产生的影响。

一 1949~1958年:精英主义教育为主,大众教育为辅

在影响我国教育发展的三个传统中,从民国时期延续而来的正规教育体系成为我国教育的主体。这些学校基本上是精英主义教育理念的实施主体,初等、中等教育均以升学为目的,低一级教育的目标是升入高一级学校。新中国成立初期,在正规教育体系之外,出现了大众教育体系,其目的是增加教育机会,以满足人们生产和生活的需要。到1958年以前,政府在精英教育和大众教育方面均做出了努力,但结果并未将这两种取向的教育实践有效纳入一个体制,而是两个取向的教育实践逐渐分离,成为两个独立的体系。

(一) 精英主义的教育实践

1. 重点学校

重点学校制度源于20世纪40年代边区教育实践中的"中心学校",即为了提高边区教育的质量,1942年中国共产党集中人力、物力和财力加强对好的边区学校的建设,将最好的教师和设备集中在中心学校,由中心学校来负责领导较差的学校(佩珀,1992)。中华人民共和国成立之后,社会主义建设需要大批的专业技术人才,为了集中人力、物力和财力培养一批专业技术人员,党和国家做出了设立重点学校的决定。1953年,毛泽东主持中共中央政治局会议,首次提出要"办重点中学"。教育部在《关于有重点地办好一些中学与师范学校的意见》中,要求各地选定一批重点中学,数量和规模与高一级学校的招生保持适当比例。此后,全国共批准194所重点中学,占全国中学的4.4%(李岚清,2004)。1962年,重点学校的范围进一步扩展到小学。

2. 扩大的精英教育:工农速成中学和中国人民大学

除了专门的重点学校外,这一时期还设置了专门培养工农知识分子的学校,即工农速成中学,以及以中国人民大学为代表的培养干部的高等学校。在这一时期,工农速成中学是并行于正规中等教育的通往高等教育的

重要学校。"工农速成中学的性质,和一般干部学校或党校不同,也和一般中学不同。工农速成中学是在较短的时间内培养工农干部和产业工人升入高等学校的一种准备学校。"(中央人民政府教育部,1951)在1951年的新学制中,这一渠道向下延伸至工农速成初等学校,向上通往高等学校。针对高等学校生源不足的情况,工农速成中学初期的功能是对学生进行文化补习,以便使其进入高等学校。设立工农速成中学之后,每年高等学校学生中工农阶层出身的比例高低成为衡量高等教育是否成功贯彻教育向工农开门的重要指标。

为了使工农中学学生升入高校的途径更加顺畅,国家将一些工农速成中学直接附设于高等学校下。但在随后的教育实践中,由于这些学校的学生文化基础差,有的学校并未落实招收优秀的产业工人、劳动模范以及革命干部的要求,而是将其作为收容无法正常进行生产劳动的人员的机构(《人民日报》,1953),由此导致这些学生进入高等学校后,在文化知识储备上与通过正规教育考入高校的学生相比,差距较大。而这一点与机构设立的初衷远不相符。1955年,全国工农速成中学教育会议和全国职工业余文化教育会议最终确定对于工农知识分子的培养将以业余教育的形式来展开。同年7月,教育部、高教部发出《关于工农速成中学停止招生的通知》,通知中指出,"工农干部学习文化科学知识不用循序渐进的方法而用短期速成的方法,使之升入高等学校,从根本上来说,并不能达到预期的目的。今后广大工农干部和工农群众的学习,坚决贯彻业余学习的方针,不再采用举办工农速成中学的办法"(中央教育科学研究所,1984)。工农速成中学作为培养工农知识分子的主要机构逐步从正规教育体制中淡出。

为适应国家建设需要,有计划、有步骤地培养新国家的各种建设干部,中央人民政府决定设立中国人民大学。这一教育机构是解放区的陕北公学、华北联合大学、华北大学的延续,目的主要在于培养政治精英。与工农速成中学一样,中国人民大学在最初的招生中体现了阶层偏好,即"首先是参加工作有一定年限,具有相当文化水平的工农革命干部和有一定工龄和文化水平的进步工人,其次是进步的青年知识分子"(《人民日报》,1950)。在很长一段时间内,该校基本上不参加全国统一考试,而是单独组织招生考试,其目的是选拔在职干部、产业工人和复员军人等。

工农速成中学和中国人民大学两类教育机构的共同目的都在于改变

精英群体的结构,进而扩大出身于工农阶层的群体在高等教育中的规模。但总体而言,这两类机构由于数量较小,并不能改变高等教育的结构性特征。

(二) 大众教育实践

1. 文字改革

中华民国时期的正规教育与底层人的生活相脱离,一切教育机构均具有预备附属性,其目的是升学或留学。中华人民共和国成立之后,提出了更加贴近人民群众的教育主张,"这种新教育是民族的、科学的、大众的教育,其方法是理论与实际一致,其目的是为人民服务,首先为工农兵服务,为当前的革命斗争和建设服务"(钱俊瑞,1950)。而要向工人、农民等群体提供公共教育,开启民智,首先必须打破传统教育中的文字障碍。在20世纪50年代之前,中国所使用的文字为繁体字,这种文字学起来费时间,不利于教育的普及。为了在工农群众中普及文化知识,扫除文盲,国家召集了一大批专家和学者将日常用字笔画繁多的字加以简化,此举为此后在全国范围内的大众教育扩张提供了技术上的可能。

2. 小学教育规模的扩张

大众教育体制的建构主要体现在小学教育的规模扩大以及各种职业教育和业余教育的发展。1949年小学(1~6年级)在校生为2439.1万名,适龄儿童入学率为25%,中学(7~12年级)在校生为126.8万名,占适龄年龄组的3%(教育科学研究所筹备处,1959)。到1965年,小学在校生为11620.9万名,中学在校生为933.8万名(不包括农职业中学学生),在校生规模分别扩大了3.8倍和6.4倍(中华人民共和国教育部计划财务司,1985)。

扩大小学的规模尤其是扩大农村小学的规模成为贯彻教育向工农开门方针的重要途径。而要发展小学教育,首先遇到的就是资源问题。这一时期,中央提出要通过革命的办法来发展小学教育。师资问题主要通过短期培训以及正规师范学校教育并举的措施来解决。在农村,主要是延续解放时期的办学经验,动员农民自己来办学。与此同时,土地改革的完成与农业生产合作化的进行为此提供了经济基础。小学教育在短短几年内迅速扩张(见图4-1),但由于农村师资质量差,教材和设备等硬件不足,教育质量总体不高。到1953年，停止了五年一贯制，恢复了四二制。国家开始强调提高小学教育的质量。"当前小学教育工作中还存在着很多很严重的问题。一方面是原有师资质量一般较低，校舍设备简陋，加上近一二年来发展很快，又未能适当地考虑解决师资校舍等问题，以致学校的混乱现象很严重，教学质量还很差。"①"大跃进"期间，小学教育规模再次扩大。

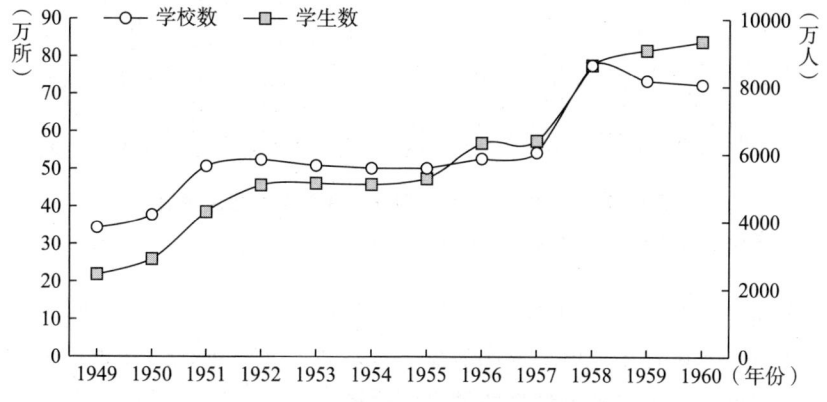

图4-1 1949~1960年小学教育规模

资料来源：《中国教育成就：统计资料1949—1983》。

二 教育系统中的精英-大众关系

新中国成立初，通过政府动员和利用当地的力量，小学教育规模在短短几年内迅速扩大，但中等教育规模并未随之扩大，由此导致升学竞争压力快速增大。到1957年，小学毕业生为498万人，初中招生数为217万人，56.4%的小学毕业生无法升入初中（见图4-2）。

面对城镇就业机会有限、中等教育规模相对较小而小学规模迅速扩大的情况，政府通过政治动员来缓解就业就学压力，具体为，一方面批判脑体分工以及读书入仕的传统观念（《人民日报》，1954），另一方面将体力劳动作为重要的教育途径并赋予体力劳动者以较高的政治地位，将是否愿意参加生产劳动作为政治是否忠诚的表现。通过组织动员中小学毕业生参

---

① 中央人民政府政务院，1953年，《关于整顿和改进小学教育的指示》，转引自中国经济网，2007年5月29日，http://www.ce.cn/xwzx/gnsz/szyw/200705/29/t20070529_11531271.shtml，最后访问日期：2020年7月10日。

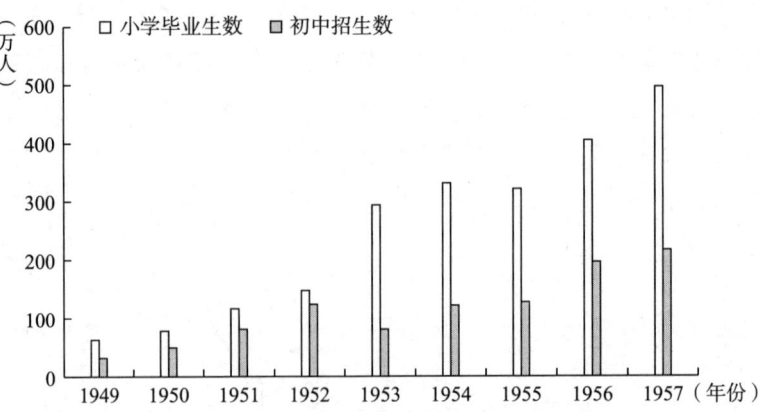

图4-2　1949~1957年小学毕业生和初中招生规模

资料来源：《中国教育成就：统计资料1949—1983》。

加农业生产劳动、小学升初中的提前分流缓解了大学入学考试的竞争压力。之后，知识青年上山下乡成为在"大跃进"期间及之后缓解就业就学压力、并对知识青年进行教育的最主要途径。

除此之外，在初升高这一阶段，中等专业学校起到了有效的教育分流作用。1952年，中央人民政府政务院在《关于整顿和发展中等技术教育的指示》中指出："在五六年内，全国经济建设约需中级和初级技术干部五十万人左右。"① 中等专业学校的办学定位是培养中级和初级技术干部，学生毕业之后，纳入国家统一的人才分配体制，并具有干部身份。从这个意义上说，这一时期的中专属于精英教育，可以分流10%~40%的初中毕业生（见表4-2）。

表4-2　1953年、1955年和1957年的初中毕业生分流结构

单位：万人，%

年份	初中毕业生规模	升学人员占比			参加工作人员占比
		合计	中专	高中	
1953	39.8	89.2	48.7	40.5	10.8
1955	87.0	47.2	21.8	25.4	52.8

---

① 《政务院关于整顿和发展中等技术教育的指示》，中国经济网，http://www.ce.cn/xwzx/gn-sz/szyw/200705/29/t20070529_11524733.shtml，最后访问日期：2021年2月20日。

续表

年份	初中毕业生规模	升学人员占比			参加工作人员占比
		合计	中专	高中	
1957	111.2	40.1	11.1	29.0	59.9

资料来源：根据《中国教育成就：统计资料1949—1983》中各级学校毕业生数和招生数计算。

从国家教育制度的建构来说，1951年的学制将竞争性的以升学为目的的普通教育与以生存为导向的职业教育和业余教育结合在一起，时任教育部长马叙伦宣称"在新制度下，条条大路通罗马"，正规普通学校的毕业生不再是唯一有资格升入高一级普通学校的候选人，所有形式的同一层级的职业学校和业余学校的学生都可以通过考试进入高一级学校。工农速成初等学校、业余初等学校的毕业生也可以通过升学考试进入普通初中、初级技术学校和业余初级中学的毕业生经过考试也可以升入普通高中。但是从实际上的初级技术学校和业余学校的运作状况来看，这些学校基本上以职业为导向，在知识的系统性方面无法与普通中学相比。由此，在职业学校以及业余学校中学习的学生，能够通过设置于各级教育之间的升学考试而进入高一级普通学校的人很少。

于是，在教育内部形成两个具有不同取向的体系，普通教育轨道为精英教育，主要包括各级普通教育、中专和高等教育，而业余学校则为大众教育。前者是民众更加偏爱的体系，而后者在很多时候则成为不得已而进入的机构。尽管在这一时期，在官方的文献中并未出现"双轨"的说法，但是，当这种做法与一定的社会阶层联系在一起时，教育就成为关注的焦点。而如何改变这种教育分层与社会分层相对应的状况也就成为政策制定者所要考虑的重要问题。

大学入学考试是精英教育体系内的选拔制度，其中重点小学、中学的毕业生在考试中具有竞争优势。扩大的精英群体，如工农速成中学的毕业生，可以通过另外一种途径进入大学，并不会加剧统一高考的竞争激烈程度。从不同阶段的教育分流机制的作用以及不同层级的教育规模的发展程度来看，这一时期的大学入学考试的竞争程度相对较低。以1957年为例，小学升入初中的过程中有55.8%的学生参加工作或者生产劳动，初中升高中的过程中有大约60.0%的学生被淘汰，进入中专的学生有11.1%，进入普通高中的学生仅占29.0%。① 而从这一时段的高中毕业生规模与高等学校招生规模的对比中也可以看出,对于进入普通教育体系的学生来说,大学入学考试的竞争不会很激烈。

三 1958~1965年：精英教育和大众教育并行

1. 顶层的精英-大众结构设计

为了从根本上改变精英教育的主导地位，破除留在人们头脑中有关脑力劳动者和体力劳动者分工的社会记忆，1958年9月19日，中共中央、国务院发布了《关于教育工作的指示》，对以脑体分工为基本表现形式的传统的精英大众结构进行批判，认为"劳心与劳力分离"和"教育只能由专家领导"是资产阶级思想，教育应该与生产劳动相结合。"共产主义社会的全面发展的新人，就是既有政治觉悟又有文化的、既能从事脑力劳动又能从事体力劳动的人，而不是旧社会的只专不红，脱离生产劳动的资产阶级知识分子。"（中共中央、国务院，1958）为达到上述目标，劳动尤其是体力劳动作为一种不可或缺的有效的教育方式，被列入正式课程。通过在教育系统中引入劳动与阶级标准，原本学校教育相对封闭的边界被打破。

与此同时，上述《关于教育工作的指示》还在系统层面确立了精英教育和大众教育"两条腿走路"的方针。全国学校被分为三类：第一类是全日制的学校，第二类是半工半读的学校，第三类是各种形式的业余学习的学校。"三类学校中，有一部分要担负提高的任务。这部分学校必须有完备的课程，注意提高自己的教学工作和科学研究工作的质量，提高各门学科的水平。"（中共中央、国务院，1958）这一类学校即全日制学校，也就是国家培养技术精英和知识精英的主要机构。"为了很快地普及教育，应当大量发展业余的文化技术学校和半工半读的学校，因为这种学校可以全部或者大部解决自己的经费，很少需要或者不需要政府的帮助。"（中共中央、国务院，1958）"我们的原则，是在普及的基础上提高，在提高的指导下普及，是'两条腿走路'，不是'一条腿走路'。"（中共中央、国务院，1958）这一指示使新中国成立初期教育实践中的双轨实现了合法化。国家在对全日制教育进行改造的同时，委以这一体系以提高教育质量，即培养精英

---

① 根据《中国教育成就：统计资料1949—1983》中各级学校毕业生数和招生数计算。

的重任,半工半读教育与职业教育主要承担普及教育的责任。前者为竞争性体系,其中个体通过各个层级的考试进入更高一层级的学校,最终进入精英集团,而后者则面向社会,学生毕业之后,基本上是参加生产劳动。

在具体的实践中,出现了两种教育体系的冲突,如对于全日制教育来说,劳动在学校教育过程中占用了过多的时间,影响了学校的正常运行,进而影响到了精英教育的质量。为了在普及的基础上提高教育的质量,在生产劳动影响到教育质量提高时,国家采取了进一步分化教育系统的策略,将精英的培养放到重要的位置。1959年,周恩来在政府工作报告中提出:"我们必须特别注意提高各类学校的教学质量。去年一年,各级学校都有了很大的发展,现在需要在这个大发展的基础上进行整顿、巩固和提高的工作。在各级全日制的正规学校中,应当把提高教学质量作为一个经常的基本任务,而且应当首先集中较大力量办好一批重点学校,以便为国家培养更高质量的专门人才,迅速促进我国科学文化水平的提高。"(周恩来,1959)一方面全日制学校必须将教学质量作为重要任务,另一方面进一步建设一些重点学校。对重点学校的建设扩大了存在于大众教育和精英教育之间的鸿沟。

从1958年《关于教育工作的指示》的颁发到之后的纠偏过程可以发现,顶层的"两条腿走路"的设计及之后对于全日制教育质量和重点学校建设的强调强化了具有等级结构的教育分层体系,在这一体系中,重点学校处于最高的一端,而半工半读学校则处于另一端。

2. 教育规模的迅速扩大导致竞争激烈

在"大跃进"的教育实践中,教育规模迅速扩大。由于国家经费有限,教育规模的扩大主要依赖民间资源进行。在农村,人民公社为成人业余学校、小学、农村中学的扩张提供了资源。1957年到1958年的一年间,小学在校生就增加了34.4%,初中生增加了36.5%,农业中学和职业中学招收了200万名学生,相当于初中在校生人数的1/3强(中华人民共和国教育部计划财务司,1985)。

教育规模的扩大导致全日制学校体系内的竞争增强如表4-3所示。1958年,小学升学率从1957年的43.6%提高到62.4%,初中升学率到1959提高到90.9%。1960年后,国家对于教育质量的重视导致全日制学校教育体系招生数量锐减,从1961年开始,各级各类学校的升学率大幅度下降，小学升学率从 1958 年到 1961 年下降了 24.2 个百分点，初中升高中和中专的升学率从 1959 年的 90.8% 下降到 1961 年的 32.4%、1962 年的 28.8%（见表 4-3）。升学率的大幅度下降体现了学校教育体系竞争性的增强。高考也不例外。1961 年以前，高中毕业生的规模一般小于普通高等学校的招生规模，1958 年高中毕业生为 19.7 万人，普通高等学校招生 26.5 万人，1960 年，高中毕业生为 28.8 万人，高等学校招收 32.3 万人。①在这种情况下，国家动员各个相关群体来报考。1958 年高中开始扩大招生，其结果直接导致 1961 年之后的考生规模远远大于普通高等学校的招生规模，从而导致了高中升学率的下降（见表 4-4）。

表 4-3　1957~1965 年小学和初中升学率

单位：%

年份	小学	初中		
		合计	高中	中专
1957	43.6	40.1	29.0	11.1
1958	62.4	-		
1959	58.2	90.9	44.0	46.9
1960	49.7	-		
1961	38.2	32.4	23.6	8.8
1962	42.6	28.8	26.3	2.5
1963	55.3	38.7	28.5	10.2
1964	50.5	49.6	31.6	18.0
1965	44.9	38.4	26.4	12.0

资料来源：根据《中国教育成就：统计资料 1949—1983》中各级学校毕业生数和招生数计算。

表 4-4　1962~1964 年高等学校录取比例变化

单位：万人

年份	招生人数	考生	录取比例
1962	10.8	44.0	1∶4.07
1963	13.6	53.4	1∶3.93
1964	15.4	44.9	1∶2.92

---

① 来源于《中国教育成就：统计资料 1949—1983》。

续表

资料来源：《教育部党组关于一九六二年高等学校招生工作情况的简要报告》（1962年11月20日）、《教育部党组关于一九六三年高等学校招生工作情况的简要报告》（1963年9月13日）、《高教部党组关于一九六四年高等学校招生工作情况的简报》（1964年10月31日），转引自杨学为，2003。

在以学术或者知识水平为准的考试竞争中，工农阶层处于不利地位。一项关于阶层优势传递与教育获得的研究证明，在1949~1976年这一时段中，与一般的体力劳动者相比，中层管理者的子女进入普通高中的机会是前者的1.5倍，单位负责人的子女进入普通高中的机会是体力劳动者子女的3倍，专业技术人员的子女进入普通高中的机会是体力劳动者子女的1.2倍，专业技术人员的子女进入重点高中的机会是体力劳动者子女的4.4倍，中层管理者的子女进入重点高中的机会是一般体力劳动者子女的2.4倍（刘精明，2005）。进入普通高中的机会的多少直接决定着进入大学的机会的多少。从这个意义上说，这一时期的教育选拔体制更加有利于上述中层管理者、单位负责人以及专业技术人员群体的子女。而一般体力劳动者的子女则由于家庭所拥有的文化资本缺乏、基础较为薄弱等原因而处于相对弱势的地位。"两条腿走路"的教育分流体系将相当一部分工农阶层的子弟分流到大众教育轨道，而在精英教育的体系内，工农阶层的处境并未改变多少。

第四节 教育与社会流动

社会流动秩序通常回答的是什么因素或者机制会促使个体流动或者获取不同的地位。以下从主导个体教育选择的意识形态、不同群体的相对社会地位以及教育在社会分层中的作用三个方面来探讨这一时期的社会分层秩序及其对个体教育选择可能产生的影响。

一 主导个体教育选择的意识形态

意识形态是指导党进行国家政权建设的理论体系，包括马列主义理论体系和中国共产党在长期的革命斗争实践中所累积的经验。在这一时期，与教育关系最为紧密的是集体本位的价值观，国家与集体的需要居于首要地位，个体利益和需要必须服从前者。与此相应的社会结构是国家社会主义体制，国家对社会和经济资源实行了全面的垄断，也对个人的发展机会进行了控制（许敏敏，2004）。在这一背景下，个体的发展在很大程度上依赖于国家的制度，而非个体的能动性。这一时期意识形态中的个体形象在观念上高度认同整体的利益，在行为上自觉维护集体和国家利益。

塑造新的个体形象的核心途径是教育。在教育领域，一方面，国家通过制度安排将个体纳入计划经济的轨道；另一方面，国家通过政治动员对个体进行集体主义意识形态教育。比如，在学生进行职业以及专业的选择过程中，国家显示了其强大动员能力。在专业结构调整和毕业生分配工作中，国家动员个体服从国家专业和行业的需要，服从统一分配。"我们在考虑问题时，不能从资本主义的原则出发，如哪一种专业赚钱更多，更有地位，更吃香等。这种想法不仅是自私自利，而且也完全过时了。"（柳湜，1952）"国家需要培养的人才是多方面的，但每一个人主要只能学一门。国家需要具有不同个性、不同愿望、不同条件的人，希望每一个人能充分发挥他的特长。问题在于你站在什么立场上，从什么利益出发考虑这个问题。应该站在人民的立场，从当前国家的实际需要出发，来考虑怎样才能充分发挥自己的特长。如果离开国家的需要，单纯从'个人兴趣'或'个人前途'出发，不适当地强调自己的'特长'，那就往往'想不通'，即使在表面上服从组织分配，在思想上并没有真正解决问题。"（柳湜，1952）"建立集体主义的革命人生观，就是要求大家都能正确地处理个人和集体的关系，把集体利益放在主导的地位，把个人利益放在从属的地位，实践'先公后私'的原则。"（蒋南翔，1952）在这一过程中，"坚决服从组织分配""到祖国最需要的地方去""到最艰苦的地方去"成为个体表达自己政治忠诚的流行方式。

与正面引导与鼓励相并行的是，在意识形态领域中开展了对以个人利益为动机的行为的批判，其中就包括对传统教育观念"学而优则仕"的批判。如前文所述，这一观念形成于传统社会，体现的是教育与个人社会地位之间的利益勾连。科举制度曾经带动产生了一种以儒生文人为官僚系统主要来源的特别的社会流动方式，将社会下层的精英不断吸取到社会上层，发挥了独特的社会整合和调适功能，同时塑造了知识分子对于这一制度的忠诚。但在以集体和国家利益为本位的共产主义意识形态中，个人表达和追求自身利益的愿望被抑制。

二 教育作为社会流动机制的作用

对于1949～1976年教育在社会分层或流动中作用的考察,主要从两个层面展开,一方面,知识分子地位的变化在一定程度上会影响个体及其家庭接受教育的意愿和动机;另一方面,教育仍然是个体在计划经济体制下获取城镇户籍和干部身份的有效机制。

(一) 知识分子的地位变化

知识分子的地位反映的是文化资本或教育作为一种社会地位获得机制作用的大小。当党和国家领导人关注的是教育系统内部的不平等以及这一不平等与社会阶层结构之间的关联时,文化资本的作用就会被抑制。而当党和政府的注意力主要集中在工业化或现代化建设上时,文化资本以及专业技术知识就成为稀缺资源,这些资源的拥有者即知识分子和专业技术人员的地位自然会得到提升。

1949～1976年,知识分子群体在现代化建设与思想改造的双重约束下飘摇不定,一方面,国家建设需要大量技术干部和管理干部,为了让知识分子群体充分发挥其专长,政府提倡信任、尊重知识分子;另一方面,思想改造以及劳动改造成为对这一群体进行规训的常规手段,"文化大革命"是最为极端的体现。在这一时期,知识分子的地位跌落到了社会的最底层。这一时期,教育所代表的文化资本和人力资本并不能彰显个人的社会地位。人们通过教育来改变自身生活机遇的主观愿望在集体主义意识形态被强调以及知识分子地位逐步下落的示范下被抑制。

(二) 教育:促进个体实现向上社会流动的机制

与其他国家以及传统中国相同,在这一时期,文化资本或者教育仍然是一种稳定的社会分层机制。文化资本尤其是教育是个体突破户籍限制、实现向上社会流动的重要途径。所不同的是,政治忠诚以及阶级出身同样也是这一时期的社会流动机制。起始于20世纪50年代中期的户籍制度将人们分为农村人和城镇人,造成了城市与农村相互分割的二元社会结构。城乡成为中国社会中最基本的分层维度(李强等,1999)。每一个拥有城镇户口的人都可以享受到国家为之提供的各类社会保障，而拥有农村户口的人可以享受到的社会福利却很少，而且城乡之间有种种制度安排限制农民向城市的自由流动，在这种情况下，农民要想跨越城乡之间的屏障，获得城镇居民身份、享有城镇居民的种种待遇，考学是主要的途径。

在城市中，有两个最为基本的社会身份群体——干部和工人。干部和工人身份之间在工资级别、工作待遇、住房条件、医疗等福利待遇上具有很大差异。一个人具有干部身份的关键在于能按照人事部门的有关规定被列入干部编制。其中，教育是最主要的途径，凡是由国家正式全日制中等专业技术学校、高等学校毕业的具有中专、大专、大学本科及以上学历的学生，在按照国家计划分配到工作单位之后，均可取得干部身份（李强等，1999）。对于工人群体来说，跨越这两个身份群体之间的障碍的最为稳定可期的途径也是教育。

在计划经济体制下，教育系统与工作分配之间具有对应关系，高等学校的人才培养计划被纳入了国家干部建设的体系，学生毕业之后由国家根据需要分配工作。因此，即使文化资本的作用不断遭到质疑和抑制，文凭对于社会地位获得的作用仍然稳定存在。以1954~1964年的新增干部来源为例，每年有将近1/5~1/2的新增干部来源于高校和中专的毕业生，其中1957年、1961年、1962年和1964年政府分配毕业生的比例超过50%，也即在这些年份中，有至少一半以上的新增干部来源于高校和中专毕业生。而从获得干部身份的毕业生在同期毕业的群体中的占比来看，除1957年、1958年和1962年以外，其他年份均高于50%，即一半以上的高校和中专的毕业生获得了干部身份（见表4-5）。

表4-5　新增干部中的高校和中专毕业生人数和比例

单位：万人，%

年份	新增总人数	政府分配的学生		
		新增人数	占新增干部比例	占当年大中专毕业生比例
1954	43.0	12.1	28.1	56.0
1955	46.8	16.4	35.0	56.6
1956	115.3	20.9	18.1	88.2

续表

年份	新增总人数	政府分配的学生		
		新增人数	占新增干部比例	占当年大中专毕业生比例
1957	17.9	9.9	55.3	49.0
1958	37.8	11.9	31.5	45.2
1959	53.8	21.7	40.3	60.4
1960	92.1	22.7	24.6	56.2
1961	47.0	26.3	56.0	53.6
1962	34.3	19.3	57.1	40.7
1963	52.3	25.5	48.8	64.9
1964	51.5	26.9	52.2	72.9

资料来源:《中国干部统计五十年(1949—1998)》和《中国教育成就:统计资料1949—1983》。

在新增加的干部群体中,除了学校毕业生之外,还有军队转到地方的干部和新增的工农干部。在多元的社会流动机制中,随着国家建设的逐步推进,教育在干部身份获得中的作用越来越强。1952年,全国干部中有5%为大专及以上文化程度,13%为高中文化程度,33%为初中文化程度,49%为小学及以下文化程度。其中,小学及以下文化程度的干部最多,其次是初中,二者加起来占到82%。到1964年,大专及以上文化程度者增加了9个百分点,高中文化程度者增加了11个百分点,小学及以下文化程度者下降了27个百分点(见图4-3)。

从干部学历的变化中可以看出,高中以上文化程度干部的比例逐步提高,小学及以下文化程度干部的比例逐渐降低。从1949年一直到"文化大革命"结束,尽管存在诸多抑制个体以及家庭接受教育的不利因素,但是教育作为一种社会分层机制一直在稳定地发挥作用。由高等学校、中等专业学校以及高中所培养出的毕业生在这一时期充当着为官僚体制提供新鲜血液的功能。但是,如前所述,从进入干部群体的要求来说,高等教育文凭或者学历并非必要且唯一的资格,一方面,从表4-3中可以发现,中专学历者是新增干部的一个重要来源;另一方面,政治资本仍然是干部身份获得的重要机制。因此,总体而言,在这一时期,尽管存在统一高考的

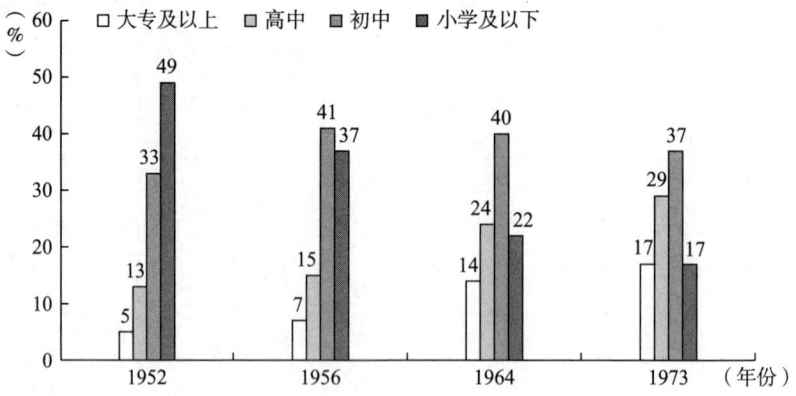

图4-3 1952年、1956年、1964年和1973年干部学历结构

资料来源：中共中央组织部、人事部，1999。

制度，但不存在社会各个阶层一致的强劲的高等教育需求，因此在学校中尚未形成系统化的应试行为。1966年以前，家庭背景、教育获得以及职业获得之间有紧密联系，"文化大革命"期间这种联系被切断，与知识分子和干部子女相比，被庇护的工农出身的群体更有可能通过教育实现向上的社会流动（Whyte，1975）。"政治挂帅"的教育政策客观上使教育机会平均化，极大削弱了阶层的再生产（李煜，2006）。

小　结

1949～1977年，国家在确立计划经济体制的过程中，将高等教育纳入统一的干部培养计划，在此基础上确立了以统一高考为主体的大学入学选拔制度，这一制度在现代化取向和革命实践取向两种教育观念的指导下，在投考资格的限定、选拔方式的选择以及录取标准的界定上均体现了学术标准与政治标准的并存。对于统一高考的坚持在这一时期体现了在大学入学选拔中对学术标准的坚持。

尽管这一时期存在统一高考，但是并未出现全社会对于考试的过度关注以及中学教育的应试体制。第一，在以"两条腿走路"的大的教育系统框架内，以升学为目的的竞争性教育体系仅仅集中了一部分受教育者，在全日制学校教育体系内，教育分流的关键阶段主要是在小升初和初升高这两个阶段，中专教育的干部身份获得意义能够对高等教育起到替代的作用；相对于庞大的高等教育系统来说，高中教育的规模扩张相对较为缓慢，由此降低了高考的竞争程度。第二，尽管教育作为社会分层机制之一，在1949~1977年的这一时段稳定地发挥着作用，但是，高等教育文凭并非获得干部身份和精英地位的唯一途径，政治资本也是这一时期社会分层的重要机制之一。第三，意识形态在相当大的程度上抑制了个人为实现地位获得的教育选择行为，传统的教育观念成为革命与实践取向教育观的批判对象。而且，政府政治动员下的知识青年上山下乡也在一定程度上影响了当时人们对于教育的选择。

"文化大革命"期间，考试的废除暂时中断了教育与社会地位之间的关联。多数研究发现，"文化大革命"期间一代的教育获得与父辈的受教育水平之间的关联减弱，甚至出现了负相关（奈特、李实，1994），对知识分子家庭、干部家庭子女教育获得的代际传承具有破坏性的影响（Deng and Treiman, 1997）。但短期的中断并不意味着人们对教育社会流动诉求的丧失。传统的教育观作为一种稳定存在的潜流，一直存在。一些研究发现，以家庭为单位的个体努力抗拒这种冲击，努力实现教育获得中的代际影响（刘精明，1999）。社会记忆以及更深层次的文化传统在一定程度上具有抗干扰能力，使上千年的教育传统及社会记忆得到延续。也正是因为如此，才出现了考试制度在1973年的短暂恢复和1977年的快速恢复。这也正说明了这一制度在中国具有很强的惯性和内在的生命力。

第五章　1977年至今的统一高考制度

统一高考的恢复是"文化大革命"之后中国社会秩序恢复正常的符号标志。这一时期，现代化取向教育观占据了主导地位。在国家利益主导的话语体系中，与教育及高考紧密相关的人才问题迫切需要解决。由统一高考废除所导致的人才中断以及由此进一步引发的巨大的政治、经济和社会问题在"文化大革命"结束的这一时段中相互碰撞、强化并形成的共识深深地印在了这一时期的社会记忆中。这一记忆一方面赋予统一高考以神圣的光环，另一方面成为这一时期乃至现在高考政策制定者的经验，深深地影响着中国高考制度改革中可能的选择路径。

从这个意义上说，1977年以来的中国高考从某种程度上是国家形象的一种表征，共同的社会记忆以及执政者个人及群体的生命历程的重大事件等因素共同导致统一高考不仅仅是一项教育制度，更是一项具有长久生命力的社会、文化甚至是政治制度。国家与个人对于这一制度具有共享的价值体系，个体对于这一制度具有高度的认同。诸多因素的共同作用导致这一制度似乎成为一种超稳定的结构。

随着改革的逐步推进，高考改革的话语从国家利益转向了社会。从1977年的具体社会历史情境来说，统一高考的恢复在重新确立以考试成绩为准的教育机会分配机制的同时，实际上也重新肯定了文化资本在社会分层中的重要地位。计划经济体制向市场经济体制的转型构成了这一时期统一高考制度所处的宏观结构脉络。尽管与1949~1966年相似，转型以来的大学入学选拔制度仍为统一高考，但20世纪80年代尤其是1990年以后，这一制度的运行产生了完全不同的社会后果，在基础教育领域中形成了完全以升学考试为导向的应试体制。与此相应的是，国家利益的话语逐渐转换为以每个家庭社会流动为基础的社会话语。

这一章要回答的问题是，转型期为何会出现应试体制？应试体制的出现与统一高考的制度形式以及这一时期宏观的社会结构特征之间存在何种关联。具体分为：第一，统一高考的具体制度形态；第二，社会分层秩序的变化以及高等教育需求；第三，教育系统内各个层级的教育分流机制，这些机制的有效性程度在一定程度上决定了通向高等教育的途径的拥挤程度。

第一节 社会转型期的中国高考制度

中国的大学入学选拔制度最为典型的特征就是"统一"。统一高考制度最初内生于计划经济体制，高等教育被纳入专业化的人才培养规划之中。为完成这一"被规定"的任务，1953年开始实行全国统一高考，招生计划由国家统一制定，考试由国家统一组织，高等学校依据考试分数进行录取。其中，高等学校基本上不存在自主选拔的空间。一直持续到现在，上述基本特征未发生根本的改变。大学入学选拔制度最大的变化在于在统一高考制度的基础上，增加了自主招生作为补充性途径。以下从报考资格限定、选拔方式以及录取标准等方面来具体呈现转型期中国大学入学选拔制度的特征。

一 报考主体资格限定：谁可以报考

如果考试是一个体系的话，那么报考资格则是其入口。在高等教育机会总量不变的条件下，报考资格政策的宽松或者严格直接影响到报考人数的多少，进而影响考试的竞争程度。中国统一高考制度报考主体的资格限定从1977年以来经历了开放—封闭—再开放的过程。早期的开放主要是为了补偿"文化大革命"期间上山下乡的知识青年并动员更多的人参加考试从而满足国家对于人才的急切需求。除了宽松的年龄和学历条件以外，对于报考者无任何其他限定："凡是工人、农民、上山下乡和回乡知识青年（包括按政策留城而未分配工作的）、复员军人、干部和应届高中毕业生，年龄在二十岁左右，不超过二十五周岁，未婚，只要符合条件，都可报考。""一九六六年、一九六七年两届高中毕业生，报考时年龄还可放宽到三十岁，婚否不限。"（《人民日报》，1977）这一时期高考报名资格的宽松条件体现了政府试图快速恢复社会秩序的努力。

1980年之后，报考资格的限定逐步严格且呈制度化。除了年龄和学历这些最为基础性的条件之外，不同的群体因其具体所处的单位或者系统而受到不同的约束。首先，处于单位之中的个体，需要得到单位的批准甚至是推荐。从1980年开始，国家和集体事业单位的职工要报名高考就必须经过所在单位的批准。为了招收一些有实践经验的学生学习文科类的专业，从1985年开始，具有三年以上实践经验的优秀青年，经所在单位推荐，可报考政法、财经或文科其他一些专业以及管理、哲学等专业。单位的推荐成为在职群体参加高考的必要条件。

其次，有关中师、中专以及技校毕业生的报考政策经历了从严格到宽松的过程。20世纪80年代初期，已经纳入国家计划体制之中的中等学校应届毕业生不得报考大学："中等专业学校和技工学校的应届毕业生、在校学生以及无正当理由退学的学生（在这些学校毕业后工作满两年的，经批准可以报考专业对口的高等学校）。"（杨学为，2003）其中可能的原因是，这两类学校的毕业文凭在20世纪90年代中期以前具有地位教育的意涵，学生在校期间不收学费，毕业之后分配工作。从1985年开始，对于中专、中师毕业生的报考限定开始松动，从制度文本的层面贯通了中专、中师与大学之间的联结，为这些学校毕业生设计了一条狭长的通道："中专和中师可推荐德智体一贯优秀的应届毕业生报考本地对口的院校或专业。但数量应控制在本校应届毕业生总数的1%左右。"[①] 之后，随着中专和高校就业体制逐步由国家分配改为自主择业，中专和中师毕业文凭不再具有地位教育的含义，先前高考报名约束条件的规定也逐步被废除。2000年国家取消了应届中等职业教育毕业满两年方可报名以及报考对口学校的限制。至此，中等职业教育与大学报考资格之间的障碍完全消除。从报名人数的变化轨迹来看，2000年之后，高考报名人数迅速增加。

与体制内个体不同的是，体制外的个体在报考时受到的约束相对较少。比如，在公办中小学的公办教师只能报考师范院校时，民办教师则可以不受任何约束报考任何一所学校。在中专和中师的应届毕业生不允许参加高考时，职业高中和农业高中毕业生的报考却不受任何限制。

---

① 教育部，《一九八五年普通高等学校招生工作规定》，转引自杨学为，2003。

除此之外，对于年龄和婚姻的限定也经历了一个由开放到封闭，再到开放的过程。1977年和1978年较为宽松，年龄可以放宽到30岁，且可以为已婚，1979~2001年，国家在报考者的年龄和婚姻上均有严格的规定，即"未婚，年龄不超过25周岁"。在此期间，只有一个例外，即从1983年开始，"经所在单位推荐，报考相应专业的具有三年以上实践经验的省、市、自治区级以上的劳动模范、先进工作者、新长征突击手等优秀青年，年龄可放宽到28周岁（1955年9月1日后生），婚否不限"（杨学为，2003）。2001年，国家彻底取消"未婚，年龄不超过25周岁"的限制。高考的报考资格重新走向了开放。

随着上述限制个体报考的多种制度安排被取消以及普通高中教育规模的迅速扩大，2000年之后，高考报名人数进入了快速增长的时期，一直持续至2008年（见图5-1）。在使所有个体都有资格参加高考的同时，高考也进一步聚焦了几乎所有群体对于地位获得的诉求。

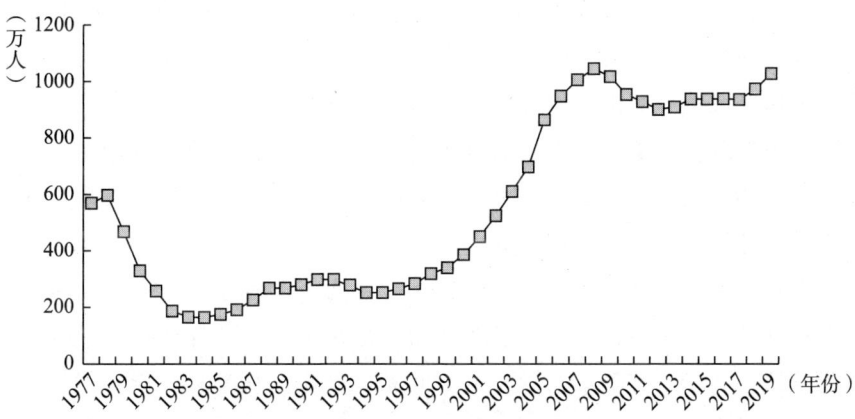

图5-1 1977~2019年全国普通高考报名人数

资料来源：1977~2014年数据来源于以下文献：新华社，1977，1979，1980，1983；《人民日报》，1978，1984，1986，1987，1989，1990，2000，2002，2014；杨建业，1981，1982；毕全忠，1988；李宏伟，1993，1994；董伟等，1996；李新彦、董洪亮，1997；乔丰，1998；董洪亮，1999；温红彦，2003；王乐文，2004；施芳，2005；董洪亮等，2006；江宏景，2007；袁新文，2008；赵婀娜，2009；倪光辉，2010；袁新文，2011；张烁，2012；孙参，2013。2015~2019年数据来源于《2019年全国高考人数创造历史新高，全国985、211院校录取率分析》，搜狐网，https://www.sohu.com/a/322051882_775892，最后访问日期：2020年7月11日。

统一高考与应试体制

二 选拔方式：谁来组织考试以及如何考、考什么

1977年之后，高考基本延续统考的形式。统一具体体现在高校招生计划的制订、考试的组织（命题的组织、考试的组织、考核内容等）、录取的标准确定等。四十年高考改革的总体轨迹是统一模式的不断调整，统一的程度不断降低。

1. 组织形式

从总体而言，教育部组织的统考仍具有核心地位。为弥补统一高考的不足，为高等学校选拔拔尖创新人才，从2001年开始，教育部开始在东南大学、南京理工大学和南京航空航天大学三所学校进行自主招生的试点。经过十多年的尝试，逐步形成了两种模式，一是部分"211工程""985工程"重点建设大学面向全国或本省实行5%~10%招生计划的自主选拔，在高考成绩基础上降分录取；二是部分国家示范性高职院校和直辖市试点高职院校，面向所在省份实行完全的自主选拔录取（张亚群，2010）。高职考生参加院校自主招生测试合格后，可直接录取，无须参加高考。尽管这两种途径可以分流出少量的学生，但并不会缓解高考的竞争压力。

首先，政府对于重点大学的自主招生进行了严密的监控和限制，比如2019年教育部办公厅《关于做好2019年高校自主招生工作的通知》从报考资格条件、录取标准、招生规模、招生专业、申请材料审核、组织实施等多个方面进一步规范监管高校的行为。尤为重要的是，自主招生考试不具有独立的价值，申请的学生仍然必须参加统考。由此导致这一制度基本依附于统一高考，高等学校的自主空间相对较小。从某种程度上说，自主招生仅仅相当于一项加分政策。其次，由于自主招生的规模相对较小，而且参与这一过程的学生数量十分有限。因此，很难对统考所产生的影响有改变。对于大多数想读本科的考生来说，唯一途径仍然是统考。高职院校的招生能否有效分流参与高考的优秀考生，仍然值得进一步考证。从部分省份高职院校招生的经验来看，分类招生可能导致的一个结果是，考生为规避风险，同时参加两类考试。

2. 考试科目

考试科目由教育部统一确定。从1977年开始，中国的高考科目就是文理分科。1977年确定文科为政治、语文、数学、历史、地理；理科为政

治、语文、数学、物理、化学；报考外语专业的加试外语。1978年文理科增加了外语，1981年理科增加了生物。但由于高考的高利害性和高竞争性，在中学出现了文科生不学理科，而理科生不学文科，高中毕业生知识结构残缺不全的状况（刘希伟，2018）。为了纠正在基础教育领域中严重的应试行为，且缓解高考的压力，教育界展开了一场关于高考改革的大讨论。在讨论中，增加科目设置类别以及高校和学生的可选择性成为一种普遍共识。由此，产生了国家利用高中毕业会考来探索高考科目设置的改革思路。大讨论的结果最终促成1990年10月国家教委《关于改革高考科目设置及录取新生办法的意见（试行）》的出台。在这一政策文件中，高考科目分为四组①，高校及系科可以根据高考科目组的设置状况及自身特点，选择一组作为应考科目，考生则可根据高校、系科、专业所要求的考试科目来选择一组参加考试。这一改革的基本思路是试图通过实行会考来保证学生对基础知识和基本技能的掌握，通过减少考试科目来减轻学生的应试压力。这一政策增加了高校和学生的选择权，但最终因为语文和数学并非必考等原因而被放弃。

之后，从1993年开始，全国普遍实行"3+2"方案，高考分文理科两大类，语、数、外为必考科目，文科加考政治和历史，而理科加考物理和化学。生物和地理两科被取消，由此导致生物教师大量流失、大学生物专业招生和毕业后就业困难等一系列问题，这一方案遭到学术界的强烈反对。②1999年，"3+X"高考科目设置方案在广东试行，之后在全国范围内全面推开（郑若玲、徐东波，2020）。语、数、外为必考科目，而"X"指高等学校根据本校层次、特点，从理（物理）、化、生、政、史、地（地理）六个科目或综合科目中自行确定一门或几门考试科目，考生根据所报志愿参加高校（专业）所确定科目的考试（刘希伟，2018）。与之前的《关于改革高考科目设置及录取新生办法的意见（试行）》相比，"X"部分的制度设计赋予了考生和高校更多的选择权和空间。在"3+X"方案的宏观架构下，一些省份进行了不同模式的试点。但结果均以失败而告

---

① 第一组：政治、语文、历史和外语；第二组：数学、语文、物理和外语；第三组：数学、化学、生物和外语；第四组：数学、语文、地理和外语。
② 1996年，中国科学院71名院士联名致信中央和国务院，呼吁必须重视生命科学教育，撤销高考免考生物的决定。

终，原因主要有几个方面：第一，"综合"科所能给予高校和学生的选择只是二选一，选择空间过小；第二，在增加科目选择性的同时也需要高中以类似的教学资源配备为条件；第三，不同科目分数难以直接比较导致考生以获取最高考分为目标而弃理选文（刘希伟，2018）；第四，高中围绕考试科目的应试现象不但没有减少，反而有所增加。从缓解应试压力来看，"3+2"方案和"3+X"方案无本质不同。

2014年新高考综合改革方案试图通过高中学业水平考试和统一高考相结合的方式，来进一步增加学生和高校选择权。从上海和浙江的试点来看，首先是取消文理分科，其次是将高中学业水平考试纳入高考的评价体系，考生总成绩由统一高考的语文、数学、外语三个科目的成绩和高中学业水平考试3个科目成绩组成。与以往所有科目统考的不同之处在于，新的考试科目结构为必考和选考相结合，学生可以在语、数、外之外的其他学科中选择3科进行高中学业水平考试。比如，浙江考生可以依据自身兴趣特长和报考院校要求自主选择考试科目，科目组合达35种，所选的每个考试科目有两次考试机会。上海的考生也有20种选考组合。2017年，北京、天津、山东和海南作为第二批试点省份也开启了高考改革；2018年，在对上述省份的改革进行评估的基础上，最终又新增8个省市开始新一轮综合改革。从考试的形式来说，目前的高考改革没有从根本上动摇统考的地位，对于每个省份的学生来说，所有科目均为统考。

3. 考试内容

20世纪80年代，每一科具体的考核范围通过教育部（原国家教委）组织编写的复习大纲，或中学教学大纲来确定。无论是学科，还是考核范围，抑或是知识点都高度统一。1999年，教育部《关于进一步深化普通高等学校招生考试制度改革意见》规定："高考的命题范围遵循中学教学大纲，但不拘泥于教学大纲，试题设计增加应用型和能力型题目。"（杨学为，2003）但无论如何，高考的考试内容对于每个省份的考生来说是既定的。考生的高考准备高度依赖于大纲。

新课程改革之前，每年由教育部统一公布高考各科目的考试大纲。与新课程改革同时启动的是，高考命题体制的改革，由原来的统一命题逐步改为统一命题和分省份命题相结合的体制。2014年高考全部使用国家统一命题考卷的省份有14个，全部使用自主命题考卷的省份有11个，其余省份采用统一命题考卷和自主命题考卷相结合的方式。针对全国考卷，教育部每年会统一公布考试大纲，针对地方考卷，由各个省份来公布考试大纲。"3+X"高考科目改革以及分省份命题的体制应该说有可能会打破全国一张卷的格局。但这种在宏观层面的调整有可能无法触及对于一个省份内部的学生而言的"统一"的结构性特征。虽然不同省份有了命题的权力，但是，对于每个省份的学生来说，高考的依据仍然是每年的考试大纲。考试大纲对于每一科所要求的具体知识点都有详细规定。

4. 录取标准

总体而言，自1977年以来，高考的录取主要以统考分数为准，在不同历史时期，还有一些辅助性的标准加入。以统考分数为准的录取制度一方面重新确立了文化资本在社会分层中的作用，另一方面为投考者提供了最为简单明了且客观公平的依据。另外，在特殊的历史时期，经济资本也曾经进入高考录取的过程。

（1）奖励或扶持制度

在以统一高考分数为主的录取标准之外，还存在一些补充性的对少数群体进行加分奖励或者减分扶持的制度。奖励和扶持制度的初衷是：一方面，为了补偿统一高考之不足，奖励具有特殊才能或者做出特殊贡献的个体；另一方面，对在高考竞争中处于不利地位的群体进行补偿。这一制度并非起始于转型期，而是源自新中国成立之初。1949~1966年的奖赏和扶持主要体现在向具有政治资本者的倾斜，比如工农速成中学的毕业生、复员建设军人、转业军人、烈士子女、参加革命工作满三年的在职人员、少数民族学生、华侨、香港和澳门学生。这一时期的奖赏和扶持制度体现的是政治逻辑。具体奖赏或扶持的幅度控制在20分左右。

1977年统一高考恢复以后，奖励制度转变为对具有突出能力或者做出特殊贡献个体的奖赏。以2001年为例，奖赏主要包括两个群体，具有杰出才能和做出突出贡献的群体：①按中办发〔2000〕28号和教基〔2001〕1号文件评出的省级优秀学生；②高中阶段思想政治品德方面有突出事迹者；③高中阶段省级及以上科技发明创造奖获得者或全国中学生学科奥林匹克竞赛省赛区一等奖及以上获得者；④高中阶段参加重大国际体育比赛或全国性体育比赛取得前六名、获国家二级运动员以上称号的考生（须出具参加比赛的原始成绩）；⑤荣立二等功以上的退役军人及烈士子女。幅度仍然控制在20分以内。补偿性的加分主要体现为对一些弱势群体的倾斜，包括少数民族聚居地区的少数民族考生，还包括归侨、华侨子女、归侨子女、台湾省籍考生等。

2000年，教育部在《关于做好2000年普通高等学校招生工作的通知》中将加分的部分决策权下放到地方教育行政部门，由此导致各省区市自主制定的加分项目不断增多，加之同时缺乏完善的监管机制，出现了一些有悖教育公平的功利性追求加分的行为，由此引发公众对于这一制度的合理性的大讨论。从2010年开始，中央政府开始规范并严格控制加分的项目和幅度，并取消了一些不合理的项目。截至2018年，几乎所有基于特殊才能的加分制度都被取消，只保留了补偿性的加分制度。

（2）转型时期经济资本的短期介入：委托培养与自费生

转型时期中国的高考录取制度可以分为两个阶段，第一阶段为并轨之前，第二阶段为并轨之后。并轨之前的录取制度在分数为准的同时，委托培养与自费生制度将经济资本引入录取标准。

多轨的制度最早起始于走读生政策，其目的在于满足高等学校所在地学生的高等教育需求。1977年之后，面对"文化大革命"长达十年时间所积累的高中毕业生的高等教育需求，而有限的高等学校无法满足这一需求的情况，各地政府采取了走读生政策来满足高等学校所在地学生的高等教育需求。1978年国家教委和国家计委发出联合招收走读生增加招生名额的通知提到，普通高等学校在完成原定1977年招生计划之外，可以根据本校师资、教室、实验室和图书馆等条件，试行招收走读生。走读生在校期间和毕业后的待遇，与住校生相同。增加招生的走读生生源要从符合录取条件和具备走读条件的考生中，择优录取。已经录取的学生中自愿走读的也可以走读。如1980年，上海市在完成既定招生计划之外，招收了3406名收费走读生，这些学生的入学平均高考总分比普通公费生低30～40分（肖关根，1981）。

委托培养与自费生是1985年中共中央提出的改革高等学校招生制度的两个方面。自费生制度的产生意味着在一定的限度之内，经济资本可以兑换为文化资本。当参与自费的考生高考成绩达到一定标准，即省、自治区、直辖市普通高等学校招生委员会根据统考成绩和招生计划确定的自费生控制分数线（自费生控制分数线最低不得低于同批国家任务录取控制分数线 20 分）时，就具有自费生资格。

1990 年，国家教委等部门颁布《普通高等学校招收自费生暂行规定》，将自费生的范围进一步扩大到所有群体。但是，在同样的分数面前，这一文件对城镇户口和农村户口来源的考生采取了区别对待的政策。比如，第十六条规定："普通高等学校按规定招收的自费生，是非农业户口和市镇粮食定量供应的，凭高等学校发出的自费生入学通知书将户口迁移到学校所在地的公安部门；凭自费生入学通知书和公安部门的落户证明到学校所在地的粮食部门落粮食供应关系，按大学生口粮定量标准核定供应数量供应粮油。是农业户口的，不迁户口和粮食供应关系，办理城镇暂住户口，口粮、食油自理。"（杨学为，2003）对于个体来说，先赋的户籍身份在自费生制度中得到进一步延续。对于具有农业户口的自费生来说，高考制度并未带给其户籍身份的改变。

委托培养制度体现了对特定个体的倾斜。所谓委托培养，即省、自治区、直辖市、中央、国务院各部门，全民所有制和城乡集体所有制企事业单位及个体户，均可通过协商，签订合同，委托高等学校培养本、专科学生和研究生。由于委托培养制度为高校解决了一部分学生的学费以及就业问题，因此，在录取过程中，委培生的分数往往低于同批的分数。虽然原则上规定，委托培养与同批国家计划招收的学生按考生所在省、自治区、直辖市的同一录取控制分数线录取，省、自治区、直辖市党政机关，中央、国务院各部门，全民所有制企事业单位委托培养学生一般应在省、自治区、直辖市范围内招生，不得缩小招生范围，不得降低录取标准，但在客观执行中，委托培养的录取分数往往会略低于统招分数。对于"农场、牧场、生产建设兵团、林区、林场、矿区、基地、油田、野外地质队、水电施工单位和国防科技工业三线地区所属企事业单位，城乡集体所有制企事业单位，个体户，以及山区、边远地区、少数民族聚居地区的委托培养"，则录取的标准有可能更低，"参照同批录取国家计划内定向招生的录取标准，首先在划定的招生范围内择优录取，如录不满额，则在预备生源中择优录取"。[①]

[①] 国家教育委员会《普通高等学校接受委托培养学生管理工作暂行规定》，1986 年 1 月 11 日，转引自杨学为，2003。

自费生和委托培养由家庭和委托单位在一定程度上分担了高等教育成本，在一定程度上促进了高等教育规模的扩大，但同时也使经济因素进入了高等教育机会的分配中，带来一些非预期的后果。从1984～1997年高等学校生源结构的变化中可以看出，委托培养和自费生在1993年达到最高（见图5-2），委培生占招生总数的24%，自费生占招生总数的15%（中华人民共和国国家教育委员会计划财务司，1986；中华人民共和国国家教育委员会计划建设司，1991，1992，1993，1994a，1994b，1996，1997，1998）。

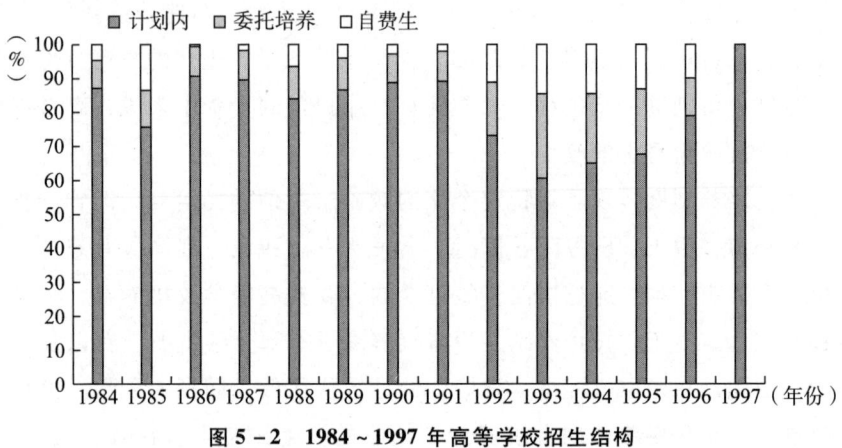

图5-2　1984～1997年高等学校招生结构

资料来源：1984～1985年的数据来源于《中国教育成就：统计资料1980—1985》，1986～1990年数据来源于《中国教育成就：统计资料1986—1990》，1991～1997年数据来源于1992～1998年的《中国教育统计年鉴》。

自费生、委培生与统招生构成了高等学校招生中的两轨。自费生能够为高校带来更多的收入，一些学校在利益的驱动下扩大自费生招生规模，从而导致自费生的录取分数过低。为了缩小不同形式的招生计划所造成的学生水平的差异，同时推行收费制度，1994年，国家教委印发了《关于进一步改革普通高等学校招生和毕业生就业制度的试点意见》，其中提出，"录取时，对同一学校只划定一个最低控制分数线，不再按国家任务和调节性两种计划分别划定分数线。坚持德智体全面考核、择优录取，以文化考试为主要入学考核形式，以及公平竞争、公正选拔这三项原则"。这就是所谓的"并轨"。1997年，全国所有高校都实现了"并轨"。对于大学生入学来说，"并轨"意味着两点：第一，收费制度取代了计划经济体制下的高等教育免费制度，对于高等教育成本和收益的考量成为收费政策的合法性声称，高等教育在所有个体面前，形成了一道由经济资本所构筑的壁垒之一；第二，除了上述的国家所给予奖赏的特殊群体之外，所有参与到统一高考中来的个体，分数面前人人平等。分数基本上成为学生进入高等学校的唯一标准。

（3）新高考中的"两依据，一参考"

2014年，国务院颁布《关于深化考试招生制度改革的实施意见》，开启了新时期的综合性的高考改革。在新高考改革的方案中，为了克服高考录取中的"唯分数论"，高考录取由传统单一的以分数为准转向多元录取。在多元录取的制度中，以统一高考和高中学业水平考试成绩为录取依据，以综合素质评价为参考。前者与传统的录取标准没有差别，关键在于综合素质评价能否真正起到参考作用。

综合素质评价能否真正在高考录取中得到实施取决于两个条件，第一，记录真实性问题，现在一般采取写实记录或成长记录的方式，尽可能记录学生方方面面的表现；第二，高校是否以及如何使用（谈松华，2018）。为了配套高考的改革，教育部出台了《关于加强和改进普通高中学生综合素质评价的意见》，以此来指导和规范各省区市的高中学生综合素质评价。目前，从各省区市的实践来看，综合素质评价在目标设计和现实状态之间还存在较大差距（苏娜、刘梅梅，2021）。

从目前的多元评价制度来看，综合素质评价是参考，也就是起辅助性的作用。一些研究者认为，"参考"模糊了综合素质评价的功能定位，由此导致各地的改革方案并未从顶层设计上对评定结果如何使用及使用程度做出确切的规定。为了规避由综合素质评价所带来的不确定性，普通高中通常会采取从文本上为学生提供综合素质评价材料，但并不真正客观呈现学生真实的素质水平。从制度文本来看，综合素质评价内容是综合的，但目前没有成熟的测量技术来对学生的相应品质进行测量；综合素质评价的复杂性和综合性等特征导致高校需要投入大量的精力来鉴别大量的材料，而目前的高考录取的窗口时间很短，高校很难充分将其纳入录取中。因此在一些省份，综合素质评价材料只是在自主招生环节被使用，或者是被放到了个体的档案材料中，按照"谁使用，谁评价"的原则，在高考录取时提供给高校（李宝庆、魏小梅，2017；田学和，2017）。总体来说，在目前的高考录取中,对于综合素质评价的使用率相对较低。无论是中学还是高校在绝大多数时候仍然将分数作为升学或录取的唯一标准。

三 谁可以免于统一高考:保送生

保送生作为我国高校招生录取方式之一,可追溯至1958年免试保送工农速成中学毕业生、工人、农民、工农干部及老干部直升高校的做法。当下的保送制度,从1984年开始试点,1988年开始在全国范围内推行(李木洲、刘海峰,2011)。作为对统考制度的补充,保送制度的目的是选拔具有特长的优秀人才。保送制度可以通过全面考核保送生在中学阶段的德、智、体情况,对鼓励中学生的全面发展具有良好的导向作用;使高等学校通过对保送生进行面试了解其特长,选拔出具有较好的专业适应性的优秀人才(郑若玲,2002)。

自1984年开始试点,到1988年国家教委公布《普通高等学校招收保送生的暂行规定》,保送生制度正式确立。该文件对保送者的资格规定如下:德、智、体、美和在劳动教育中表现一贯优秀的高中应届毕业生;德、智、体全面发展,学习成绩优秀,志愿献身教育事业,并具备从事教师工作素质的高中及中等师范学校的优秀应届毕业生;德、智、体全面发展,各科成绩优良,并参加国际中学生学科奥林匹克竞赛集训的优秀高中应届毕业生。高校保送生招生数量最多不得超过该校当年招生计划总数的3%(师范院校可达10%)。上述文件对于资格的规定相对较为宽松,被称为"软标准"。

与加分政策一样,从2001年开始,教育部对保送制度进行了调整,采取压缩规模、严格标准、严格管理的办法,取消指标分配,变过去的"软标准"为"硬标准":明确规定只有四类普通高中应届毕业生才有保送资格;将保送生人数从25000消减到5000人;在公共网站公布保送生名单,接受社会监督;增加高校对保送生进行文化测试以及相关的考核环节(李峻,2011)。2014年,新高考改革方案公布以后,保送生的类别进一步减少,其程序也更加严格。公平诉求是保送生规模不断缩小的根本原因。总体来说,2001年以来,每年的保送生规模仅占总高考招生的1%左右。因此,如同自主招生一样,保送生制度很难对基础教育产生系统的影响。对于大多数学生来说,需要经历的还是统一高考。

四 高考竞争的焦点

在上述的制度设定之下，有多少学生能够挤过高考这一独木桥，进入高等学校呢？从图5-3可以看出，20世纪80年代中国的高考录取率整体在20%以上，其中很重要的原因是预考制度。1977~1980年，高等教育机会总量不足50万人，在投考资格限定较为宽松的情况下，升学率较低。最低为1977年，只有5%的学生进入高校。1981年之后，投考资格的限定逐步严格，高等教育机会总量逐步扩大。这一时期政府通过预选制度来提前缩小考生规模。

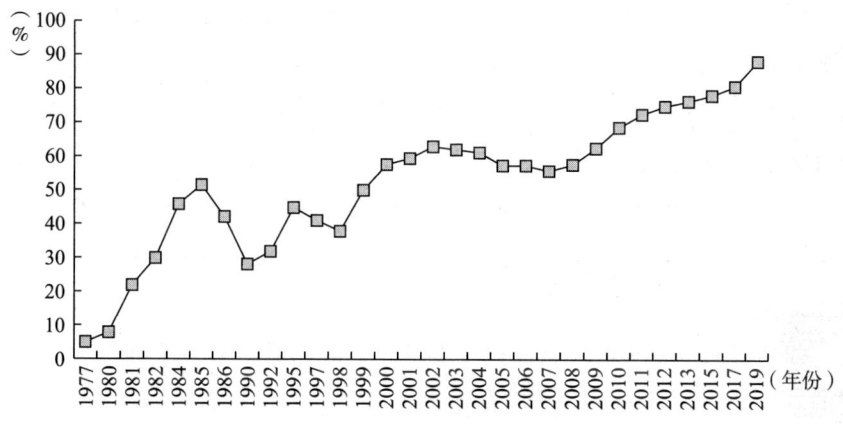

图5-3　1977~2019年高考录取率

说明：录取率采用通常的算法，即将普通本专科学校招生数与中等专业学校招生数中的高中毕业生数之和作为分子，报考人数为分母（报考人数见图5-1）来计算。

资料来源：录取人数数据来源于《中国教育成就：统计资料1949—1983》、《中国教育成就：统计资料1980—1985》、《中国教育成就：统计资料1986—1990》、1991~1996年《中国教育事业统计年鉴》和教育部网站的1997~2019年的教育统计数据中的普通高等学校本专科招生数。高考报名人数来源同图5-1。部分年份数据缺失源于该年份的高考报名人数无法从公开途径找到。

预选制度是20世纪80年代一些省份为节约组织成本并缓解高考竞争压力的策略。"考生多的省、市、自治区应在全国统一考试前进行预选，选出成绩优秀的学生参加统考，具体办法由各省、市、自治区确定。预选方法如：高中毕业考试实行全省会考，按计划招生人数的三至五倍，选出成绩优秀的学生参加统考；由省、市、自治区按计划招生人数的三至五倍，参照各地应届高中毕业生人数、上届录取人数，给各地分配名额。"

(《人民日报》,1980)1981年,全国13个省份实行了预选,从368万名参加预选的考生中选拔出126万名参加全国统考,通过预选环节筛选掉242万人(杨建业,1981)。1982年,有17个省份实行预选,186万人参加了高考统考(杨建业,1982)。1988年,应届高中毕业生为250.6万人,经过预选之后,有172.6万人参加高考(毕全忠,1988)。预选制度通过提前筛选大大减少了高考报名的人数,在一定程度上降低了最终高考的竞争程度。但因为这一制度具有较强的应试引导性而被废除,取而代之的是高中毕业会考,即学生只要通过会考,就有资格参加高考。因此,参加高考的人数迅速增加,20世纪90年代初期,高考录取率迅速降低。

1993年,《中国教育改革和发展纲要》为教育体制改革提供了宏观的框架,其中,指出高等教育要逐步形成以中央、省(自治区、直辖市)两级政府办学为主、社会各界参与办学的新格局。在市场力量逐步进入高等教育的过程中,民办学校逐步发展壮大,从一定程度上扩充了高等教育的机会总量。与此同时,大学扩招的出台也促进了高中升学率的提高。1999年以后,高考录取率迅速攀升,到2013年高考录取率高达76%,即有3/4的考生能够接受高等教育。①

如果仅从机会总量的供给和需求来看,那么高考的竞争程度应该是下降的。但是,自2000年以来,随着高考升学率的逐步攀升,高考竞争程度不但没有下降,反而有所加剧。最为直接的原因是,人们对于高等教育机会的竞争焦点产生了上移,家长及其子女对于高等教育的需求不仅仅是上不上大学,更重要的是上什么样的大学。更为系统和深层次的原因是转型以来教育对于个人地位获得的重要性的提升以及教育系统内多元教育分流机制的不足,这些因素共同导致家长对其子女未来地位的关切全部集中到高考这一关键环节。在高等教育机会大量增加的背景下,人们通过追求更高质量和地位取向的高等教育机会来满足自身的地位诉求。

总体而言,转型时期中国的高考制度的核心特征是"统一",主体仍然是统一高考。自主招生、保送生作为占比很低的一部分,难以改变统一

---

① 2015~2019年高考报名人数来自《2019年全国高考人数创造历史新高,全国985、211院校录取率分析》,搜狐网,https://www.sohu.com/a/322051882_775892,最后访问日期:2021年2月19日。

高考的系统性特征。虽然在转型时期，大学在入学考试和招生中的权力不断增大，但这些权力并未从根本上影响高考的"统一性"。从一定意义上，大学在招生中仍然是被动的角色，按照统一高考的分数来进行录取。统一高考仍然通过统一的考题以及标准化的考试方式，控制着高等教育机会的分配以及能够得到这一机会的个体的知识结构与能力结构。

第二节　转型时期教育的社会流动作用

"文化大革命"期间，政治忠诚度与个体的阶级出身对其地位获得至关重要。统一高考的废除切断了知识精英与子女之间以教育为中介的地位传递。1977年12月，统一高考恢复。此举成为"文化大革命"之后中国社会秩序走向正常的符号标志。知识和教育再一次作为社会分层或流动的机制对于个人的地位获得发挥重要作用。以下主要从这一时期社会分层秩序的变化、知识分子相对地位的变化以及教育在其中所起的作用三个方面来呈现这一时期的社会分层面貌。

一　社会分层秩序的变化

关于转型期中国社会分层秩序的变化，学术界存在市场转型论与再分配经济的争论。二者争论的焦点是政治资本和教育的回报问题。政治资本体现的是忠诚，而教育所体现的是能力。基于上述两种理论脉络的大量实证研究均发现，改革时期大学学历或文凭有效促进了个体的社会流动。

市场转型论者对于教育作用的论述遵循人力资本理论的逻辑，即技术功绩主义的逻辑。市场转型将降低政治资本的经济回报，而提高人力资本的经济回报。在市场经济的市场交易中，生产者在双方就价格达成协议之前有权保留其产品或劳务，其结果是较大部分的盈余得以保存在直接生产者手中。由于报酬与个人生产效率直接挂钩，个人努力的动力增强，其结果是教育作为生产效率的衡量指标，其回报收益越来越高（Nee，1989）。

再分配论者提出再分配体制下的职业流动二元路径模型。在再分配体制下，进入管理精英队伍需要高学历和党员身份，而进入专业精英队伍则只需要高学历。魏昂德、李博柏和特雷曼的研究发现，教育对于两方面的作用均在增强，而党员身份对于成为管理精英所起的作用却在减弱。改革时期，大学教育的影响力上升了一倍，而党员身份对于非干部职业的影响力完全消失（Walder, Li, and Treiman, 2000）。

在市场体制和再分配体制之中，教育作用于社会流动的方式和途径有所不同。在市场体制中，教育通过提高个体的生产力，进而获得较高回报来推动个体的社会流动。而在再分配体制下，官僚制度确保了教育文凭与职业之间的配合（Walder, 1995）。单位是重要的资源分配单元，而文凭是跨越单位障碍的主要凭证。

具体到中国的转型过程来说，转型以来，无论是从官方的意识形态来说，还是从政府作为一个行动主体所体现出的行为取向来说，均出现了一些新的特征：第一，知识分子及其所拥有的文化资本在现代化的逻辑中得到充分肯定；第二，教育在优势阶层的地位传递、中产阶层避免地位下降以及促进不利阶层的向上流动方面重新凝聚了所有人的关注。从某种程度上说，20世纪80年代，教育功能话语体系中的国家民族利益逐步被弱化，取而代之的是基于个体未来地位获得的竞争话语。

二 知识分子相对地位的变化

之所以着重讨论知识分子作为一个群体在新中国成立以后的相对地位问题，原因在于知识分子的地位主要基于其所拥有的知识和技能，而其知识和专长的养成则主要来自教育。知识分子在不同政策背景下相对地位的起伏和变化，在某种意义上是教育作用的反映。而教育的作用又在微观层面上指引着个体及其家庭的教育选择。"文化大革命"之后，对于知识分子地位的重新肯定也是对教育作用和意义的肯定。

1978年11月3日，《中共中央组织部关于落实党的知识分子政策的几点意见》提出：（1）对知识分子队伍应当有一个正确的估计……在现有的知识分子中，好的和比较好的是绝大多数，已经成为工人阶级的一部分，坏人只是极少数；（2）继续做好复查和平反昭雪冤、假、错案工作；（3）充分信任，放手使用，做到有职有权有责；（4）调整用非所学，做到人尽其才，才尽其用；（5）努力改善工作条件和生活条件；（6）加强领导，改进作风……政治工作和组织工作,要为科研、生产、文化教育服务。① 中央组织部组建知识分子工作联系小组这一专门的组织机构来负责落实知识分子政策,提高知识分子的生活待遇与改善其工作条件。而且要求地方政府也将这一工作作为主要任务来完成。这一时期的工作大体分为三个部分:第一,对知识分子群体进行正名,以此确认并提升知识分子的政治地位;第二,恢复知识分子职位或将其重新分配到重要专业岗位上,以此提升其经济地位和社会地位;第三,吸纳知识分子进入精英集团。

(一) 政治地位和经济地位

"文化大革命"之后,国家工作的重点由阶级斗争转换为现代化建设。1978年,邓小平在全国科学大会开幕式上的讲话中提出,"在二十世纪内,全面实现农业、工业、国防和科学技术的现代化,把我们的国家建设成为社会主义的现代化强国,是我国人民肩负的伟大历史使命"[《邓小平文选》(第二卷),1994:85]。工作重点的转移伴随的是话语体系的转换,在新的话语体系中,知识和技术是稀缺资源,知识分子的价值重新得到肯定。

邓小平在1977年5月24日的谈话中提出,"一定要在党内造成一种空气:尊重知识,尊重人才。要反对不尊重知识分子的错误思想。不论脑力劳动,体力劳动,都是劳动"[《邓小平文选》(第二卷),2008:40~41]。在1978年全国科学大会开幕式上,邓小平再次重申:知识分子"已经是无产阶级自己的一部分。他们与体力劳动者的区别,只是社会分工的不同。从事体力劳动的,从事脑力劳动的,都是社会主义社会的劳动者"[《邓小平文选》(第二卷),2008:89]。《中华人民共和国宪法》(1982年)将知识分子定义为与工人和农民并列的三支基本社会力量之一,通过法律形式肯定了知识分子在现代化建设中的地位和作用:"社会主义的建设事业必须依靠工人、农民和知识分子,团结一切可以团结的力量。""国家培养为社会主义服务的各种专业人才,扩大知识分子的队伍,创造条

---

① 《中共中央组织部关于落实党的知识分子政策的几点意见》,宣讲家网,http://www.71.cn/2011/0930/634065.shtml,最后访问日期:2020年7月12日。

件，充分发挥他们在社会主义现代化建设中的作用。"①

在这一时期，现代化是国家的总体目标。"四个现代化，关键是科学技术的现代化。没有现代科学技术，就不能建设现代农业、现代工业、现代国防。没有科学技术的高速度发展，也就不可能有国民经济的高速度发展。"[《邓小平文选》（第二卷），2008：86]而要发展科学技术，必须具有相关的组织机构和人力资本。当时中国的现实情况是，1982年中国的大学毕业生仅仅占六岁以上人口总数的5‰。而同一时期，"科研人员美国有一百二十万，苏联九十万，我们只有二十多万，还包括老弱病残，真正顶用的不很多"[《邓小平文选》（第二卷），1994：40]。国家主要通过两个途径来解决这一问题：第一，动员现有20多万名知识分子参与现代化建设；第二，通过教育来快速培养专业人才。而要充分调动知识分子的积极性，除了赋予其一定的政治地位，还需要恢复并提高其经济地位。

首先，恢复了知识分子的待遇，具体做法包括对"文化大革命"中被查抄的财物给予退还或者赔偿，退还住房以及补发工资等。其次，中央和地方政府还制定了一系列提高其经济待遇的激励措施。1983年邓小平在全国科学和教育工作座谈会上提出，"对知识分子除了精神上的鼓励，还要采取其他一些鼓励措施，包括改善他们的物质待遇"[《邓小平文选》（第二卷），2008：51]。各地制定了包括住房、户口、医疗、经济待遇提高等多个方面的激励制度。

（二）吸纳知识分子进入精英群体

在不同的历史时期，精英地位获得的必需条件不同。对于中国共产党来说，以阶级出身为基础的政治忠诚是其政权确立早期选拔精英的重要标准，其后，受教育水平对于入党和精英地位获得越来越重要（Bian, Shu, and Logan, 2001）。当党的主要任务由阶级斗争转变为经济建设之后，对其成员的治理策略也发生了相应的调整，从强调和回报政治忠诚转向强调和回报受教育水平和能力（Lee, 1991）。"文化大革命"之后，现代化的逻辑战胜了改造社会阶层结构的需要，国家建设对于文化资本尤其是专业技

---

① 《中华人民共和国宪法》（1982年），中国人大网，http://www.npc.gov.cn/wxzl/wxzl/2000-12/06/content_4421.htm，最后访问日期：2020年7月12日。

术资本的需求在某种程度上胜过政治忠诚。在这样的背景下，加强干部的四化建设（革命化、年轻化、知识化、专业化），成为党加强其执政能力的重要组成部分。

在这一时期，国家吸收大量的知识分子进入管理精英队伍，打通了专业精英向管理精英流动的渠道。邓小平早在1961年就提出要大批提拔年轻的技术干部，"这几年来，我们对技术干部关心不够，对他们的使用有问题。有许多新生力量，能力未得到很好发挥。好多大学毕业生，工作了几年还当见习技术员，为什么不能大胆提拔当工程师？……把年轻人提起来，放到重要岗位，管的业务宽了，见识就广了，就能更好地发挥作用。要重视二十几岁、三十几岁的年轻人"[《邓小平文选》（第一卷），2008：291]。"文化大革命"之后，提拔专业精英到领导职位的举措得以实现，1978年中央组织部在知识分子政策落实中详细阐述道："现代化大工业生产和科学技术，管理工作十分重要，要求越来越高，需要大批有知识、有文化、懂技术、会管理的干部。我们现有的企事业领导班子中，不少成员不懂技术，不精通业务，管理水平低，这是一个尖锐的矛盾。"① "同时，要充分发挥现有技术人员的作用，把其中政治觉悟高，业务能力强，工作干劲大，群众关系好的知识分子（包括非党干部），提拔到适当的领导岗位上来，但要保证他们的主要精力从事专业工作。争取在三五年内使我们企事业的各级领导班子中真正懂技术、会管理的干部占到百分之三十、五十以至七十。"②

这一时期，党吸收大批知识分子入党。1980年以来中国高级专业技术人员中党员的比例变化可以充分证明这一点（见图5-4）。1980年全国高级专业技术人员中党员为1.6万人，占总体的37.3%，1998年，全国高级专业技术人员中党员为101.9万人，占总体的64.3%。相关研究也发现改革后期有"专家治国"的特征，就入党的资格而言，家庭成分上的优势让位于年轻的大学生（Walder and Li，2001）。学历成为是否入党的显著预测变量（Bian，Shu，and Logan，2001）。

---

① 《中共中央组织部关于落实党的知识分子政策的几点意见》，宣讲家网，http://www.71.cn/2011/0930/634065.shtml，最后访问日期：2020年7月12日。
② 《中共中央组织部关于落实党的知识分子政策的几点意见》，宣讲家网，http://www.71.cn/2011/0930/634065.shtml，最后访问日期：2020年7月12日。

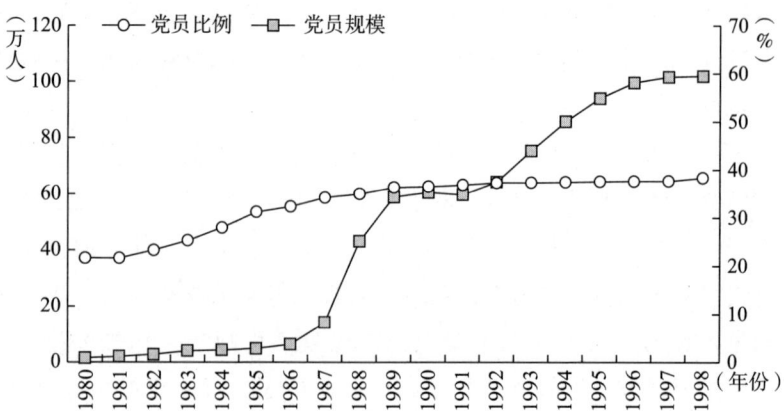

图 5-4 1980~1998 年全国高级专业技术人员中党员规模与比例

资料来源：中共中央组织部、人事部，1999。

三 教育作为一种社会流动机制的作用

改革以后，大学文凭对于专业精英和管理精英地位获得具有显著的正向作用（Walder, Li, and Treiman, 2000；Zang, 2001）。改革以来新增干部来源也可以佐证这一点。1979~1998 年新增干部中平均有 46.5% 来源于学校毕业生。由于国家在各行各业急需各种专业人才，大量的学校毕业生进入干部群体。1982 年，新增干部中有 53.8% 来源于学校毕业生。随着教育规模的逐步扩大，1993 年以后学校毕业生的比例进一步提高，到 1997 年、1998 年为 65% 左右（见图 5-5），即新增干部中有约 2/3 来源于学校毕业生。但由于这一时期，高等教育发展规模不大且现代化建设对于专业技术人员的需求旺盛，因此，干部身份的获得并不局限于高等教育，中专也是重要途径。从新增干部的来源结构来看，改革早期，高校毕业生的规模小于中专毕业生的规模。1981 年，进入干部群体的中专毕业生是大学毕业生的 4 倍。到 90 年代，随着高等教育规模的扩张，二者规模大体相当（见图 5-6）。从中也可以看出，中专作为一种教育分流机制曾起到有效的分流且缓解高考竞争压力的作用。

总体来看，"文化大革命"之后，在社会转型的背景下，国家将现代化作为总体目标，专业技术人才成为稀缺资源。从知识分子政治地位、经济地位和社会地位的恢复以及提高的历程中可见，教育作为一种社会分层或流动的机制，其作用逐步恢复并提升。而且不少研究也证实，对于改革以后的中国社会而言，文凭或者个体的教育是其地位获得的重要途径（仇立平、肖日葵，2011；张延吉等，2019；张桂金等，2016）。虽然优势阶层在文化资本、社会资本和经济资本多个方面的优势使其在高等教育机会的占有中处于优势地位，但由于文化资本并无明显的阶层区隔与排他性，由此导致寒门学子可以通过自身的努力、重要他人的支持以及对于"教育改变命运"的坚信等来弥补家庭资本之不足，进而也争取到相当多的高等教育机会（余秀兰、韩燕，2018；董永贵，2015）。

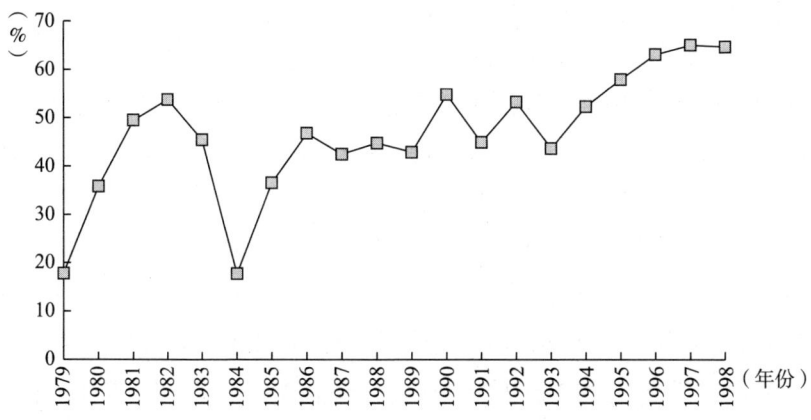

图 5-5　1979~1998 年新增干部中的学校毕业生比例

资料来源：中共中央组织部、人事部，1999。

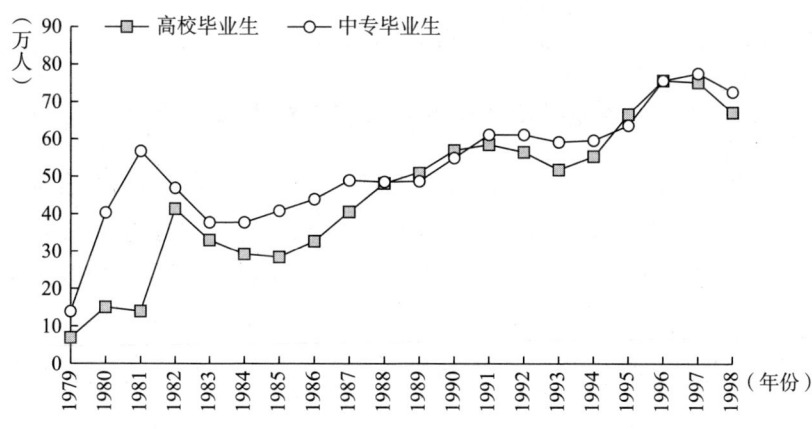

图 5-6　新增干部中中专毕业生和大学毕业生规模

资料来源：中共中央组织部、人事部，1999。

四 庞大的社会流动需求以及共同的高教育期待

（一）社会结构

社会各阶层的相对比例高低决定了人们向上流动诉求的大小。通常社会结构被描述为两种理想类型，即金字塔型和橄榄型社会结构。金字塔型结构描述的是一种社会上层的比例很低，中间阶层为过渡状，而下层比例很高的社会结构。橄榄型描述的是一种中产阶层占主体，而上层和下层的比例都比较低的社会结构。这两种社会结构中，社会流动诉求不同。相比而言，金字塔型社会结构中人们的社会流动诉求更为强烈。

转型以来的中国社会从根本上延续了具有几千年历史的传统农业社会的结构基础，即拥有一个庞大的以农民为主的社会，基本类似于金字塔型社会结构。在这样的结构中，如果上层精英位置的设立依据是才能，而非世袭标准，那么这种制度就有可能有效激励下层人为之奋斗。李强2005年基于对第五次人口普查数据的分析发现，中国社会是倒"丁"字形的社会结构，其中农民和其他的体力劳动者占全部就业者的63.1%（李强，2005）。陆学艺在《当代中国社会阶层研究报告》中将中国社会分为十大社会阶层，其中，组织资源、经济资源和文化资源占有均很少的农民占44.0%，产业工人占22.6%，二者共计66.6%（陆学艺，2002）。与之相比，中产阶层以及社会上层的比例均很小。庞大的资源较少的人群的存在现实上构成了一个强大的向上流动的需求主体。

（二）收入的增加以及计划生育所带来的子女数减少

改革开放带来经济的快速增长使人们的收入水平快速提高。全国居民人均可支配收入从1978年到2018年增长了25.3倍。[①] 与此同时，所推行的计划生育政策使子女快速减少，家庭呈现"小型化"。城市以独生子女家庭为主，农村家庭子女数也显著减少。80后和90后的独生子女和"二孩"合计占比分别达到了61.1%和81.6%（李春玲，2019）。这些都使日

[①] 根据国家统计局网站《中国统计年鉴2019》整理，http://www.stats.gov.cn/tjsj/ndsj/2019/indexch.htm，最后访问日期：2020年7月12日。

渐富裕的中国家庭有更多的资源投入于子女的教育，父母们对仅有的一个或少数子女给予了越来越多的关注和期待，其中便包括教育期待。对于子女的高教育期待已经成为大多数中国家长的共同特征（陈彬莉、白晓曦，2015）。

与此同时，改革以及转型本身所带来的不确定性也为社会优势阶层带来隐忧，如何更为稳定有效地实现自身优势的传递和强化，教育成为最为稳定可期的途径。由此，对于今天的社会来说，教育已经变成了核心利益分配的权威代理以及社会地位代际传递的主要渠道。

第三节　竞争性教育体系

"文化大革命"以后，现代化成为国家的总体目标，科技和人才成为短缺资源。1982年第三次全国人口普查结果表明，大学毕业生占六岁以上人口的比例为万分之五，而成人文盲率高达34.5%，即三个人当中就有一个是文盲（黄荣清，2004）。以农业领域为例，新中国成立以来共培养了80多万名农业科技人员，但到1983年只剩下32万人，不到农村人口的万分之四（新华月报社，2004）。人才缺乏成为中国现代化建设的最主要约束。在这种情景下，教育成为政府工作的重点。"抓科技必须同时抓教育。从小学抓起，一直到中学、大学。我希望从现在开始做起，五年小见成效，十年中见成效，十五年二十年大见成效。"[《邓小平文选》（第二卷），2008：40]

在这一背景下，政府恢复了"两条腿走路"的教育发展策略，普及和提高、普通教育和职业教育并重。在普通教育体系中，以重点学校为依托，设置了层层的选拔和筛选机制。高考成为通向高等教育的最后一道筛选程序，服务于人才的选拔，这一时期形成了竞争性的教育体系（见图5-7）。教育系统的整体运行呈现了以效率为目标的特征。

在学校教育体系中，将各级教育整合在一起的是升学考试。在不同时期，各个不同层级教育分流机制的有效性不同，由此也导致高考的压力不同。如小学入学考试在20世纪80年代和90年代初期起着配置初中教育机会的作用，到了《中华人民共和国义务教育法》（以下简称《义务教育

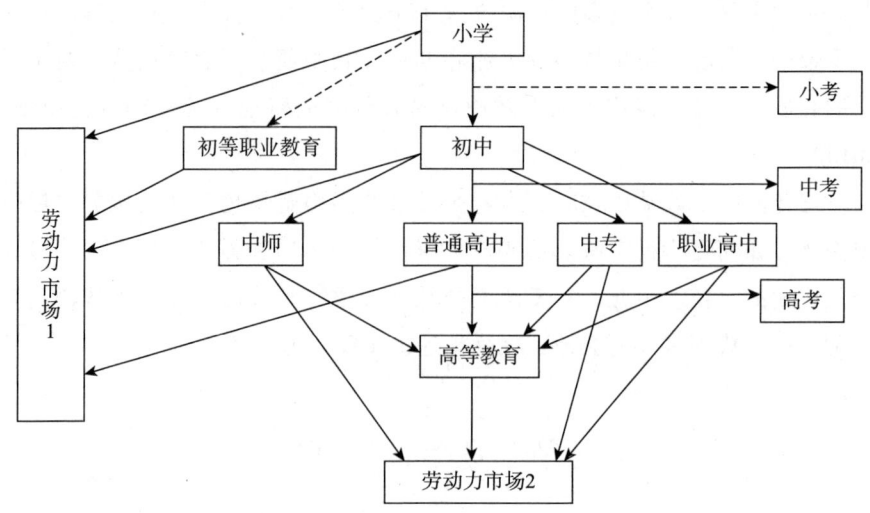

图 5-7 教育系统内部的分流机制（1978 年至今）

说明：（1）劳动力市场 1 为小学、初中、高中毕业之后离开学校的学生所进入的劳动力市场。劳动力市场 2 为接受专业教育，具有专业教育文凭之后的学生所进入的劳动力市场。

（2）图中的虚线表示后来有所变化，小学升学考试于 20 世纪 90 年代中后期被取消，在普及九年制义务教育的过程中，初等职业教育被初步取消。

法》）逐步落实，各个地方实行初中就近入学以后，这一考试制度逐步被废除或者改为其他形式，其机会分配的功能也被其他显性或隐性的制度所取代。小升初这一环节不再成为教育选择的关键环节，竞争的焦点上移到中考。随着中师和中专教育地位的降低和教育功能的逐渐丧失以及高中教育规模的扩大，到 20 世纪 90 年代后期，教育竞争的焦点全部上移到高考，由此，高考的压力被无限扩充。以下从小学分流制度和初中分流制度的失效两个方面来呈现这一时期教育体系的整体特征，并阐述其有可能给高考所带来的影响。

一 初等教育规模及分流机制

小学相当于教育金字塔的底座，其规模大小直接影响着初中教育资源的稀缺程度。小升初教育分流制度的有效性直接影响初中教育规模，进而间接影响将来参加高考的学生规模。

1. 教育规模及流失率

20世纪80年代初期,由于国家财力有限,因而将普及小学教育的责任落实到基层。① 但是,基层政府财政能力不足导致了小学尤其是农村小学教育规模的缩小。尤其是国家将农村教育的责任下放到社队,而农村联产承包责任制实施和集体经济瓦解导致农村教育所依赖的经济基础消失,农村教育的规模逐渐萎缩。小学学校数从1977年98.2万所减少到1983年的86.2万所,其中农村减少了12.7万所。② 城乡小学教育的差距进一步加大。

在规模减小的同时,20世纪80年代初期小学还表现出高流失率的特征,流失主要发生在农村。以1978~1980年入学小学生为例,这些学生分别于1983~1987年小学毕业。从当年的入学人数与后来的毕业人数之间的差距可见这一时期小学教育的流失率之高。1978年入学的学生到小学毕业时流失40.2%,1979年入学的小学生流失35.7%,1980年入学的小学生流失32.1%。农村的情况还要更差,占同期小学生总流失量的96.5%。保守估计,在20世纪80年代初期,至少有1/3的农村学生小学未毕业便离开学校。③

之后,小学教育发展的环境发生了一些变化。第一,1986年《义务教育法》的颁布与实施,促使国家加速普及义务教育。在法律文本的层面,第一次将义务教育作为地方政府以及家长的责任。第二,计划生育政策的实施促使人们有可能有更多的财力来投资子女的教育。第三,随着经济改革的深入,家庭收入水平的提高也为义务教育的发展提供了经济基础。到20世纪90年代,小学的流失率有所下降。以年级数据为例,1991年入学的一年级学生为1919.3万人,到1993年(三年级时)还剩1596.1万人,

---

① 1980年12月3日中共中央、国务院发布《关于普及小学教育若干问题的决定》,其中提出:"在我们这样一个人口众多、经济不发达的大国,普及小学教育,不可能完全由国家包下来,必须坚持'两条腿走路'的方针,以国家办学为主体,充分调动社队集体、厂矿企业等方面办学的积极性。还要鼓励群众自筹经费办学。农村社队办学,不应视为'平调'和不合理负担。"(中共中央、国务院,1980)
② 数据根据《中国教育成就:统计资料1949—1983》中分城乡学校数计算。
③ 根据《中国教育成就:统计资料1949—1983》、《中国教育成就:统计资料1980—1985》和《中国教育成就:统计资料1986—1990》中的小学招生人数和毕业人数计算。

两年流失 16.8%。① 其中，农村学生仍为流失的主体。而在城市和县镇，小学升初中基本实现就近入学。初中从这个意义上说，不再成为各个阶层所争夺的教育资源。截至 2000 年，全国基本普及九年义务教育的地区人口覆盖率已经达到 85%（教育部，2001）。2000 年以后，国家实施一系列的普及农村义务教育的工程和项目，进一步加快了农村义务教育的普及进程。

2. 初次选拔机制：小升初考试

除了由经济原因导致的小学教育规模的缩小以及高流失率外，20 世纪 80 年代，地方政府组织的小升初选拔考试淘汰掉大批学生。1985 年小学升学率达到这一学期的最低点，为 68.4%，② 将近 1/3 的小学毕业生无法升入初中。但总体而言，流失主要发生在农村。1984 年教育部发出《关于全日制六年制小学教学计划的安排意见》，其中提出"在已经普及初中的城市，小学升初中不应再搞统一考试，实行就近入学"。到 1991 年底，70%以上的城市取消了小学升初中的考试。同期，农村小学毕业生仍要参加小升初考试才能进入初中。这一时期部分农村小学的毕业生通过统一考试进入县镇的初中，因此，从现有统计数据中无法准确剥离县镇和农村初中的招生数。如果将县镇和农村的毕业生数和招生数合并，以此作为农村毕业生的粗略估计的话，那么这一时期农村小学毕业生升学率略低于 65%，约有 1/3 强的农村学生无法通过小升初考试。③ 随着政府对于《义务教育法》的执行力度的加大以及小升初考试的取消，小学升初中的升学率不断增长。到 2000 年，农村和县镇有 91% 的小学毕业生能够升入初中。④

2001 年开始的国家对于贫困地区义务教育的扶持尤其是"两免一补"政策进一步推动了义务教育的普及，截至 2005 年底，小学毕业生的升学率已达 98.4%，小学学龄儿童的入学率达到 99.2%。⑤ 庞大的义务教育规模

---

① 根据《中国教育事业统计年鉴 1991—1992》、《中国教育事业统计年鉴 1992》和《中国教育事业统计年鉴 1993》中的普通中学学生数计算。
② 数据来源于《中国教育事业统计年鉴 1993》。
③ 根据《中国教育成就：统计资料 1949—1983》和《中国教育成就：统计资料 1986—1990》中提供的每年小学分城乡毕业生数和初中分城乡招生数计算。
④ 根据《中国教育统计年鉴 2000》提供的小学分城乡毕业生数和初中分城乡招生数计算。
⑤ 数据来源于《2005 年全国教育事业发展统计公报》。

对下一个教育分流环节即中考构成了巨大的压力。

3. 初次教育分流机制：农村职业中学

在20世纪80年代，在小升初这一环节，还存在另一个分流机制，即农业中学和职业中学。这一机构的设置初衷是改变中等教育机构的单一化。但随着《义务教育法》的逐步实施，农业中学、职业初中最终并未成为小学升入初中的重要分流渠道。1985年，小学毕业生进入农村职业中学的比例仅为0.88%①。

升入普通初中为小学毕业生分流进入的主渠道。在20世纪80年代有将近1/3的学生在小学毕业之后，进入劳动力市场。90年代之后，随着义务教育法的普及以及小升初考试制度的废除，小学升入初中的比例逐渐升高。也就是说，小学升入初中不再成为教育分流的主要环节之一，分流进一步转移到下一道关口，即初中升高中。小学升初中考试制度的废除，就近升入初中的制度在增加农村学生初中教育机会的同时，也在一定程度上减少了农村成绩优秀学生尽早进入县城中学享用优质教育资源的机会。城镇学校和农村学校的区隔并不仅仅是生源，更重要的是师资资源。

二　中等教育规模以及分流机制

1. 教育规模以及流失率

1966~1976年，每个公社建有一所自己的初中，2/3的公社建有自己的高中。而且，为了消除学校教育系统内部的层级差异，所有中学都纳入普通教育的轨道，职业教育全部被取消。1976年之后，在农村关闭公社高中，只在每个县保留一所或者几所高中。附属于生产大队小学的初中班也被取消，每个公社保留一所初中。1977~2000年，普通中等学校数量的变化如图5-8所示。1977~1983年，中学减少104794所（52.1%），其中，高中减少46027所（70.9%），初中减少58767所（43.1%）。②普通中等教育的规模锐减直接导致小升初和初升高的高淘汰率。因此，这一时期无论是小升初，还是初中升高中，都设置了严格的选拔考试。与高淘汰率同

---

① 根据《中国教育事业统计年鉴1991—1992》中1985年小学毕业生和农、职业中学招生数计算。
② 数据根据《中国教育成就：统计资料1949—1983》中提供的学校数计算。

时并行的是初中的高流失率。1978 年入学的初中生在毕业时流失 42.5%，1981 年入学的初中生在毕业时流失约 1/3（见表 5-1）。

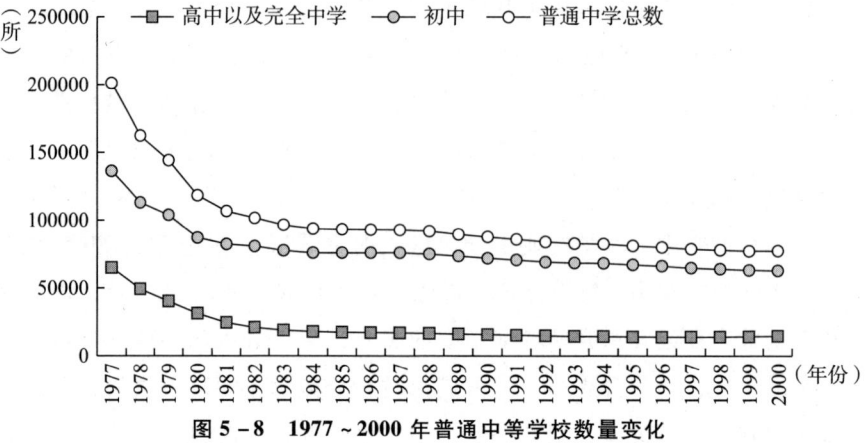

图 5-8　1977~2000 年普通中等学校数量变化

资料来源：《中国教育成就：统计资料 1949—1983》、《中国教育成就：统计资料 1980—1985》、《中国教育成就：统计资料 1986—1990》和 1991~2000 年《中国教育统计年鉴》。

表 5-1　1978~1988 年初中阶段的流失率

单位：万人，%

入学年份	入学人数	毕业年份	毕业人数	流失人数	流失率
1978	2006.0	1981	1154.2	851.8	42.5
1979	1727.8	1982	1032.2	695.6	40.3
1980	1550.9	1983	960.3	590.6	38.1
1981	1412.7	1984	950.4	462.3	32.7
1982	1363.1	1985	998.3	364.8	26.8
1983	1317.1	1986	1057.0	260.1	19.7
1984	1302.5	1987	1117.3	185.2	14.2
1985	1349.4	1988	1157.2	192.2	14.2

资料来源：根据《中国教育成就：统计资料 1949—1983》、《中国教育成就：统计资料 1980—1985》和《中国教育成就：统计资料 1986—1990》中初中招生人数和毕业人数计算。

随着义务教育的普及、高中规模的扩大以及居民教育支付能力的提高，初中规模不断扩大，在校生的流失率逐渐下降（见表 5-1）。至 2000 年，全国初中生的在校生规模已达 6256.7 万人，与 1990 年相比增加

2387.6万人。① 以三年制普通初中为例，1997年入学的初中生到2000年毕业时流失10.7%。② 流失率的下降意味着参与中考人数的增多。因此，初中升高中的升学考试竞争程度提高。

2. 二级教育选拔制度：中考

中考作为高中阶段教育机会的分配机制，在基础教育的分流体制中居于重要地位。改革初期，中专和重点中学在整个中等教育格局中居于精英地位。与此平行的职业中学、农业中学以及技工学校在这一时期具有分流的功能，但这些学校并不作为初中毕业生的优先选择。根据笔者的估算，1984~2000年，初中毕业生中有50%左右进入了劳动力市场，50%左右的学生升学（见图5-9）。这一阶段学生主要分流到中等专业学校（包括中等师范学校）、普通高中、技工学校和农业/职业高中。剩下的学生直接进入劳动力市场。大体来说，有5%~10%的初中毕业生进入中等专业学校（包括中等师范学校），20%~30%的学生进入普通高中，10%左右的学生

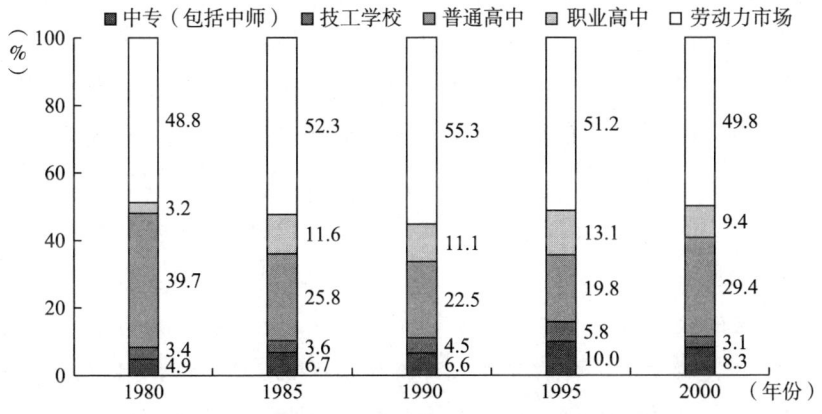

图5-9　1984~2012年部分年份初中升学结构

资料来源：根据《中国教育成就：统计资料1949—1983》、《中国教育成就：统计资料1980—1985》、《中国教育成就：统计资料1986—1990》、《中国教育事业统计年鉴1995》和《中国教育统计年鉴2000》中初中毕业人数和高中阶段各机构招生人数计算。

---

① 数据来源于《1990年全国教育事业发展统计公报》，中国教育和科研计算机网，http://www.edu.cn/edu/tjsj/zhsj/jiao_yu_fa_zhan/200603/t20060323_11634.shtml，最后访问日期：2020年7月12日，以及《2000年全国教育事业发展统计公报》，教育部网站，http://www.moe.gov.cn/s78/A03/ghs_left/s182/moe_633/tnull_843.html，最后访问日期：2020年7月12日。

② 数据根据1997年和2000年的《中国教育统计年鉴》计算。

进入农业/职业中学，5%左右的学生进入技工学校，剩下的50%左右的学生进入劳动力市场。2000年以后，随着普通高中扩招以及国家对于中等职业教育的大力支持，初中毕业生的升学率快速升高。2007年有80.5%的初中毕业生能够升学（教育部，2008）。2012年这一比例进一步提高到94.1%（教育部，2016）。升学率的提高是否意味着中考作为教育分流机制能很好地将一大部分学生分流到了高考制度之外呢？其实不然，不同类型的高中教育机会在不同的时期具有不同的意义。

3. 二级教育分流机构：中等专业学校、农业/职业中学、技工学校

高中阶段不同类型的学校对于个体地位获得的意义不同。不同时期的考生对于不同类型的机会有不同的偏好。共同的特点是，普通高中之中的重点高中在所有的历史时期都备受青睐。

（1）中专（包括中师）：改革早期的有效教育分流机构

如前所述，中等专业学校最早是为了培养中级技术管理人才，毕业生作为重要的人力资源由政府来统一分配。在这一时期，这一类型的教育机会具有地位教育的功能，学生毕业之后进入计划体制之内工作。在高等教育机会十分有限的背景下，中专成为学习成绩优秀的学生的次优选择。尤其是，这一机会所拥有的潜在收益对于多数处于社会底层尤其是农村的成绩优秀的子弟来说，是一个巨大的激励。而且，中专与大学相比，上学时间短，可以节约成本。因此，从改革初期一直到20世纪90年代中期，中专是大多数农村学生的最好选择。这一点在北京大学社会学系1994~1996年对24县的教育调查中也得到了充分的证实，比如在广州电白县（现电白区），研究者发现，大学教育的高成本以及中专节省时间且容易就业是导致当地家长更倾向于子女选择中专和技校的原因（马戎、龙山，2000）。

中专的上述特性使学生入学需要经过严格的选拔考试，录取分数很高。20世纪80年代，每年仅不足5%的学生能够被录取。[①] 对于大多数农村学生来说，人生机会分配的最终环节在中考，而中考竞争的重心在于对中专教育机会的争夺。

随着经济体制改革的逐步深入，中专的培养目标发生了变化，不再是

---

① 根据《中国教育成就：统计资料1980—1985》和《中国教育成就：统计资料1986—1990》中提供的中专招生数和初中毕业生数计算得出。

"干部",而是各个经济领域的技术和管理人员,而且这些人才的配置改由市场,而不是由国家统一进行。中专教育的"铁饭碗"性质被打破。改革首先从农业中专的不包分配开始,最终扩展到整个领域。1993年,在中共中央、国务院颁发的《中国教育改革和发展纲要》中,高等学校和中专的就业制度一并由原来的"统包统分"和"包当干部"改为自主择业。这一改革导致初中毕业生对于不同教育选择的偏好序列发生了变化,中专从原来的优先选择变为不得已的选择。而进入市场之中的中等专业学校由于在相当长的时间内,无法克服原来的体制惯性,人才培养模式等无法与市场进行有效衔接,市场声誉每况愈下,沦为与职业高中等相差无几的初中毕业生的末位选择。

(2) 职业高中与农业高中

改革初期,针对普通高中毕业生过多、能够升入大学的是少数、进入劳动力市场的学生没有任何的专业知识和技能的情况,政府提出要改革中等教育结构(教育部、国家劳动总局,1980)。改革的途径是强化职业高中、农业中学等职业学校的教育分流功能,尤其是要在农村地区设立大量的职业技术学校。但改革的预期并未实现,原因在于,职业高中与农业高中是普通教育与职业技术教育相结合的中等学校,这些学校大多由原来的普通高中改办,学生入学不需要经过严格的选拔,学生毕业后直接进入劳动力市场,依靠所学技能自谋出路。对于将来想进入体制之内就业的学生来说,这类学校没有任何吸引力。尽管国家提出大力发展职业高中的宏观愿景,但这类学校终究不是成绩优秀者的选择。1980年职业高中在高中阶段教育中的比例为1.9%,1985年为14.2%,1990年为16.2%,2000年为16.8%,2010年为16.8%。[①] 即使在规模最大的年份,其比例也未超过20.0%。

虽然从2000年以后,国家从政策层面大力倡导并投入职业教育的发展,但总体来说,在高中阶段,职业教育仍然未改变其在教育分流体系中所扮演的角色。

(3) 技工学校:改革早期面向特殊群体的分流机构

技工学校与其他几类机构不同,由劳动与社会保障部门主管,办学规

---

① 《2013年教育统计数据》,教育部网站,http://www.moe.gov.cn/s78/A03/moe_560/s8492/,最后访问日期:2019年2月16日。

模相对较小。1980年技工学校的学生规模占高中阶段学生总数的4.1%，1985年占5.7%，1990年占8.7%，2000年占6.3%，2010年占8.6%。① 办学目的是培养熟练的技术工人。改革初期，国家对技工学校毕业生实行统一分配，故这类学校具有地位教育的性质。20世纪90年代中后期，与中专毕业生的就业体制改革同步，技工学校的毕业生也不再"包分配"。虽然这一时期技工学校的招生逐步面向所有个体，但由于其体制优势不复存在，因此，在初中毕业生的选择中，技工学校与职业高中和中专相差无几。2012年，初中毕业生中有9.5%进入技工学校学习。②

（4）普通高中

从中专的地位变化中可以看出，中等教育中的精英和大众之间的边界随着体制改革的不断深入而发生变化。但无论在哪个历史时期普通高中均为初中毕业生的优先选择。改革早期，由于中专具有地位教育的功能，因此，客观上能够吸引并分流5%左右的优秀学生。中专的地位教育功能丧失以后，强大的地位教育需求推动普通高中开始扩招。2000年以前，初中毕业生升入普通高中的比例在20%上下浮动，③ 2000年，普通高中规模迅速扩张导致这一比例上升至29%，2007年为43%，2012年为51%。④ 当个体在其他类型的教育——比如中专教育或者职业教育——中无法实现其对于未来社会地位的期待时，初中毕业生对于普通高中尤其是重点高中教育机会的需求就会居高不下。普通高中及与之相连的高考作为通向个体未来地位的"独木桥"就会集聚巨大的竞争压力。其中重点高中教育机会成为社会各个阶层争夺的对象。

重点学校是政府基于提高人才培养的效率考虑而采取的一种措施。最早

---

① 《2013年教育统计数据》，教育部网站，http://www.moe.gov.cn/s78/A03/moe_560/s8492/，最后访问日期：2019年2月16日。
② 根据教育部网站《2012年教育统计数据》中的技工学校招生数和初中毕业生数计算，http://www.moe.gov.cn/s78/A03/moe_560/s7567/201309/t20130904_156896.html，最后访问日期：2021年2月19日。
③ 根据《中国教育成就：统计资料1949—1983》、《中国教育成就：统计资料1980—1985》、《中国教育成就：统计资料1986—1990》、1991~1997年《中国教育事业统计年鉴》和1998~2000年《中国教育统计年鉴》中初中毕业人数和高中阶段各机构招生人数计算。
④ 数据来源于《中国教育统计年鉴2000》、《中国教育统计年鉴2000》和《中国教育统计年鉴2012》。

源于20世纪40年代的陕甘宁边区的办学经验。在1949~1966年被进一步确立。"文化大革命"期间被废除。改革时期,重点学校建设成为现代化教育发展战略的一个重要组成部分。重点学校的建设是一个系统工程,向下延伸至小学,向上延伸到高等学校中的"211"和"985"工程院校。中央以及地方政府在经费投入、办学条件、师资队伍、学生来源等方面均向这些学校倾斜。最终导致这些学校的教育机会成为不同社会阶层所争夺的焦点。

以重点高中为例,1978年1月,经国务院批准,教育部颁发了《关于办好一批重点中小学的试行方案》,指出:"切实办好一批重点中小学,以提高中小学的质量,总结经验,推动整个中小学教育革命的深入发展。"提出大中城市,可在市和区县两级举办重点学校。市办好一批重点中小学;区县可办二、三所重点中学,五、六所重点小学。各省、自治区,可在省、地市、县三级举办重点学校。省和地市两级可各自办好一批重点中小学;县可办好二、三所重点中学,五、六所重点小学。"(《人民日报》,1978)1980年,全国重点中学工作会议进一步讨论重点中学建设的具体措施,即要采取非均衡发展策略,集中有限的资源来扶持重点中学的发展(《人民日报》,1980)。与此同时开展的是,各地对于这种非均衡发展策略经验的不断推广。1995年,国家教委发出的《关于评估验收1000所左右示范性普通高级中学的通知》提出,于1997年前后,分三批评估验收1000所左右示范性高中。所谓示范性高中,其实质还是原来的重点中学。在迎接评估和验收的过程中,地方的优质教育资源进一步集中。

在义务教育已经普及、普通高中扩大招生、高等教育不断扩大规模的背景下,高等教育中的精英教育机会成为社会各个阶层争夺的焦点。在对精英高等教育机会的争夺中,重点高中由于在师资、生源以及政策等的优势而成为竞争焦点。高考竞争的链条进一步向下延伸。

三 高等教育:大众化阶段的竞争焦点上移

1. 扩招与竞争压力

当普通高中成为所有优秀的初中毕业生所追求的对象时,高考的竞争压力无疑会增大。在经过中考的分流之后,进入普通高中的学生所要经历的下一个也是最重要的一个关口就是高考。究竟有多大比例的学生能够通过这一关口呢?从图5-3中可以看出,高考录取率最低的时期为1978年至 1980 年的三年，录取率不到 6%，而 1981 年之后由于高等教育的规模经过短暂的扩张，高考录取率经历了短暂的上升时期。从 1986 年开始，高考升学率呈现了稳定增长的时期，在 1986～1996 年，高考录取率增长了 10 个百分点。从 1997 年大学扩招开始，高考录取率呈现了快速增长，到 1999 年录取率达 50%，2000 年达 58%，即应考人数中有一半以上可以得到高等教育机会（见图 5-3）。

如果用高等教育毛入学率来衡量，则 2002 年中国的高等教育毛入学率超过 15%[①]，标志着中国已经进入了高等教育大众化阶段。那么是否机会的增多会导致竞争激烈程度的下降呢？一些研究发现，扩招没有减少阶层、民族和性别之间的教育机会差距，反而导致了城乡之间的教育不平等加剧（李春玲，2010）；扩招使高等教育领域中的教育不平等程度总体上呈下降的趋势，但地位取向和生存取向的高等教育机会的变化却具有截然不同的特征。在扩招过程中，精英高等学校的招生规模基本保持稳定，而生存取向的高等学校的招生规模则大大扩大。以 1998～2002 年的扩招为例，中央各部委所属（包括教育部直属）院校的招生人数在 1998～2002 年共增加 6.8 万人，而地方所属院校增加 172.6 万人，后者扩招人数是前者的 25.4 倍。从二者的相对比例来看，部委所属（包括教育部直属）院校从 1998 年占招生总规模的 30.6% 下降到 2002 年的 13.9%，下降了 16.7 个百分点，而地方所属院校从 1998 年占招生总规模的 69.4% 上升到 2002 年的 86.1%，上升了 18.7 个百分点（见表 5-2）。因此，无论是扩招前还是扩招后，精英高等教育机会的竞争仍然十分激烈。

表 5-2　1998～2002 年高等教育扩招结构

单位：万人，%

年份	部委属院校		地方属院校		规模合计
	招生规模	占比	招生规模	占比	
1998	33.1	30.6	75.2	69.4	108.3
1999	28.2	20.0	112.6	80.0	140.8

---

① 《"十五"经济体制改革回顾之二十三：高等教育发展实现历史性跨越》，中央政府门户网站，http://www.gov.cn/govweb/ztzl/2006-01/16/content_160014.htm，最后访问日期：2021 年 2 月 19 日。

续表

年份	部委属院校		地方属院校		规模合计
	招生规模	占比	招生规模	占比	
2000	36.3	16.5	184.3	83.5	220.6
2001	39.4	14.7	228.9	85.3	268.3
2002	39.9	13.9	247.8	86.1	287.7

资料来源：根据1998~2002年《中国教育统计年鉴》计算。

2. 高等教育系统内分层体系与人们对于精英高等教育机会的高诉求

改革以来，中国的高等教育系统内部进一步分化，产生了新的分层体系。首先是公立和民办高校的两分。其次在公立高校内部，由于政府投资力度的差别以及学校的积淀与传统等因素，也存在内部分层体系，比如"211"和"985"工程大学和一般的地方院校。在国家重点建设大学之下，各省、自治区和直辖市均设有重点建设大学，然后才是各个市级支持建设的大学。区域之间经济发展水平、各级行政单位财力的差异，以及国家政策等因素促进了高等教育体系内部的分化。这种分化最终导致高等教育体系内出现精英—大众的二元结构。在通过文凭参与劳动力市场的竞争过程中，不同地位和声望的学校的毕业生的竞争力是不同的。精英高校文凭的竞争力远大于一般的普通高校，而普通的公立高校文凭的竞争力又大于民办学校。

虽然扩招增加了高等教育机会，但主要局限于大众高等教育机会。而精英高等教育机会的供给仍然十分有限，恰恰是这类机会可能使毕业生在今后的劳动力市场上具有较高的竞争力。由此，高考竞争的焦点产生了转移，从一般的高等学校入学机会转移到本科院校甚至是重点大学的录取机会上。高考的竞争程度非但没有减弱，反而比以往更加激烈。

小 结

"文化大革命"期间，统一高考的废除中断了个人的文化资本与未来的职业地位获得之间的必然联结，知识青年被下放到农村。"文化大革命"之后，统一高考恢复，文化资本重新成为个人地位获得的重要因素，随着体制改革的逐步深入，教育对于个体地位获得的作用越来越重要。与此同时，"文化大革命"这一历史事件的冲击在一定程度上反弹式地强化了传统观念中一直以来存在于中国传统社会的地位获得模式。

改革初期在国家所构建的竞争性教育体系中，中考和高考均为重要的地位教育分配机制。在20世纪80年代初期到90年代中期，这一竞争性教育体系在每个层级都体现出了高淘汰率的特征。中等专业教育由于具有地位教育的属性，因此，通过招收优秀初中毕业生，发挥了有效的教育分流机制的作用。职业高中教育以及技术学校能够依存当地企业的人才需求而发展，因此，也能够有效分流一部分学生。与此同时，高考预选制度的存在进一步对有意愿参加高考的学生进行了提前筛选。高等教育基本上为精英教育，远远无法满足上述经过层层筛选而最后参加统一高考的学生的需求。因此，这一时期的高考以低录取率为特征。但是由于上述中专以及职高、技校能够在很大程度上成为进入门槛较高的大学的替代性选择。高等教育并未成为社会公众普遍追求的目标指向。

20世纪90年代后期，小升初考试的取消、义务教育的普及等将上述竞争性教育体系淘汰的起点后移到中考。由于中专、技术学校以及职高随着市场体制的逐步深入以及学校就业制度的改革，其地位教育或者是职业获得的功能逐步丧失，与此同时，普通高中教育规模开始扩大，这些因素的共同作用导致个体对于未来的身份和地位的追求普遍指向普通高中及其后的高等教育。起始于1998年的高等教育扩大招生在一定程度上增加了高等教育机会总量，但是精英高等教育机会并未呈现相应的增长。在精英高等教育文凭的竞争力远远大于其他学校的现实下，中国高考的竞争焦点产生了上移。

与此同时，中国社会转型所带来的不确定性、家庭经济收入的稳定增长以及计划生育政策带来的家庭子女数减少等因素共同导致家庭将大量的精力投入于子女的教育。在个体及其家庭对于高等教育尤其是精英高等教育的需求不断增强，而国家的高等教育机会总量尤其是精英高等教育机会总量相对稳定的条件下，统一高考制度的程序化、标准化特征所呈现的规律性有可能为被这一制度所约束的行动者发挥能动性提供一定的空间。应试体制就是基础教育场域中的各个行动者在与统一高考的互动过程中，基于自身的位置、资源和能力而构建的系统的行为策略体系。

第三部分

应试体制的运行机制

第六章 地位再生产机制：资源配置

第一节 被调查点基本情况

社会结构层面的分析为应试体制的产生提供了宏观脉络。在微观层面，基础教育场域中的各个行动者基于自身所占据的位置和资源在长期的与高考的互动中形成了稳定的行为模式，这些模式共同构成了应试体制。本书的这一部分将以中国北方的一个农业县 W 县的教育以及部分学校的运行为基础，深入系统地呈现应试体制的基本面貌、特征以及对教育所产生的长远深刻的影响。

具体而言，对应试体制的描述将以行动者为单位来展开，在地方教育场域中，行动者包括不同层级的政府、不同地位和层级的学校、拥有不同资本的教师、不同社会经济地位的家长以及不同学术能力的学生。一方面，这些行动者之间由于地位和资源占有的不同，可能存在一定的权力关系；另一方面，场域中的所有行动者均基于利益最大化来选择行动策略。占有优势地位和资源者希望在机会竞争中能继续保持其优势地位，占有劣势地位者也尽其所能最大化自己的利益产出。所有的行为大概可以归纳为两类，一类是教育资源和机会的分配，另一类是学校在普遍意义上所采取的应试行为策略。影响教育资源配置的行动者通常是政府、重点中学（处于等级学校教育网络中优势地位的学校）、社会优势地位群体。他们的行为体现了社会地位再生产的逻辑。无论是哪一个优势群体或者阶层，其优势的传递必须通过高考分数来实现。另一类行为是在更广泛意义上相关主体基于教育的社会流动意义所发生的行为。这一类行为主要体现为学校层面以及教师、学生和家长微观层面所采取的共性的应试策略。本书将这一类行为体系称为地位流动所驱动的行为。资源和机会的配置更多的是再生产逻辑的体现。而在知识的生产和传递过程中，主要体现的是普遍意义上的地位获得逻辑。

无论是哪种力量在发挥作用，最终目的都是在高考中能够立于不败之地。从这个意义上说，个体的高考分数是上述所有力量综合作用的结果。通过对微观学校教育运行过程的考察，本书试图展现统一高考与中学教育中每一个行动者的内在关联，并在此基础上阐述这些关联所具有的社会后果。这一部分分为两章，一章考察组织层面的资源配置，另一章描述学校运行过程中知识的生产与传递。在对这两章的主要内容进行呈现之前，以下首先对W县社会经济发展概况以及教育发展状况进行简单描述。

W县为中国北方地区的一个国家级贫困县，从经济发展水平和社会发展水平来说相对落后于发达地区，教育资源极其匮乏且人口较多。2004年，该地区农牧民人均纯收入2156元，在内蒙古名列第78。[①] 2017年，该县农村常住人口人均可支配收入9470元，名列第77，[②] 同期全国的平均水平为13432元。[③] 2004年，该县在岗职工平均工资为9590元，在内蒙古101个区县中排名第90。[④] 2017年，该县城镇人均可支配收入25978元，在内蒙古103个区县中，排名第85，[⑤] 同期所在省的平均水平为35670元，全国的平均水平为36396元。[⑥] 截至2018年，该县仍然为国家级贫困县。

[①] 《内蒙古统计年鉴2005》，内蒙古自治区统计局网站，http://tj.nmg.gov.cn/files_pub/content/PAGEPACK/96c532702451477cbdfcd5a679459b97/web/index_c.htm，最后访问日期：2021年2月19日。

[②] 《内蒙古统计年鉴2018》，内蒙古自治区统计局网站，http://tj.nmg.gov.cn/files_pub/content/PAGEPACK/66d2e078c7714ed0a5a378ec901b5c56/indexch.htm，最后访问日期：2021年2月19日。

[③] 国家统计局网站年度数据，https://data.stats.gov.cn/easyquery.htm?cn=C01，最后访问日期：2021年2月19日。

[④] 《内蒙古统计年鉴2005》，内蒙古自治区统计局网站，http://tj.nmg.gov.cn/files_pub/content/PAGEPACK/96c532702451477cbdfcd5a679459b97/web/index_c.htm，最后访问日期：2021年2月19日。

[⑤] 《内蒙古统计年鉴2018》，内蒙古自治区统计局网站，http://tj.nmg.gov.cn/files_pub/content/PAGEPACK/66d2e078c7714ed0a5a378ec901b5c56/indexch.htm，最后访问日期：2021年2月19日。

[⑥] 国家统计局网站年度数据，https://data.stats.gov.cn/easyquery.htm?cn=C01，最后访问日期：2021年2月19日。

对于经济发展水平相对落后且以农牧业人口为主的县来说，当地的产业结构所能吸纳的劳动力十分有限。农牧民的子女如果要实现向上的社会流动，教育是最主要的途径。

具体到教育，为了有效利用有限的教育资源，我国自 20 世纪 50 年代起确立了重点中学制度和"两条腿走路"的方针，"文化大革命"期间，重点学校制度被废除，职业中学被改造为普通中学。1978 年以后，重点学校制度恢复并被强化，与此同时，职业中学也得以恢复。重点学校系统和城乡二元结构下城乡学校的区隔相互交错，构成了城市学校与农村学校、重点学校和非重点学校相互交错的学校教育体系（陈彬莉，2008）。W 县的教育体系也是如此。在 W 县的各级各类学校序列中，高中为其最高阶段的学校。如果将 W 县的教育体系比作金字塔，那么处于底座的则是全县的 192 所小学，处于顶端的是 W 一中。W 一中作为三级重点中学，在很长时间内是该县小学和初中学生所追求的目标。高中阶段共有 5 所中学：W 蒙中，剩下四所高中，W 一中、W 二中、Q 中学（普通高中）和 G 职业中学。其下一层级有 30 所普通初中，3 所职业初中，其中，W 三中、W 四中和 Wh 蒙中为县城所在的 W 镇所创建的普通初中。其中前两所普通初中为汉校。后一所为蒙校，即为蒙古族学生所创办的学校，该校以蒙古语教学。剩下的 26 个乡镇几乎每个乡镇有一所初中。初中之下为 W 县的 192 所小学。在这 192 所小学中，第一层级为以 W 一小为代表的重点小学，W 一小 1985 年改为 W 实验小学。除此之外，还有 W 二小等；第二层级为乡镇政府所在地由当地政府所创办的小学；第三层级为村办小学。2007 年撤点并校以后，W 县的小学进一步减少，从 192 所减少到 40 所，初中由 30 所减少到 9 所，3 所高中（W 一中、W 二中和 Q 中学）没发生变化。虽然学校的数量发生了变化，但该地区教育系统的结构性特征并没有发生根本改变，仍然为城乡和重点与非重点交错。

1. 重点中学：W 一中

W 一中原名为 W 中学，创建于 1956 年，到 1960 年增设高中班 2 个，招收 100 名学生，被内蒙古自治区批准为首批定点中学。该校为全县第一所完全中学。1973 年随着 W 二中的成立改为 W 第一中学（简称"W 一中"）。1978 年，该校被辽宁省定为省、盟、县三级重点中学，1980 年，被内蒙古自治区评定为省级三级重点中学。

重点中学作为升入高等学校的预备机构，在很长的一段时间内扮演着地区教育格局中精英教育机构的角色。W 一中也不例外。为了集中各种资源来重点培养部分精英，政府对于该校的发展给予了特殊的关注，从硬件和软件方面均给予了扶持。W 一中也创造了不菲的升学成绩。历经 60 多年的发展，W 一中在 W 县及其所在内蒙古自治区 C 地区创建了自身的品牌，成为当地的高考名校。以 2018 年为例，参加高考人数为 1027 人，重点大学录取率为 25.9%，二本录取率为 54%，79.9% 的学生能够进入本科院校就读。

2. 重点中学之外的普通高中：以 W 二中为例

W 二中于 1972 年成立，创办的主体是该县县城所在地 W 镇政府。1973 年增设高中班，成为完全中学。该校建校较晚，其最初的目的在于满足学校所在城镇地区学生的高中教育需求。由于 W 一中集中了该地区最优质的生源以及师资，政府无论是从政策还是从经费投入方面都对 W 一中给予大量支持。W 二中在各方面均落后于 W 一中，为当地有名的"兜底儿校"。学生底子薄，基础差。1972～1981 年，初高中毕业生 7830 名，考入各类高校的共 31 人；1982～1991 年，初高中毕业生 14097 名，考入各类高校的共 355 人；1992～2001 年，初高中毕业生 11073 人，考入高校的共 620 人。从升学率来说，W 二中远远比不上 W 一中。以 2018 年为例，W 一中本科录取 821 人，其中一类本科 266 人。而同年 W 二中一本录取 45 人，本科录取 220 人。

3. 职业高中：以 G 职业中学为例

G 职业中学于 1983 年由普通高中改制而成。1980 年，国务院批转教育部、国家劳动总局关于《中等教育结构改革的报告》（1980 年 10 月 7 日）。该报告提出，在初中毕业之后，应该进行适当分流，分流的主要形式是职业高中、职业（技术）学校、农业中学、技工学校、中等专业学校（包括中师），目的在于改变高中阶段普通高中这样单一的结构。在农村地区，主要的做法是将一部分基础薄弱的普通高中改办为农业中学或其他职业学校。G 职业中学于 1983 年由基础较为薄弱的 G 中学改制而成。该校招生主要面向全县，目的在于为当地的经济建设培养人才。学生毕业后，通过招工的形式进入当地的企业。因此，在一段时间内，进入职业高中的学生为当地优势社会阶层的一部分子弟，这些人由于成绩差而考不上普通高中。他们从G职业中学毕业之后，可以通过家里的关系进入企业。到了1996年之后，普通高中和高校均扩招，与此同时，当地的经济发展已经无法吸纳这些学校的毕业生，由此，G职业中学的招生规模逐渐缩小，生源逐渐成为进入普通高中的学生。G职业中学在20世纪80年代以后的这种遭遇并非其独有，而是几乎所有职业高中共同的发展历程。

由于本书未收集到G职业中学的详细资料，以下以C市H区的一所职业高中的历程来详细说明这一过程。C市第一职业中专建于1966年10月，原名C五中，是一所普通高中。1980年在国家将部分薄弱的普通高中改办为职业高中，为当地的经济建设培养技术人员的号召下，改为职业高中。1996年经内蒙古计委、教育厅、人事厅等部门批准改为职业中专，又更名为C市第一职业中等专业学校。20世纪80年代末90年代初，该校为C地区的名校，只有领导干部的子弟和有一定社会地位群体的子弟能进入。在这一时期产生了初中升入高中的"择校生"。C职业中学主要采取定向招生的方式，与企业具有联系，实行定单式培养，实际上招生就等于招工。比如，80年代最火的专业为机械专业，这一个专业一年就有学生700人左右，当时的在校生为1500人，国家实行计划招生。当地钢铁厂招工，毕业生可以以招工方式进入钢铁厂当工人。1985年以前在H区招生，之后开始在W县招生，但是比例很小。这一时期，由于毕业生毕业之后有较好的就业渠道，因此在招生中有严格的分数线。到目前，基本上H区的学生占到一半，W县的学生占到一半。1997年、1998年之后，普通高中开始扩大招生，与此同时，高等学校开始扩招，这导致该校的生源逐步减少。1999年招生390人，2000年为290人，2001年为380人，2002年为420人。

职业高中在地方教育格局中的角色经历了许多变化。在20世纪80年代至90年代初，由于普通高中招生规模较小，而职业高中学生毕业后可被当地的国有企业所吸纳，由此，成为那些无法进入普通高中的个体的最优选择。从生源结构上说，这一时期，生源主要是职业高中所在城区的学生，而且是优势阶层的子弟。在这一时期，出现了"择校生"，学校招生纳入国家计划，分数线之上的学生具有接受职业教育的机会。到了90年代末，随着高中和大学扩招，个体进入普通高中以及高等学校的机会不断增多，而且当地企业吸纳人才的能力逐步下降，职业高中的生存空间受到极大挤压。

4. 重点初中：W三中和W四中

W三中和W四中是当地的重点初中。W三中为县教育局直属中学，始建于1987年。W四中原名为W联中，后更名为W第四中学，即W四中。在20世纪90年代小学入学选拔考试废除之前，这两所学校选拔了全县最优秀的小学毕业生，同时配备的是最好的师资、良好的教学硬件设施。实行就近入学之后，这两所学校的生源主要是W县政府机关以及相关企事业单位职工的子女。无论是从师资力量，还是从硬件设施来看，这两所学校均延续了小学入学选拔考试废除之前的优势地位。

5. 以Wh中学为代表的乡镇初中

Wh中学创建于1969年，1969~1975年的体制为乡办大队助，为"带帽初中"，即小学和初中在一起。在"村村办小学，队队办初中，社社办高中"的指导下，1975年，Wh中学增设高中，初中和高中合在一起，这一时期的高中为两年制高中。"文化大革命"期间，W县一共创办社办高中15处，队办初中170处（包括小学"带帽初中"与业余初中）。到1978年，Wh中学的高中被撤，改为镇办初中。1980年，根据"整顿提高初中、调整改革高中、努力办好重点中学"的方针，W县对中学布局进行了全面调整，撤销高中班，改为独立初中，社办初中和小学"带帽初中"进行合班并校。Wh中学在小学入学选拔考试废除之前，在W三中和W四中剩余的生源中进行招生，其生源主要是在前两所学校选拔中被淘汰的该校所属乡镇的镇上和农村的学生。小学入学选拔考试废除之后，Wh中学招收的是该镇所有的小学毕业生。

W县教育体系中的精英教育与大众教育的内部分层与国家在1978年以来发展重点学校的方针，以及"两条腿走路"的宏观构架基本一致。在这一宏观结构下，对于W县（一个贫困县）的政府而言，政府财政能力不足从根本上抑制着其办教育的能力。在有限的教育资源条件下，县政府会采取什么样的教育资源配置策略，处于教育场域中不同位置的学校会如何应对且最大化自身的利益？围绕着升学，在地方的教育场域中形成一种怎样的生态系统？本部分将围绕这些问题进行详细分析与呈现。

虽然本研究调研是在2005年，农村教育经历了撤点并校，学校数量减少了很多，但基本的结构性特征并未改变。在本研究中，处于教育分层体系中的上述几个关键的学校在撤点并校过程中并未被撤掉，且地位并未发生改变。而且，这期间升学制度的基本架构也未发生改变。从这个意义上说，本研究所收集的资料并未过时。

高考作为高等教育机会的分配机制，其所蕴含的地位获得意义对整个教育系统产生了广泛而深入的影响。作为一种强大的制度力量，高考在形塑学校的组织结构、人员配置以及学校内每一位行动者行动的同时，也在引导着一个组织场域的形成。自改革开放以来，国家所采取的非均衡发展模式在教育领域中形成了重点与非重点的区隔，由此导致不同的学校先赋地位和资源禀赋不同。面对同样的制度环境，如高考升学率的要求，在一个地区中，同样是普通高中，重点高中和非重点高中由于其在组织场域中的位置不同，所采取的行为策略可能也会存在差异。本章的目的在于呈现组织场域中的地方政府、重点中学和普通中学为提高升学率所采取的宏观资源配置策略，并深入分析其背后可能的逻辑和所产生的后果。

分析一个地区组织间教育资源的配置，涉及一个最为根本的制度安排问题，即地方教育领域中学校的相对地位。如前所述，城乡和重点、非重点的区隔是基础教育体系资源分割的基础性特征。学校一方面是这一制度安排的接受和认同者，另一方面也有可能利用这一结构赋予的能动性主动谋取优质资源。在地方教育系统中，除了学校这一行动者，还包括资源的供应者以及相关的规制机构，即政府。

本研究将地方教育系统作为一个组织场域来进行分析。所谓组织场域，是指包括关键的供应商、原料和产品购买商、规制机构以及其他提供类似服务与产品的组织等聚合在一起所构成的一种被认可的制度生活领域（斯科特，2010）。具体到本研究中，指的是由W县的30所初中、5所高中、W县所属的C地区C二中、C市教育局、W县教育局等围绕升学率共同构成的场域。地方政府一方面与同级甚至上一级政府进行资源竞争，另一方面通过合法的等级制权威或支持一些学校，而对另外一些学校进行约束。学校基于自身在组织场域中的地位和资源也与同级学校之间展开竞争与博弈。以下将从关系（学校间和地方政府与学校间）的角度来探讨资源的配置及其对学校组织地位的影响。

一定程度上可以说，围绕高考升学率而构成的教育场域是一个充满冲突的场所，在其中所有的博弈者（组织行动者）为了实现并扩大自己的利益而相互争斗，某些博弈者能够在或长或短的时间内，向其他博弈者施加

"博弈的规则"。居于不同位置的学校，对于地方政府和其他学校具有不同的影响力，也具有不同的资源获取能力。

总体来说，在这一教育场域中主要存在以下四对关系。

第一，地方政府与重点中学之间为庇护关系。这一庇护关系的合法性基础是20世纪50年代以来确立的重点学校制度以及长期以来国家在教育发展中采取的非均衡发展策略。在本研究中，C市教育局与C二中、W县教育局与W一中之间均为庇护关系。

第二，同一类型的学校之间为竞争关系。如前文所述，家长以升学率为依据来为子女选择学校，而普通高中的生存与发展主要取决于学费。在地方生源质量和规模一定的情况下，同一类型的学校之间为竞争关系。但是，不同学校组织先赋地位不同，其资源获取能力也不同。在本研究中，C二中、W一中、W二中之间均为竞争关系。

第三，不同层级的政府之间为行政隶属关系和竞争关系。不同层级政府之间首先为行政管理上的隶属关系。但在优质资源的配置中，最主要的还是竞争关系。地区级政府（如C市教育局）拥有调配县一级教育资源的权力，而县级教育行政主管部门也拥有规避上级政府调控的可能。无论哪一级政府，作为双重利益取向的行动者，其首先支持的均是政府所在地的重点高中。在本研究中，这种行政隶属关系和竞争关系存在于C市教育局和W县教育局之间。

第四，地方政府与非重点中学之间的关系为疏离与松散的行政关系。在本研究中，W县教育局和W二中等非重点高中之间为相对较为疏离的关系。

无论是竞争关系还是庇护关系，均集中体现在关键资源的配置与流动中。对于一所普通高中的发展来说，最为核心的资源是优质师资和生源。以下将从上述四对关系的视角切入，对升学率导向下区域层面关键资源即优质生源和师资的配置及其内在逻辑进行深入呈现与分析。

第二节 政府主导下的资源配置体制

在关键资源的配置中，地方政府是区域层面的第一行动者，也是权力最大的行动者，在支持重点学校，忽略非重点学校的过程中，起到了主导性作用。具体到W县来说，政府从师资和生源两个方面对重点中学进行扶持。

一 不平等的学校组织网络

在该地区的学校组织网络中，不同学校相对地位不同。地位差异主要源于地方政府的定义。地方政府的定义同时也促使了学校对自身地位的认同。

W一中为省重点高中，从创立之初，W一中在该县教育格局中就扮演着精英教育的角色。最初，C市一共有三所三级重点校，其中一所为民族中学，剩下两所为C二中与W一中。"曾经一度，W一中与C二中南北划界招生。W一中将北边一半最好的学生都招来了。"（W县教育局，R局长）在地方教育发展的过程中，地方政府将该县最为优质的教育资源投入W一中，对W一中给予支持。

> 一个贫困县，几十万人口，完全可以办一所重点高中，对其他学校起示范效应。W一中作为全国名校，代表当地教育最高水平。我们重点支持W一中。高中的重点校，也叫（内蒙古）自治区普通教育示范性高中，要整出示范校，你不重点投入，还怎么示范？因此，我们为W一中提供全县的尖子生，也就是能够考取清华、北大的学生，也提供尖子老师。除此之外，要办示范校，还要集中财力、物力办几所像样的初中，比如W三中和W四中。（W县教育局，R局长）

学校也以同样的角色期待来定位自己，处理自身与其他学校的关系。

> 一中是全县教育的整合点，也是重中之重。应该通过一中来验收W县的教育成果。W一中起着承上启下的作用，上头连着大学，下头连着初中、小学。它的地位和作用非常重要。抓住了W一中，就等于抓住了W县教育的主体。（W一中，C校长）

W一中要考虑当地老百姓对于升学率的期望与要求。W一中在发展中集中了所有矛盾、所有要求和期望。正是公众的期待牵着这所学校往前走。这也就是所谓的"县中模式",只要有县存在,教育就存在,教育存在,老百姓对于教育的期望就存在。期望最终会集中在一个点,那就是县一中。县一中存在,那么这种集中一切资源的"一中办学模式"就必然存在。(W 一中, W 校长)

从 W 一中的发展轨迹中可以看出,其三级重点的地位主要来源于政府的定义与长期的支持。从某种程度上说,这一地位具有"先赋"的特征。

无论是从政府对它们的定位还是从学校的自我定位来看,W 二中等非重点高中均是处于 W 一中之下的"二类校"。W 二中为 W 县的非重点高中,成立于 1972 年,最初的创办主体是该县县城所在地 W 镇镇政府。1973 年增设高中班,成为完全中学。该校建校较晚,最初目的在于满足学校所在城镇地区学生的高中教育需求。W 二中在各方面均滞后于 W 一中,为当地的"兜底儿校",学生底子薄,基础差,学校升学率较低。

W 一中和 W 二中不在同一个水平上, W 二中基本上属于二类校。这两个学校的招生确实不是在同一个时间点上,对于二中来说,确实也可以说是不公平的。利和弊就是这么形成的,也不得不维系。像有些地区实行划片招生,二中在历史上就没有划过片,以后也不会出现,终究不会发生。(W 县教育局, R 局长)

"我们这类学校是二类学校,就是人家(招)剩下的我们才收进来。没办法,这就是我们的发展基础。"(W 二中教师, kxz)无论是从师资还是从生源上, W 二中都受到了重点高中发展的制约。

二 政府强制性分割的三级生源市场中的"掐尖"行动

生源对于普通高中来说,决定着其竞争力。2003 年以前, W 县高中生源为二元市场,县教育局规定由 W 一中先招足额后,由 W 二中及其他普通高中在剩下的学生中招生。这一时期,普通高中招生限于在本县/区内,基本上不存在优质生源外流的现象。在分割的二元生源市场中, W 一中占据优势,而以 W 二中为代表的其他普通高中则不占优势。2003 年, W 县所在的 C 市教育局发布的《关于初中升学招生考试工作安排的意见》将高中生源市场进行了进一步的划分，其中规定，中考成绩公布后，由 C 市二中首先招收择优生和"择校生"。之后，各县的省重点高中才可以开始招生。由此，形成三级生源市场。对 W 县来说，招生的顺序是 C 二中、W 一中，最后才是 W 县的非重点高中。

> 县里在招生中给 W 一中优先权。以前是它（W 一中）先招，完了 W 二中再招。2003 年以后，C 二中招完后，W 一中先招，剩下的 W 二中才开始招。这是县教育局对 W 一中最主要的支持。从第一名开始一直排名到后面，给一中招收 500 多人，都是全县的尖子，尽管 C 二中也在 W 县招生，但还是 W 一中招到的尖子生多。（W 县教育局，R 局长）

> 从 2003 年开始，C 市政府下令来这儿招生，由 C 二中先招，C 二中明着招 26 个，暗着又招 26 个，乱搞！于是，W 一中的发展不仅没了师资，生源也受到了影响。……大家都在抢生源。各个高中都在使劲儿挖学生。我们现在年年都在抢生源。每到暑假都非常紧张。除了 C 二中以外，私立学校对于我们学校的冲击也挺厉害。（W 一中高二班班主任，rjy）

W 县高中招生除了受到 C 市政府部门的强制性干预以外，还遭遇到了私立中学的挑战，其中包括 C 市民办高中 P 中学和 W 县 PM 中学。这些体制外的学校并不需要遵守由当地政府所规定的招生序列，他们利用其机制的灵活以及充足的经费在 W 县以及全市范围内招收优质生源和师资。这些学校的存在以及 C 市教育局的强制性规则在一定程度上冲击了 W 县 2003 年以前由一中、二中构成的二元生源市场。最终，W 二中等非重点高中被排斥在优质生源序列之外，其弱势地位进一步被强化。而 W 一中在 C 市教育局的干预下，其原本在招生中的优势也在不断被弱化。

> W 二中生源包括街里（指城镇）的学生和农村学生。一中和二中的生源质量差别很大。当地政府和教育局规定，每年中考结束，C 二

中先招，接下来 W 县教育局统一划线，分数线分为两道，第一道为统招线，……第二道为分招线，分招线比统招线少四五十分。等统招和分招都招完了，然后 W 二中再招。（W 二中主管招生的教务主任，zzh）

在遭遇到 C 市政府对 W 县优质生源的规定之后，W 一中表示出了自己的不满。因为在当下的高中组织运行绩效评估中，考上清华、北大的学生人数以及考上重点大学的人数为重要一项，而 C 二中招走了该县的差不多前 30 名的学生，这也就意味着 W 一中失去了将最有可能为其提升学校声誉地位的生源。

在由当地政府部门强制分割的招生市场中，私立高中彰显了其体制的优越性，首先，私立高中不需要遵守由市教育局或者县教育局做出的有关高考先招后招的相关规定；其次，私立高中在全市范围内广泛招生，招生过程不依赖于行政，而是通过市场机制来实现。最终，受冲击最大的是以 W 二中为代表的重点中学之外的普通高中。一方面，这类学校受到 W 一中的制约；另一方面，私立学校的进入意味着与其共同分享由重点高中剩下的生源。而私立学校无论是从师资，还是从学校的硬件设施方面，均存在相对优势。2005 年，W 县中考 500 分以上的学生为 1453 人，其中 W 二中招到 14 人，不足 1%。

三　地方政府主导下的优质师资逐层抽取

除了生源之外，师资是一所学校发展的动力源。W 一中作为重点高中，在政府的长期支持及其发展中积累了优质的师资。但近年来，为应对优质师资的不断流失，W 县教育局通过公开选拔考试方式，从该县其他高中甚至初中为重点中学抽取优质师资。政府的这种强制性资源抽取政策虽然从某种意义上支持了 W 一中的发展，但是以对其他学校优质资源的抽取为代价的。

"虽然我们没有给钱，但是我们给人了。教育局在全县之内为 W 一中选拔老师。2000 年 W 一中走了几个好老师，W 一中压力很大。这些老师都是 W 一中最好的。于是教育局 2002 年组织全县的老师参加考试，往 W 一中选拔。"（W 县教育局，R 局长）与此同时，W 县教育局还组织初中的教师参加选拔考试，从镇中为县里的两所重点初中选拔教师。通过这种方式，非重点的资源被逐步抽取到重点学校。

> 从 2000 年开始，W 县教育局开始选拔老师，我就报名参加了考试，当时我和我对象（爱人）都想去 W 县城，我俩都参加了考试。我教语文，当时考的是全市第一，通过面试和笔试，最后分配到 W 二中……我对象教的是外语，在最后的考试中，差了零点几分没考上。2001 年我俩又考，结果差了 0.5 分……最后，我对象去了 W 四中。我由于种种原因没去，实际上还是挺遗憾的。（Wh 中学教师，lzy）

> 从教师个人来说，由政府组织的这种公开选拔考试，实际上是一种促进教师晋升和流动的途径，而且符合教师个人的理性选择，毕竟 W 三中、四中位于县城所在地，无论是从生活和工作环境，还是从个人的福利待遇等来看都优越于乡镇中学。最近五年左右，县里初中好教师不够，从下头抽调一批老师，各乡镇中学的老师还是想方设法去 W 县教书。（Wh 中学数学教师，lst）

地方政府对优质师资逐层抽取的做法导致重点中学和非重点中学的师资差距进一步拉大（见图 6-1 和图 6-2）。

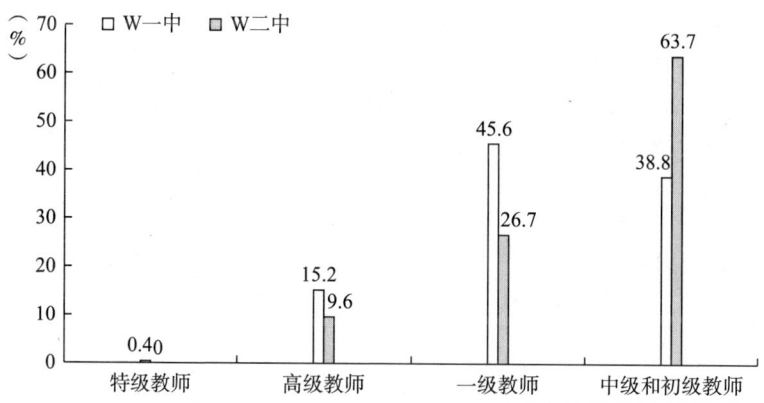

图 6-1　2005 年 W 一中和 W 二中的师资职称结构

> 重点高中扩招就得增加教师，没办法，只能从底下高中招。所以像我们这样的骨干教师就被调上来了，这样差得越差，好得更好。那边的

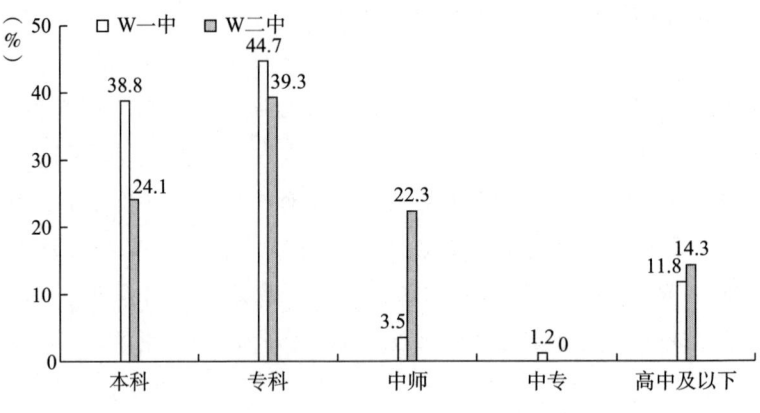

图6-2 2005年W一中和W二中教师第一学历情况

高中逐渐就面临考验。这就是教育市场中的资源集中现象。(W一中高三班班主任、语文教师,qlx)

无论是从职称还是从学历分布来看,W二中与W一中在师资力量上存在较大差距。这一差距与地方政府的优质师资逐层抽取具有内在的联系。如果说,为W一中公开选拔优质师资是为了全县最优秀的高中生,那么为W三中和W四中选拔教师则体现了地方政府对于县城所在地的学校、学生以及家长的偏袒,毕竟,W三中和W四中为初中,仍然处于义务教育阶段。这种抽取优质师资的做法的结果是对农村学校和弱势学校优质资源的强制性抽取,进一步加大了学校之间的不均衡,也潜在地拉大了城市学生和农村学生未来教育机会的差距。

第三节 学校声望地位以及市场机制驱动下的资源流动

一 经济利益驱动下的教师流动

1999年以来,普通高中在教育部《关于积极推进高中阶段教育事业发展的若干意见》的推动下大力发展。就W县来说,普通高中自1999年以来就经历了大扩招。在扩招过程中,师资尤其是优质师资紧缺是其所遇到的最大困难。地方政府应对这一问题的主要策略是从其他平级或低一级学校中选拔教师。学校作为一个处于高中教育市场中的行动者,行动策略是利用学校的声望地位或一定的经济利益来吸引优质师资。由此,导致处于相对弱势地位的学校优质师资的外流。

在市场机制的驱动下,W县优质师资的流动路径为:W一中优质师资主要流向C二中或C市其他的重点高中,W二中的优质师资流向W一中;W三中和W四中的优质师资流向C市初中,W县其他镇初中的优质师资流向W三中和W四中。

从目前来看,教师流失的主要原因是待遇差别。

> 人家给的工资高,这是现实。流失的老师都是这儿最好的老师。没办法。(W县教育局,R局长)

> C市比W县要发达,比我们这儿要有吸引力。他们(老师)的待遇比我们好。他们现在有课时费,上一节课18块钱。C二中是高薪聘请。我们学校"腹背受敌"。人家挣三万块钱,你一个月就1500(块),而且就在C市,两个地方挨得很近。人家在那儿还给房子。为了孩子上学,人家也会去那儿。(W一中高二班班主任,rjy)

> 我们学校过去的各科老师在C市里都是非常有名的。像我们学校2000年上Y中学(C市一所私立高中)的××老师,就是全市最好的化学老师。段××老师是全市最好的英语老师,也上Y中学了。地理××老师也是全市很有名的老师。还有××是政治(老师),后来这些老师都走了,上C二中、Y中学了。我们学校在提高待遇上,都不行。这些骨干教师走了之后,学校元气大伤。(W一中语文教师,lfh)

师资流失以及高中扩招导致了教师超负荷工作。

> 随着高中扩招,师资队伍,包括房舍、各种教育设施都处于紧缺状态。而且,前些年,我们的不少好教师都到C市那边的学校去了。

我们这儿很多老师都是超负荷的。咱们这儿的老师，原则是两个班的课时，现在骨干教师都是三个班，三个班（的课时）再加三个班的自习。（W 一中副校长，clj）

我一周上四个班的课，正常的工作量应该是两个班的课。一周 24 节课，再当班主任。自习五个课时。另外还当班主任，早上带早操。我通常早上 5 点来学校，晚上 11 点钟回家。常年如此。太苦了，一点办法没有。（W 一中复读班教师，fwm）

二　不平等的组织结构网络中的生源大战

高中阶段的教育为非义务教育，除了在编教师的工资由政府承担之外，学校的日常运行主要依靠学费。从这个意义上说，生源的数量和质量决定着一所高中的生存。这一阶段的学校可以按照国家的相关规定收取学费，还可以收取一定数量的择校费。具体到 C 市，调查时，C 二中择校费为 12000 元，W 一中为 9600 元。处于 W 县教育局重点支持之下的 W 一中在高一新生的招生市场中采取了"两手抓"的策略，体现了利益行动者的行为逻辑：一是通过对高分学生免学费并给予奖学金的承诺来确保三年以后的升学率目标；二是尽可能加大"择校生"的比例，以此来增加学校的收入。

2005 年《W 一中招生简章》对于高分学生的承诺为：初升高考试成绩在前 150 名，且品学兼优的学生，免收高中阶段的学费，编入实验班，享受优质教育资源；品学兼优，家境贫困的学生，享受 W 一中扶贫助困基金；品学兼优，家境贫困，中考成绩居前 20 名的学生，享受加拿大宋庆龄基金会资助，直到考入重点名牌大学；2005 年高一年级任课教师主体是有多年高考辅导经验的教师。在优质生源的招收过程中，各级政府之间为竞争关系，在竞争过程中，县级政府处于劣势地位。

现在市里跟各县因为这个问题闹得非常不好，W 县也采取了一些措施，比如考完试之后不往外拿成绩。如果能考到前 20 名，C 二中要你，W 一中也要你，去了 C 二中之后三年可以免一切开支，吃饭不用掏钱，最后考上大学尤其是好大学，学校还给你奖励。各县每年的尖子生都去了 C 二中。今年（2005）一位考生是地区状元，最后争到五万块，就说我学校要招你，我给你家五万块，跟拍卖似的。(Wh 中学教师，lyy)

在经济利益的刺激下 W 一中采取的方式是尽可能地减少统招的人数，在保证统招学生质量的同时，尽可能提高择校生的比例，以此来增加学校的收入。2005 年《W 一中招生简章》中的招生计划是 1120 人，其中统招 700 人，择校生 420 人。实际上，W 一中共招收了 1800 人，其中统招 600 人，择校生 1200 人，择校生占到 2/3。择校生是学校为了满足其生存及发展需要而为那些拥有经济资本和社会资本的家庭子女专门进行的制度设计。在择校生中，有一部分是通过各种关系被录取的学生。扩大择校生规模是学校作为一个"经济人"在短期利益的驱动下所采取的行动策略。减少统招的数量事实上是将一部分优秀学生拒之门外，而增加择校生的数量则牺牲了学校教育所应秉承的公平原则。

> 现在像 W 一中，本来应该招 1000 人，学校说只招 400 人，剩下的都可以按照议价生来交钱。大部分好孩子成绩不错，都被卡在门外。为了能减轻家庭的负担，家长和孩子们拼命地追求这点指标。可是指标太少了，大部分学生都在线外。你要让孩子上重点中学，就得交钱。孩子们的压力非常大。(Wh 初中校长，xj)

> 如果有人能管管这些学校，就会好一点，比如说招 800 人，你就招 800 人，把全县最优秀的学生招来。这种分配方式和选 300 人然后再招 500 名择校生的做法完全是两码事。前头 300 人是按照分数，后面 500 人则是按照经济条件来录取，有的孩子可能 100 多分，但是人家有钱，就可以来。(Wh 初中校长，xj)

与此同时，重点高中极力扩大择校生规模的做法导致学校内各种资源的紧缺，由此又进一步导致 W 县教育局采取了新一轮的优质教师逐层抽取。

相比较而言，W 二中则没那么幸运。W 二中没有任何声望和地位可以用来吸引学生，所能够采取的只有经济刺激。对于那些因为不能达到分数线的学生，W二中所采取的办法是明确规定分数与费用之间的档次。以2004年为例，W二中的招生简章中有如下规定。在学校所规定的录取分数线50分以下分数段一次性收取培训费如下：线下50～59分的收500元；线下60～69分的收1000元；线下70～79分的收1500元；线下80～89分的收2000元；线下90～99分的收2500元；线下100分的收取3000元。在生存的压力之下，W二中曾经向学校的每个教师分配招生名额，如2005年，学校规定每个教师完成5个招生指标，教师节每个教师发1000元的福利，少完成一个招生指标扣200元，以此来扩大招生。

W县高中教育形成的三级生源市场如图6-3所示。

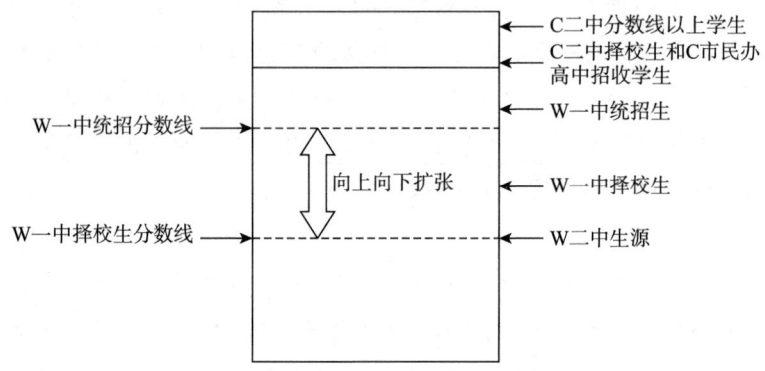

图6-3　W县高中三级生源市场

二　以升学率为信号的学生择校

尽管各类学校制定了种种吸引优质生源的政策，但是对于学生的择校行为起关键作用的还是升学率。尽管择校生规模的扩大以及统招规模的逐步缩小在某种程度上提升了经济因素对于重点高中教育机会的制约程度，但学校的升学率还是对家长和学生产生了超越经济因素的影响。

学生在择校时，更看重的是学校声誉、个人前途。过去不能去C二中时，他们只有选择W一中。现在学生不管穷富，都选择C二中。还没有说是考上C二中不去的。到C二中开支要大一些，而且也不免学费。如果能考到C二中不去，而到咱们这儿（W一中）来，不掏学费。尽管有这种优惠政策，但还是极少。（W一中语文教师，lfh）

> 在我们这个地方，重点中学少，只有一个 W 一中。去年（2004）出了一个 P 中学（民办高中）。每年这些学校拼命招生。不这样做就招不到学生。现在 W 一中也是这样，没上 W 一中的线，议价生交 9600 元，除了正常应该交的以外是这么多。对于普通老百姓来说，这不是个小数目。现在有了 P 中学还好点。除了这两所学校以外，还剩 W 二中，可是 W 二中这些年成绩不太好，好些孩子还不愿意去，死活不去。现在的状况是 W 一中的门被挤破了，W 二中没人去。所有孩子无论花多少钱，即使上千上万（元），还是上一中。（Wh 中学教师，lyy）

在 W 县教育体系中，声望和地位最高的是 W 一中。从 2005 年该县中考报考志愿的情况来看，无论是哪个分数段的学生，均将 W 一中作为自己的优先志愿。中考一共报名 5624 人，除了 C 二中以外，88% 的学生都选择去 W 一中，3.5% 的学生选择去 W 二中，0.9% 的学生选择去当地的民办高中（P 中学），仅仅有 1.2% 的学生选择职业高中。如果说部分学生选择 W 一中或 C 二中是因为其成绩的现实可能性，那么剩下的学生在填报志愿的过程中所考虑的并不是可行性。在 W 县 2005 年中考中，分数在 500 分以上的有 1400 人，如果按照招生计划来录取，则 C 二中招收 30 人，W 一中招收 1200 人左右。假设完全以分数为录取的唯一标准，则 500 分以下的将近 4000 名学生进入重点高中的希望很小。但是，从实际报考志愿的结果来看，在这 4000 人中，仍然有 3561 人报考了 W 一中，占到该类别的 89.0%。

报考志愿中学生的非理性选择在很大程度上反映的是社会期待、社会规范所产生的影响。"长期以来，在呼市（呼和浩特市），不知道有 W 县，但是知道 W 一中。现在也是，家长之间唠嗑说'你孩子在哪儿呢'，说我们孩子在一中，他有一个面子问题。上哪儿了，说一中。他不说花了 9600 元送去的。"（W 二中教师，lyf）无论实际考分是多少，报考理想中的学校是对他们来说唯一"正确"的选择。从家长的选择来说，子女在重点高中就读也是其教育成功或者个人成功的一种表现。

第四节　以升学率为指标的学校地位差异

一　2005年W县普通高中地位分化

学校间在生源和师资等这些关键资源上的差异最终导致其组织地位的进一步分化。在升学率作为学校绩效和政府政绩的核心指标的大背景下，学校的组织地位具体体现为其升学率。在高等教育扩招过程中，高等教育机会竞争的焦点不断上移，高中学校的组织地位分化也随之聚焦到本科乃至重点本科录取率上。在高等学校扩招之前，W县高考录取的学生中至少有2/3来自W一中。扩招之后，W一中对于W县的高考升学率的贡献从相对比例上逐步降低。但是从总体上看，W一中在该县的教育格局中仍然位居第一，该县中有至少一半的高等教育机会是由W一中来争取的（见图6-4）。

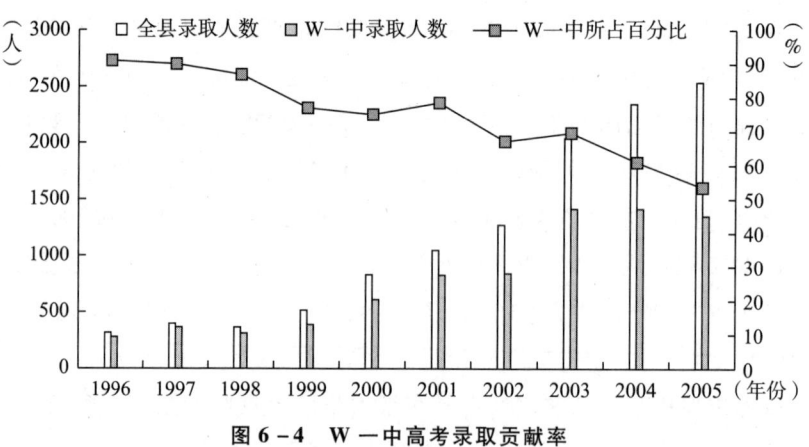

图6-4　W一中高考录取贡献率

以1996～2005年的高考成绩为例，1996～1999年，非W一中考生的录取比例最低为5.2%，最高为13.0%，而同期W一中录取比例最低为35.1%，最高为47.8%，远远高于非W一中的学生。2000年以后，两类学校的录取比例都呈现了急剧增长的态势，其中，非W一中学生录取率的增长速度远远快于W一中。W一中之外的普通高中高考升学率之所以能够如此快速增长，很大程度上来源于扩招这一政策。

虽然扩招增加了高等教育机会总量，但是重点大学机会增加的幅度远远小于所有高校以及一般高校机会增加的幅度。2002年之后，W一中和非W一中总的录取率相差无几，几乎是70%以上的报考者都有机会进入高等学校（见图6-5）。这一时期高等教育的机会竞争转移到了本科尤其是重点大学的竞争上。W一中的重点高校录取人数在高等学校扩招之后保持相对稳定的水平，即11%左右。本科录取率保持在40%左右。而同期W二中的重点高校录取率不到1%，本科录取率在2004年达到最高（16.2%），仅占同期W一中同类录取率的1/3。两类高中在重点高校以及本科的录取率上的差距逐步扩大。2002~2005年，在两类学校一类本科录取率的差距变化中，我们也可以看出，在扩招导致机会竞争焦点上移的背景下，高中的组织地位在进一步分化。2002年，W一中和W二中的一类本科录取率相差8.0个百分点，到2005年扩大到12.0个百分点。2003年，W一中和W二中的一本录取率分别为11.3%和1.3%；2005年W一中为10.8%，W二中则下降到0.4%。二者的差距从这组数据上就能直接反映出来。

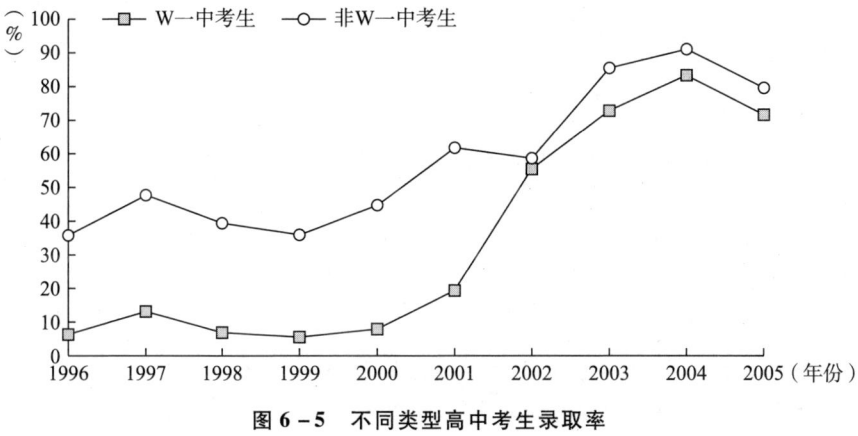

图6-5　不同类型高中考生录取率

与此同时，两校的专科录取率呈现了不同的变化轨迹。W一中专科录取率为44%左右，而W二中至少为60%。从这一点可以看出，图6-5中促进两类学校总录取率逐渐接近的推动力是专科学校的不断扩大招生。专科学校扩大招生在入学率上受益最大的是像W二中一样的非重点类的普通高中。如果将高等学校也作为市场来看待的话，那么，重点高中占据的更多的是本科市场和重点高校，而非重点类的普通高中占据的则是专科市场。换言之，高中教育中的学校等级序列一直延续到高等教育，高等学校学生内部的分层从某种意义上是这一分层的延续。

尽管所有普通高中都以升学率尤其是本科、重点大学的升学率作为组织运作的唯一目标，但是由于每一所学校所依赖的制度环境不同，资源拥有量不同，因而具有不同的升学率、本科录取率和重点大学录取率。升学率高、本科录取率高、重点大学录取率高的学校，自然能够吸引更多的优质生源，也能够吸引更多的具有经济资本和社会资本的择校生，而择校生是学校最主要的财源，在学校生源增多的情况下，经费逐渐增多也为吸引优质的师资带来更大的空间。换言之，升学率—生源—师资—学校地位，这一连串的连锁反应会强化重点高中的优势地位。反之，如果升学率不高，生源就会减少，学生减少意味着学校的发展成了无源之水，在最坏的情况下，甚至有可能导致学校的消失。如果将高中阶段的学校教育场域作为市场来看的话，这就是实际正在发生的"马太效应"。在这种情况下，学生、家长都提前被卷入到了重点高中教育机会的争夺战中。因为进入重点高中在一定程度上就意味着更多的高等教育机会，甚至是获得进入重点大学的入场券。这也就不难理解何以在一些初中会出现重点班。

二 超级中学：县中模式的放大

W 一中为县层面的重点中学，县政府举一县之力保证 W 一中生源和师资的重点投入模式被称为县中模式。县中模式长期存在于中国的基础教育领域中，早在 20 世纪 90 年代，北京大学社会学系在 24 县农村教育调查中就发现，在一些发达地区已经存在县政府举一县之力，集中优质的师资和生源，投入大量的资金来办一所"上等级"的高中的现象（马戎、薄伟康，1999）。再将这所学校作为样本，对其他学校起到示范作用。这也就是早期的县中模式，虽然这一模式具有诸多的违背教育均衡发展的特征。但总体而言，由于这一模式集聚了中国基层社会中几乎所有的社会流动的诉求与希望，所以并未引起人们对于其合法性的普遍质疑。

随着高中教育规模的扩大，在地方政府的政绩驱动以及市场体制的共同作用下，在更大的区域范围内出现了高中优质教育资源，尤其是生源和师资进一步集中的模式，即超级中学。每年在高考录取时，这些超级中学便出现在媒体的聚光灯下。从目前新闻媒体对于超级中学的报道来看，每个省份均有多所超级中学，这些学校规模巨大，多在1万人以上，集中了所在省份最好的生源，也承担了每年为所在省份贡献高考名校录取率的任务。以陕西省的两所超级中学西北工业大学附属中学和西安高新第一中学为例，2008~2010年，西北工大附中考入北京大学和清华大学的人数占全省的比例分别为32.4%、39.6%和36.1%，西安高新一中的相应比例为20.2%、22.5%和26.1%。2011年两校各有83人和60人考入北京大学和清华大学，合计占全省总数的62.2%。① 从百度百科的不完全统计来看，全国已有万人以上超级中学120多所。②

超级中学模式是县中模式的进一步放大，充分体现了基础教育领域的资源配置围绕升学率而出现的扭曲。这种扭曲的模式与县中模式具有同构关系。具体而言，超级中学模式具有如下特征。第一，各级政府之间有竞争关系，上一级政府的竞争优势导致其可以通过各种方式来为其所在区域内的超级中学获取生源和师资。第二，对于省级示范高中或者重点高中来说，其所处的行政区域离省会越近，那么其可能调动和利用的资源就越多，在与其他同类型的学校竞争的过程中取胜的可能性也就越大。这两个特征共同导致，层级越高的政府、拥有资源越丰富的重点高中越有可能在升学率锦标赛③中获胜。第三，市场机制在其中起到了助推的作用。高中经费地方自主、普通高中招收"三限生"政策的逐步退出共同导致经费短缺成为诸多重点中学进一步发展的困境。在这一背景下，市场力量进入，重点中学通过举办民办高中分校以及扩大计划外招生来扩大招生规模，进而提高升学率，解决生存与发展困境问题。第四，尽管教育部及各省教育厅均强调甚至通过发文来规范普通高中的招生行为，要求所有高中要按照规定的招生范围、招生计划、招生时间和招生方式进行统一招生，严禁争抢生源、"掐尖"招生，跨审批区域招生、超计划招生和提前招生。但所

---

① 数据来源：《超级中学在中国》，《中国青年报》2012年7月10日，转引自搜狐网，http://learning.sohu.com/20120710/n347795920.shtml，最后访问日期：2019年7月26日。
② 数据来源于百度百科，超级中学，https://baike.baidu.com/item/%E8%B6%85%E7%BA%A7%E4%B8%AD%E5%AD%A6/7595568?fr=aladdin，最后访问日期：2021年2月19日。
③ 《衡水中学"神话"背后的秘密：衡中学生来源大揭秘!》搜狐网，https://www.sohu.com/a/161566253_770536，最后访问日期：2012年2月19日。

有上述这些行为均为超级中学的常见招生策略。如2017年衡水一中有高于60%的生源来自衡水之外。① 高一级地方政府与资源丰富的重点高中为争夺生源甚至无视政策的约束，与基层的重点中学争夺生源，由此导致县域层面的重点高中不同往昔（林小英、杨蕊辰、范杰，2019；汪明，2016）。

在W县所在的C地区，在新一轮的普通高中地位角逐中，涌现出了两所超级中学，即C二中和一所民办高中P中学。超级中学的存在导致了县级层面省级重点中学的衰落。优质生源的流失使这些中学失去了往日的荣耀。

小　结

本章集中关注地区层面关键教育资源流动与配置，结果发现，在提升地区层面总体升学率的总目标下，组织间关键资源流动的总体特征是，优质资源集中向更高层次、更优质的学校流动；促进流动的主要机制是政策干预与市场机制。流动和配置的结果是学校的等级序列不断被再生产，学校之间组织地位的差距被进一步扩大。

在W县所在县域中，地方政府是区域层面的第一行动者，也是权力最大的行动者，在学校组织地位的分化过程中，起到了主导性作用。地方政府对于生源市场的强制性区分和对师资的逐层抽取在一定程度上限制了非重点中学的生存空间。而它对重点中学的支持则赋予这些学校以极大的行动空间。在地方政府的行政支持和市场利益的驱动下，优质师资和生源均流向先赋地位较高的重点中学。与此同时，重点中学作为一个利益行动者，利用其地位和资源禀赋，在利益驱动下抢占生源市场，其行为由于缺少必要约束，实质上构成了对非重点中学资源的抢夺。实际上，重点中学对非重点中学发展的引领、示范作用有限，反而影响了其他中学的发展。非重点中学的学生高考升学率过低，致使学生和教师丧失学习和教学的兴趣，这是教育资源的极大浪费。在这一过程中，地方政府在缩小学校教育资源分配差距中所起的作用有限。更大区域范围内的超级中学的出现与发

---

① 锦标赛这一概念借用了周黎安（2007）所提出的中国地方官员围绕经济发展而形成的晋升锦标赛。升学率锦标赛与之有诸多类似之处。

展导致了优质初中毕业生的跨区域流动,这些学校依赖组织的声望地位和政府的支持抢夺原本存在于县域的优质生源和师资,由此重点高中的地位进一步分化。

无论是地方政府还是学校,在资源配置中均体现了理性经济人的特征,而其目的均在于提高升学率。从这个意义上说,地方教育系统很类似于围绕升学率而组织的锦标赛,在这一赛制中,同一层级的地方政府、同一层级的学校之间为竞争关系,甚至不同层级的地方政府(如地区级市与下属的市县区政府)之间也存在一定的竞争关系。

与经济领域中的锦标赛相似的是,以升学率为主要指标的教育治理模式一定程度上允许地方政府或者学校争夺生源和师资行为的发生。长期以来在教育场域具有优势地位的学校或者政府会采取一些"打擦边球"的办法(如抢生源等)来巩固和强化自己的优势地位。虽然政策上多有限制,但对违规者的明确惩罚却非常少见。当客观上教育场域中不同组织所拥有的资源差异较大时,升学率锦标赛所导致的一个直接的结果就是强者更强、弱者更弱。与此同时,对不在考核范围内或者不易测度却更为接近教育本质的结果和产出的重视却不够。

第七章　地位生产机制：等级教育市场上的应试趋同行为

在中国的传统社会中，教育有三项重要的功能：品鉴人性、涵养人心和安顿人身。而在当下中国，教育成为一种实现向上流动、获取职业、挤入等级序列、提升地位的途径（刘云杉，2015）。在本研究中，通过教育来实现地位的升迁已经成为家长、学生、教师、学校管理人员以及包括政府官员在内的所有人的共识。

  农村孩子，（改变命运的）还就是高考。有人说，高考是一个穷人家孩子的一条最好的出路。穷人想要改变他的命运，这是唯一的出路，尤其是在现在这个社会。（W县教育局，R局长）

  考试能使人成功，特别是考上大学，（尤其是）重点大学，考试是一个使人成功的途径。假使没有考试，你也能成功，但是会很慢，会慢很多。所以我认为，考上大学是一个人走上成功的最重要的一步。你考不上大学，你很可能一辈子就是失败的。我的所有学生都非常明确，来到这儿就是为了考大学。对于我们这个农村地区来说，如果没有了高考，很多人就失去了发展的机会。（W一中，W校长）

  我经常对他们说，"你们一个人就是你们一个家庭的希望，或者说是一个家庭百分之百的希望"。我说，"我一个班主任承担的就是五十四个家庭的希望"，没办法，就这么逼着你往前走。（W一中教师，lyl）

  我们这些学生，好多都是农村的，父母没有给他们（提供）条

第七章 地位生产机制：等级教育市场上的应试趋同行为

件，他们再不努力考个大学，这一辈子都得像他们父母那样过日子。现代社会，考试呢，只要你努力，脑子不笨，还是可以的。一年不行，再考一年，不有补习班嘛。（W 二中教师，kxzh）

就我们孩子，我就希望他能考上重点学校，出去以后不回来。我们这个农村地区，没什么发展前途。（W 一中学生家长，lsf）

其实种地还是很辛苦的，只是无奈（的选择）。我父母对我的期望就是，考学。考出去以后，就不用种地了。（W 一中学生，xzq）

我们家最先开始也没想着走上学这条路。后来我姐考上了，然后我们也想一定要考上。在家干活实在是太累了，我爸妈说，"那你好好念书"，所以我跟我弟弟就特别用功念书。（W 一中学生，lxy）

考大学，已经成为这个地区，甚至是大部分中国农村孩子跨越城乡壁垒、实现自身社会地位升迁的制度化途径。高考为每一个孩子提供了一种稳定的、可以预期的美好未来。而且这种思想已经成为政府、学校管理者、教师、学生和家长进行应试动员的合法性基础。近几年的应试动员越来越具有仪式化的特征，几乎每一所高中都会在距离高考 100 天时举行誓师大会，而且一些明星学校（衡水中学、毛坦厂中学）会在这一时点出现在媒体聚光灯下，通过隆重的仪式不断强化在场的每一个成员对上述理念的深切认同，同时统一了全社会对于统一高考的认知。

在社会认可的基础上，在等级教育市场中，重点高中是如何将自身的资源优势转变为较高的高考升学率，非重点高中又是如何克服自身的劣势来尽可能提高组织的产出——高考升学率的呢？处于不同地位的学校在内部资源的配置（如组织激励制度的安排）、内部技术力量配置以及组织的技术环节的安排等方面均呈现了高度的一致性，这一体系在本研究中被称为趋同性的应试策略体系。以下将从以经济激励为基础的教育评估制度、学校内部的资源配置、复读经济和学业分类过程四个方面来具体阐述所有学校共同的应试行为以及可能的社会后果。

统一高考与应试体制

第一节 以升学率为基础的教育"锦标赛"

一 教育系统及学校教育中的目标置换：升学率锦标赛

教育系统以及一所学校如何配置资源取决于其目标。与政府的其他部门尤其是经济部门相比，教育系统的目标具有模糊性。同样，与其他组织相比，学校的独特之处在于该组织是以正在成长中的个体为对象的专业性组织，其目标在于促进个体的成长。具体到基础教育来说，教育的目标被定义为：实施素质教育，"就是全面贯彻党的教育方针，以提高国民素质为根本宗旨，以培养学生的创新精神和实践能力为重点，造就'有理想、有道德、有文化、有纪律'的、德智体美等全面发展的社会主义事业建设者和接班人"。[①] 依照布卢姆的教育目标分类学，学校教育的目标可以分为三大类：由知识的掌握、理解及智力发展等诸多具体目标组成的认知领域；由各种技能和运动技能诸目标组成的动作技能领域；由兴趣、态度、价值观与正确的判断力等组成的情感领域。无论是促进个体成长，还是实施素质教育，这些都是所有教育组织的总体性目标，究竟什么是个体成长，不同的组织具有不同的定义。

如果依据上述素质教育的内涵来对以上三个方面的教育目标予以具体化，则会细化出更多的子目标，而如何将这些子目标统合于教师的教育教学活动，如何根据这些子目标所设定的标准来评价教师教学、学生学习的效果是非常困难的。以通常被认为的最容易操作化的认知领域来说，教育目标不仅仅包括学生对于现有知识的掌握，而且包括学生在掌握知识的基础上形成一定的认知框架和结构，即具有分析问题的能力。如果进一步将更为复杂的问题解决的综合能力纳入考核范围，则认知领域的教育目标的测量具有诸多困难。情感领域和动作技能领域也是如此。此外，教育的周期性长、见效慢且个体差异较大等多种因素共同决定了教育领域尤其是学校教育的目标是否以及在多大程度上能够被考核成为一个巨大

[①] 《中共中央国务院关于深化教育改革，全面推进素质教育的决定》，1999年6月13日发布。

的难题。

具体到中学，一方面，组织内部的核心技术是否与素质教育这一总体目标相匹配具有模糊性，实现素质教育的路径也具有不确定性；另一方面，学校还要接受地方政府以及社会公众的考核。这二者的重要要求都是升学率。而地方政府和家长的择校则直接关系到学校的生存。在这样的背景下，教育系统以及学校将模糊的教育目标置换为升学率这一指标。围绕升学率，学校展开升学锦标赛。C市教育局、W县政府、W县教育局、W县所有高中或W县所有初中构成了晋升以及政府考核压力逐级向下传递且不断被加大的序列。

W县的普通高中需要接受C市教育局、W县政府及教育局的考核。C市的考核制度中包含了系统、详细的评估细则。2004年，C市在《普通高中学校管理年度评估细则》中将评估分为三个主要部分——办学条件（220分）、学校管理（500分）、办学效果（300分），经过评估，总分达到900分以上，三个一级指标得分率分别达到90分以上的学校，方可认定为C市普通高中学校年度管理先进学校。在办学效果部分，学生素质为240分，办学特色为60分。学生素质主要分为四大部分：思想品德（10分）、身体素质（10分）、毕业生合格率（20分）、高考分数（200分）。其中，高考分数在办学效果中的权重为83%。高考分数主要分为三项。第一，应届生高考录取率达到同类校的平均值，根据相差百分点加减分（100分）。第二，一、二类校应届生本科一批录取率达到同类校的平均值，根据相差百分点加减分（一类校60分，二类校40分）；应届生本科二批录取率达到同类校的平均值，根据相差百分点加减分（一类校40分，二类校60分）；三类校应届生本科二批以上录取率达到同类校的平均值，根据相差百分点加减分；四类校应届生专科一批（含专科一批）以上录取率达到同类校的平均值，根据相差百分点加减分。第三，名校（北大、清华）录取情况：一、二类学校每录取一人奖励5分，三类学校每录取一人奖励10分，四类校每录取一人奖励20分。

考生考取的学校类型不同，得分不同。其中，对于学生考上北大和清华的给予学校特殊的规定。2005年这一评估细则有所变动，取消了对于名校（清华、北大）录取情况的特殊给分的规定。在考核内容的组成中，高考成绩几乎是办学效果的全部。虽然这一考核文件为2004年制定，但是至

统一高考与应试体制

今，在地方政府对高中学校的考核中，高考成绩仍然是硬指标。

W县政府和教育局也是重要的评估主体。从2005年山西榆社的高考道歉事件中就可以看出，升学率是一所学校的生命线。学校以及教师的声望和地位主要依赖于升学率。W一中也不例外。

> 每年，教育局给一中和二中订任务，一中本科考上多少个，你完成了吗？完成不了找校长。校长完不成任务，就找老师，老师完不成任务怎么办，采取整改措施。（W二中外语教师，yyp）

不仅在高中，对于初中来说，升学率也同等重要。升学率直接关系到一个学校校长的职位。

> 领导、社会、家长看你这个学校好不好，就是升学率。在教育局汇报工作，说话有没有底气，靠的就是升学率。我觉得升学率应该是一个学校的生命。其中压力最大的是学校，升学率直接关系到学校的生存。老百姓主要是社会，包括领导人的反馈，再跟你谈谈，这下你的压力就来了。搞不好，升学率不行，你校长就得下。（Wh中学校长，xj）

基层在学校教育体系中构建了一整套系统和完善的关于升学率的问责机制。其中，校长和教师是最直接的责任方。

> 如果这一届考不好，各级领导肯定要找校长谈话，现在升学率不但关系到学校的生存，也关系到教师个人的前途，如果升学率下降了，这个学校很可能被撤掉。乡政府的工作成绩之一也是学校的升学率，考核一个乡长的话，教育这块就是每年有多少学生考上重点中学，你这个学校指标下来了，乡长、书记就找你校长。比方说这个校长在任，学校连着几年没考好，乡政府肯定要找你谈话……作为校长必须把成绩搞上去，上不去的话，你这个教学点就可能被撤销。（Wh中学校长，xj）

第七章 地位生产机制：等级教育市场上的应试趋同行为

与经济领域中的锦标赛不同的是，教育领域中的升学锦标赛制具有一定的社会基础。社会公众也会以升学率为依据来为子女择校。这对于 W 县的所有高中来说，尤为重要。因为高中阶段实行经费自主，学校只有依赖学费才能生存。

> 就高中来说，……主要的经费来源于学费，……必须紧跟高考，高考考哪儿，老师就教哪儿。用通俗的话来说就是，高考点哪个菜，老师就做哪个菜。那没办法，不管你改革也好，创新也好，不管咋着，你都得有"订单意识"。不靠高考，就无法生存。事实就是这么回事。（W 一中教师，lfh）

> 什么样的教育是好教育，什么样的学校是好学校？最主要的是民意。民意就是社会、家长对学校教育的一种期望。老百姓对于学校的评价，特别是家长，就是升学率。（W 一中校长，wgq）

随着高等教育的扩招以及高中升学率的提高，社会公众评价的焦点也进一步上移。"现在升学率已经上来了，老百姓看的是本科录取率，重点录取率甚至是名牌大学录取率。老百姓认为你这个学校没有考上北大、清华，你就是不行。"（W 一中副校长，clj）可见，"考上北大和清华的人数"成为一所学校高升学率的符号标志。

> 以内蒙古自治区为例，清华一共招 48 人左右，北大招将近 40 人。两个学校加起来不到 100 人，咱们的考生加起来，仅 C 市一个市考生就有十几万人。对于我们来说，考上清华、北大的概率大约相当于买奖券中奖的概率。但是，老百姓不考虑这些。（W 一中副校长，wlm）

学校作为一个积极的行动者，通常也会利用这些符号性升学率指标来生产社会公众非理性的择校观。

> 作为家长来说，最后就是看你几个（学生）考上清华，几个（学生考上）北大，C 地区年年排哪个学校第一，哪个学校第二，凭的是

171

啥？就是几个（学生）考上清华，几个（学生）考上北大。根据重点，首先，各个高中一到考完以后，就挂上自己的牌子，我们学校谁考上清华，谁考上北大，其他都不列。其实最应该列的就是我们学校有多少考生，考上多少人。但要的就是这个大牌子，整个社会的舆论导向也是这样，说你看哪个学校挺好的，有多少考上了清华几个上了北大。（Wh 中学教师，lyy）

具体到 W 县的中学来说，主要采取如下具体策略：第一，通过与企业或个人合作重奖考上北大和清华的学生及其任课教师；第二，学校和政府为考取北大、清华的学生举行仪式隆重的表彰会或欢送会，这些做法在全国各地的中学中都是非常普遍的；第三，通过高考录取光荣榜等形式来综合呈现本校的办学水平。这些制度化的行为使每一个 W 县高中阶段的学生都沉浸于对于未来的想象之中。高一的学生一进校门便开始接受学校所提供的升学资本的熏陶。

总体而言，以升学率为核心的评估和择校机制，实际上是中学与社会公众以及地方政府共同构建的结果。而升学率具体目标的提出和实现，是学校进行目标化管理的结果。以 W 一中为例，通常在高三年级的第一学期开学初，每所高中都要召开前一年的高考总结会，其中，会提出第二年高考的升学率目标，并且制定实现这一目标的具体策略。

二 层级经济激励制度

通过道德奖赏和物质奖赏两种途径来调动所有资源提高升学率，是所有学校的共同策略。这一做法也得到了教育行政主管部门的支持。"教育局倡导对先进进行物质奖励，只要他们有钱，还是应该奖励先进。与其他地方相比，我们的步子相当小。总体来说，我们物质奖励也奖了不少，力度很小。为啥说管用呢，老师特别要面子，不在于说你给多少钱，他认为是诚意，是对他的肯定。经济上这种外在的激励能够鼓励他的工作干劲。"（W 县教育局，R 局长）W 县的奖励体系不是仅存在于高中，而是覆盖整个教育系统。奖励的依据是考试成绩。

（一）小学和初中的奖励制度

每个年级在每一学年末都进行全县统考，统考成绩是每所学校奖惩制度的一项重要依据。以 2004~2005 年度的统考为例，W 县小学和初中的专任教师奖惩如下：考核的主要项目分为教学质量单科项目、初升高考试成绩项目、教师教育教学综合考评项目等。各个总校制定具体的奖惩办法，但这一办法要综合考虑综合成绩和单科教学成绩，同时要赋予及格率、平均分、优秀率、特长生这些指标以一定的权重。以 Mshd 总校①为例，其中，考核总分为 200 分，140~149 分不奖不惩，140 分以下受惩，150 分以上受奖，每分为 10 元。综合成绩中，教学质量第一名奖 400 元，第二名奖 300 元，第三名奖 200 元。初三教师完成学校所定的升学指标，每人奖 500 元，每超 1 人任课教师奖 100 元，完不成指标相关教师罚 100 元。升入职高每班 5 人，完成指标奖励 200 元，每超 1 人奖 100 元，少 1 人罚班主任 100 元。在全县获第一名奖 1000 元，第二名奖 950 元，第三名奖 900 元。再比如 gjl 总校，单科质量奖：按五率计算教学成绩，小学奖 2 名，第一名奖金为 500 元，第二名奖金为 300 元，初中奖 1 名，奖金为 500 元；初三超出学校所定升学指标，考入 W 一中 1 名奖 500 元，考入 C 二中一人奖 3000 元。②

在总校制定好奖惩办法之后，每个学校根据这一办法和自身的经费基础确定奖励的幅度。在小学阶段，奖励主要集中于期末统一考试排名的前几名。初中阶段的奖励包括常规统考和中考，后者比重较高。以 Wh 中学为例，总的奖励可以分为优秀生奖和学科优秀成绩奖两个部分。奖励对象主要分学生和教师。针对学生的奖励主要包括中考奖励和统考奖励：初三中考成绩进入全县前 30 名的，每生奖 500 元；进入全县前 100 名的，每生奖 400 元；进入全县前 500 名的，每生奖 200 元；六年级、七年级学生在学年末全镇成绩检测中，各科考试成绩均达 90 分以上（百分制计算）者，每生奖 500 元；各科成绩均在 80 分以上者，每生奖 400 元；各科成绩均在 70 分以上者，每生奖 200 元。

---

① 总校为教育局在乡镇分设的教育行政管理部门。
② 《2004~2005 年度全县关于中小学专任教师工作年度综合考评奖惩情况总结与分析》。

学科优秀奖用来奖励学科成绩优秀的任课教师,初三学生参加当年中考,学科成绩名列全县前10名的,分别奖任课教师100~10元。学科奖金总额最高550元;六年级、七年级在学年末全镇成绩检测中,学生学科考试成绩达85分以上(百分制计算)的,名列前10名的,分别奖励任课教师100~10元。学科奖金总额最高550元。与此同时,围绕政府对学校考核的核心指标,如辍学率和初三参考率,Wh中学还制定了相应的教师惩罚措施:所任班级辍学率超过3%,不予授奖;教学成绩低于平均成绩,每低一个百分点罚所得奖金的10%;音、体、美、劳、微机等教师培养的特长生低于所教学生总数的2%,不予授奖;初三年级学生参考率不低于70%,每低一个百分点,平均分减少3分,每高一个百分点,平均分增加3分。[①]

总体来看,奖励制度的设计主要围绕中考成绩而展开。资金一部分来源于总校,另一部分来源于学校自筹。学校不同,奖励力度也不同。在中考奖励中,教师所教科目不同,奖励力度也不同。与Wh中学同为初中的W二中初中部,其同年度的奖励力度要远远大于Wh中学。

> 奖励对于我们来说没有太大作用。2003年,我带的那个班属于比较好的,考上18个(W)一中。这是比较多的一年,最后好像一个人500块钱左右。就现在来说,这个钱可有可无。像W三中和四中,奖励的力度要远远大于底下的学校。他们通常教初三,所有的补课老师,奖励都在1000块钱以上。我们这个不行,好点也就二三百块钱,三四百块钱,可有可无。(Wh中学教师,lsht)

在小学和初中阶段,以常规统考为基础的奖励力度并不大,但是,这一奖励制度背后所隐含的是对教师职业声望和地位的肯定,奖金从某种程度上是教师的专业声望的象征。从相对数量上说,中考的奖励力度要远远大于前者。从奖励制度的安排中可以看出,初三教师是一个特殊群体。只有这些教师才能够进入中考奖金的分配体制之内。

通过常规的统考与升学考试,不同的学校在该县的教育格局中获得了

---

① Wh初级中学教学奖惩办法(2004)。

一定的地位，而且，通过考试成绩，教师被分流进入具有不同声望和地位的群体中，如特级教师、中学一级教师、中学二级教师等。

（二）高考奖励

与小学和初中的奖惩相比，高考奖励的范围大大扩大，奖励的幅度也大大增加。如前文所述，不同学校在招生市场中的自身能力不同导致不同学校的经费差别巨大。而这种差别具体体现在高考奖励上则是不同学校的奖励力度存在相当大的差异。

对于作为重点高中的W一中来说，政府在招生政策方面的支持为该学校争得了更多的经费。自然，在高考奖励的力度方面大大高于W二中。以下为W一中2005年下发的5号文件，即高考奖励办法。

2005年秋季高考奖励办法

为了全面贯彻落实高考工作计划，充分激发全体高三教师的工作热情和工作干劲，调动老师们的工作积极性、主动性和创造性，高质量、高标准地完成我校2005年的高考工作，根据上年高考情况和高校招生情况，特制定本办法。

一、基础奖

1. 以本科一批上线人数计算

应往届合计达232人（117+115人），高三任课教师每人奖金5000元，每多1人，每人增加奖金100元。

2. 以本科上线总人数计算

应往届合计达856人（447+409），高三任课教师每人奖金5000元，每多1人，每人增加奖金100元。

以上二项奖为并列奖项，坚持取其一项且就高不就低的原则。

二、培养尖子生奖

1. 所在班级高考报考学生中，被清华大学或北京大学录取，高考科目任课教师每人次得奖金4000元，班主任得奖金5000元，考生得奖金6000元。

2. 本科一批上线和本科一、二批上线人数名列第一，每人奖金200

元，奖励范围为高考科目教师，应届A班第一名，应届B班分文理各取一名。

3. 获全市单科（文综、理综各为一科）成绩前十名的任课教师，第一名1000元/人次，以下二至十名依次递减100元，并累加计算。

4. 所教学生被"985"工程所列学校录取，A班高考科目任课教师每人次奖金50元，文科每人次200元，B班任课教师500元/人次。

5. 文班和B班学生被"211"工程所列学校录取，高考科目任课教师，文班每人次奖金100元，B班每人次奖金300元。

6. 学生个人总成绩列自治区前五名的高考科目任课教师每人次获奖金为10000元，列全市第一、二名的奖金依次为10000元、5000元（区、市级不重复受奖）。

三、平均分奖

应届以文理分别计算，个人所教学科各班总平均分名列第一，奖金500元；第二，奖金300元；第三，奖金200元（A班不进此项评奖）。计算方法：依语、数、英、文综和理综分别计算，若任课教师在三人或三人以下，则只奖励名列第一者。

四、特长生奖

1. 体育、音乐、美术考生被高校录取（自费生除外），辅导教师奖励标准为本科500元/人次、专科50元/人次。体育、音乐、美术考生考入重点大学或专科院校本科类，辅导教师1000元/人次。

2. 所教学生因某方面的特长被破格录取，指导教师获奖金1000元/人次。

3. 所教学生获省（区）级优秀学生称号而考入名牌高校（"985"工程学校），班主任及任课教师每人次奖金200元。

五、其他奖项

1. 领导班子成员肩负尖子生辅导和培养的重任，所以分管高三年级工作的领导得基础奖的全部，其他领导班子成员得基础奖的1/2。

2. 循环不到高三的实验室、电教室教师得起始奖的1/2，循环不到高三的体育教师得基础奖的全部。

3. 考生被清华大学或北京大学录取的班主任和单科成绩获全市前三名的任课教师，在本人无其他违纪、违法且无重大教学事故的前提下，自然为本年度的先进教育工作者，自然评优，且在职务评聘中优先。

4. 领导班子成员所个别辅导的考生考入清华或北大，获特殊贡献奖。

5. 教职工引进的学生考入北大、清华，获特殊贡献奖5000元/人次。

六、说明

本办法解释权在学校高考工作领导小组。

W一中
2005年3月

上述高考奖励办法详细规定了高考奖金的分配方案，对每一个学生所考取的高等学校进行归类，并赋予相应的奖励金额，在此基础上，将这些奖金分配给任课教师和班主任等。W一中的奖励具体可以分为基础奖、培养尖子生奖、特长生奖以及其他奖项。奖励的对象包括高三考试科目教师、特长生的辅导教师、学校主管高三的领导班子成员以及为学校高考做出特殊贡献的教职工，如引进的学生考上了北大、清华等，另外还包括考上北大、清华的学生。

如果以W县中学教师的平均工资1200元/月来计算的话，那么W一中的高考奖励的基础奖金为5000元，相当于一般教师四个月的工资。

> 像我们学校，基本上得奖的教师最少也是每年10000块，相当于七八个月的工资。（W一中教师，wlf）

> 只要带高三，一个月是一千块，一年是一万。（W一中副校长，clj）

> 对我们这个地方来说，根据当地的消费水平，奖金已经够高了。（W一中教师，wlf）

> 物质奖励是最主要的，是老师长期工作的动力啊，你要不给奖励或者给的太少，他还是不安心。奖励多一些，后顾之忧解决了，他自己在这个地方收入不比别人低，这东西很重要，非常重要。W一中的奖励力度还可以，与人家发达地区相比当然不行。还可以，但是随着

形势的发展，如果停留在这个水平上的话还是不行，还是应该继续加大力度。(W 一中教师，lfh)

通过奖励制度，学校实现了优质师资最大限度的整合，利益驱动将所有教师的精力都整合到升学目标上。从上述 W 一中的奖励办法中可以看出，该校给了考上北大和清华的学生以奖励的同时，也给相应的教师以重奖。这是大多数重点中学利用升学率来构建并强化其声望的一种共同策略，而高的声望又进一步带动了下一步的生源市场。与 W 一中相比，W 二中高考奖励的制度设计相对较为简单且力度较小。以下为同一时期 W 二中的高考奖励办法。

W 二中高考奖励办法

现在高考扩招，区内专科录取线不确定，高考录取人数难掌握。为此，特修改高三教师奖励办法如下。

1. 考入重点大学的以录取线为准，每个奖金2000.00元。

2. 考入本科大学的以录取线为准，每个奖金1000.00元。

3. 考入区（自治区）外专科的以区（自治区）外专科录取线为准，每个奖金400.00元。

4. 体育专业

（1）录取人数［以区（自治区）外专科录取线为准］低于前两年的平均值，体育教师得高三教师奖金平均值的一半。

（2）超过前两年的平均值得高三教师奖金的平均值。

（3）考入体育院校的奖金的一半高于高三奖金的平均值则将考入体育院校奖金的一半奖励体育教师。

5. 音乐、美术专业［以区（自治区）外专科录取线为准］，按考入人数将奖金的一半奖励专业课教师。

6. 奖金平均值的测算为奖金总数除以高三教师总数。

7. 班主任老师提本班奖金的10%，考入重点院校的学生所在班级任课教师，每人提本班考入重点院校奖金的10%，考入普本的学生所在班级任课教师，每人提本班考入普本奖金的10%。

8. 人均奖金为奖金总数扣除班主任、任课教师和音、体、美教师所得奖金后，除以高三考试学科教师总数。

9. 职教教师奖励办法与普通班级奖励办法相同。

注：2002 年　重点五人 5×2000.00 = 10000.00

本科 23 人 23×1000.00 = 23000.00

区（自治区）外专科（含春考）161×400.00 = 64400.00

总体：97400.00 元

原计算办法：189×500.00 = 94500.00 元

W 二中
2003 年 3 月

W 二中的奖励方法与 W 一中大体相同，由于这一学校主要招收 W 一中和 C 二中招完之后剩余的学生，基本上不存在上述 W 一中所提到的考上清华和北大的学生，也不存在单科或总分在全自治区和全市名列前茅的学生，[①] 截至 2005 年，只有 1991 年，一名学生考上了清华大学。因此，W 二中高考奖励的分类较为简单：重点本科、一般本科以及自治区外专科，而且奖励的力度与 W 一中相比也小一些。

> 一般高三老师能拿五六千块，前年（2003）最多的一个能拿 10000 块。那个老师教的学生有考上重点的，而且教补习班，教的班多，代了三个班的课。……就去年（2004）和今年（2005）的情况来看，多了也就是三四千块，（比以往）少了两千五六百块钱。（W 二中教师，yyp）

尽管力度不大，但是对老师来说还是具有激励作用的。教师从高考中一方面能得到经济上的激励，另一方面能得到社会和家长的认可。"人家会说哪个哪个老师教的学生，哪个班考的多，往往老师对这个非常在意。其实这也是老师的荣誉。我们现在也有这种感觉，像你这个班教的学生，

---

① 截至 2005 年，W 二中仅在 1991 年有 1 名学生考上清华大学。这一事件作为 W 二中的光荣事件而被写进了校史。

最后考上之后，他也会说谁谁教他的，谁当班主任，任课老师是谁。这就是对我们的肯定。"（W二中教师，zzh）在这一过程中，高考成绩成为高三教师群体的职业地位和声望的象征。

从以上W县两所高中的奖励制度以及教师对于这一制度的认可中可以看出，以升学率为学校运作的主要目标，学校通过经济激励将教师整合在高考升学这样一架战车之上。在这一过程中，高等学校内部的分层结构为高中奖励制度的设计提供了基本的分类信息。对于学生考取不同层级的高校赋予不同的比重是所有学校的共同做法。在"科学计算"每位老师对于每位学生升学所做的贡献的基础上，学校通过高考经济奖励对教师进行了区分对待。其中，"高三教师"成为教师所拥有的荣誉的一种象征，毕业班教师这一群体成为学校教育系统内部一个特殊的身份群体。

虽然以上结论的得出是基于W县两所中学2005年前后的资料。但高考奖励制度的存在并不局限于这两所学校，采取高考奖励来激励教师为学校升学做贡献是大多数重点中学所采取的措施。[①] 其中地方政府是这一制度的支持者甚至是倡导者。奖励制度通过利益动员的方式实现了教育系统的整合。而且这一制度与考试制度所塑造的学校教育的规范结构相互结合，相互强化，进而导致不同学校具有不同的声望和地位，也促进了教师内部的分层。

尽管教育部早在20世纪90年代初便提出不宜通过升学率来对学校和教师进行排名和评估，不宜实行高考奖励，不宜重奖高考状元。但由于这

---

① 实际上，在全国其他地区的重点中学，也广泛采用高考奖励制度。比如：《河北正定中学，东实验部2012届高考奖励方案》，http：//dongxiaoqu. zhengzhong. cn/index. php？m = content&c = index&a = show&catid = 56&id = 346，最后访问日期：2020年2月3日；《花都出台中高考奖励方案：考入清华北大奖10万》，https：//baijiahao. baidu. com/s？id = 1594436422388991644&wfr = spider&for = pc，最后访问日期：2020年2月3日；《湖南新邵三中2012年高考培优奖励方案》，https：//hnxs3z. 30edu. com. cn/article/E59E4197 - 79EA - 402A - 857E - 4C5772B45390. shtml，最后访问日期：2020年2月3日；《广西天峨县关于印发天峨县高级中学优秀生源及高考奖励办法（试行）的通知》，http：//www. gxte. gov. cn/html/gsgg/5159. html，最后访问日期：2020年2月3日；《关于印发安龙县普通高考奖励办法（试行）的通知》，http：//www. gzal. gov. cn/ztzl/fzzt/fgwj/201808/t20180806_ 16753235. html，最后访问日期：2020年2月3日；《德安县人民政府办公室关于印发德安县2018～2020年高考奖励办法（试行）的通知》，http：//www. dean. gov. cn/zwgk/007007/007007004/20181203/e80760d9 - 427a - 4e15 - a985 - d6ef14fbeb96. html，最后访问日期：2020年2月3日。

一激励制度从经济利益方面给予了教师和学校以动力，而且这一激励制度与考试制度之间形成了稳定的连接与循环，更为重要的是，这一制度扎根于当地社会公众对于高考升学的现实追求基础上。因此，这一制度仍然是屡禁不止。

第二节 关键资源的效率配置机制

在追求高升学率的背景下，地方政府通过逐层抽取师资的行政干预方式使优质师资流向重点学校。如前文所述，W县的优质师资紧缺，且近些年有不少优质师资流向县外的优质校，由此导致W县政府为提高其重点学校的升学率而汲取基层的优质师资，W二中的部分优秀教师不断流向W一中。而W二中又从其下的全县30多所初中抽取优质师资。

升学率锦标赛一方面使同级政府甚至是不同层级的政府在展开竞赛的同时，也引发了同级学校的升学竞赛。对于一所具体的中学来说，学校选择升学率作为组织目标，由此产生了以升学率为基础的内部分层体系。为了从根本上动员组织中的每一位成员积极投入升学率竞赛，如前文所述，不同的学校均构建了与升学产出相配套的经济激励制度。奖励的对象通常限于与高考或中考直接关联的群体，如高三教师、复读班教师以及相关领导人员。在这种情况下，就出现了一个问题：什么人有资格教高三和复读班呢？学校是通过什么样的机制来优化配置其师资的？与此同时，针对高中生源所存在的差异（统招生、分招生和择校生以及补习生）等，学校又是如何分班，以及如何提高其升学率的呢？换言之，学校为提高组织的产出，采取了哪些资源配置策略来综合提高组织的地位？这些策略对于教师群体、学生群体产生了什么样的影响？这是本节所需要回答的问题。

一 师资：精英主义取向大循环，平均主义取向的大循环还是小循环

具体来说，在W县高中的师资配置中存在大循环和小循环两种方式。总的规律是，以应试经验为标准的水平越低的教师，所教的年级越低，所

教班级学生的入学成绩越低。所谓大循环，就是一届老师从初一或高一开始教，一直教到初三或高三毕业，然后再从初一或高一开始循环。参与这一循环的教师都有机会教毕业班。小循环是，学校在初三或者高三专门配备优秀的、有丰富应试经验的教师，另一部分教师从初一或高一开始教，初二或高二结束之后，将这一届学生交到初三或高三教师手中，然后，这一部分人再从初一或高一开始循环。如此，形成只在初一和初二或高一、高二教课的小循环。参与这一小循环的教师，只有一小部分有可能参与到初三或高三的教学中。换言之，初三或高三成为一部分经验丰富的教师的特权，这一制度形式潜在地剥夺了一部分有待成长的教师的发展空间。两种方式的区别在于师资的基础不同，通常大循环对于优质师资的需求量会更高，且需要教师的平均水平较高，而当学校里没有那么多应试经验丰富的优质师资时，则会选择小循环，把最优秀的师资用在高考冲刺上。

（一）大循环

1. 精英主义取向的大循环

W一中基本上采用大循环的方式来配置师资。但是在这一大循环之中，重点班和普通班的师资存在较大差异。W一中的招生大体可以分为两个部分，择校生与统招、分招考进来的学生，这两部分学生在入学成绩上存在较大差异。

> B班大部分学生的成绩都不太好。初中中考成绩非常好的学生都进了A班。整体上讲，我们将来（的）升学（率）主要还是得靠A班的学生，尤其是考名牌必须得靠他们。其实最好的师资、学校的重视程度都放在A班。（W一中教师，rjy）

具体在大循环之中，优质师资是如何配置的呢？

> 我们现在上课（的教师有）170多人，说实在的啊，纯上不了课的达到四五十人，然后其他的还行，还能够对付对付。真正能上得了课的，学校的声誉靠这些人，也就是四五十人。也就是这些人在这儿支撑着W一中。就这四五十人，每个年级的快班都要配置一些好一点

的老师，补习班也需要好老师，这些老师负担都很重啊。就像我，我在一中带四个班，连续三年。两个补习班，两个高三应届班，两头跑，真是超负荷的，透支生命。你想我们再人到中年，上有老，下有小，社会包袱很重。但是，没办法，学校能出高考成绩的物理老师实在太少了。（W一中复读班教师，fwm）

优质师资主要集中于重点班、高三年级以及补习班。

学校在配置教师的时候主要考虑高考，教师怎么配备，高三怎么配备，高一怎么配备，都得考虑。一般来说，只有好老师才能上（带）高三。水平差一些的只能在高二，甚至是高一。也有不好的教师，教了一辈子都没有上（带）过高三。（W一中副校长，mfh）

尽管是大循环，但是仍然存在重点班和普通班、毕业班和非毕业班师资配置的差异。这种差异直接导致不同班级的升学率不同，升学率直接与高考奖金相关联，师资配置的差异直接导致了教师的内部分层。

2. 平均主义取向的大循环

重点班和普通班生源和师资差异导致升学率以及教师群体中的经济分层，而经济待遇上的差距有可能会引起教师的不满。因此，W二中在师资的配置方面，相对来说较为平均。

2005年升学的这部分学生，要是到高三，把各班的尖子生都归到一个班，他要考的比现在好得多，这样一分散，可能就那啥了。但是领导也有自己的考虑，他说把这部分学生都集中到一个班里，那肯定教学的教师他就有意见了："你看我辛辛苦苦培养的学生，你教好学生怎么教你都教不坏，我这个班学生这么差，我再怎么使劲教也教不好，怎么也赶不上你。"这样对老师的积极性还是有影响。最后学校的决定就是让每个班从一开始起点就一样。你这个班有（成绩）好的有（成绩）坏的，他的班也一样。然后你自己抓。通过平均分配师资来激励教师的工作积极性。（W二中政法教师，Kxz）

> 统一高考与应试体制

W二中被定位为"二类校",在生源市场上主要招收的是低分段的学生。以2005年秋季的初升高招生为例,W县500分以上的学生为1453人,其中,W二中招收到的500分以上的学生为14人,不到1%。这一先天的劣势导致其在升学率以及考重点大学、名牌大学的比例上远远低于W一中。"在一般的班级中,愿意学习的孩子最多也就是十二三个,20%,有的班甚至不到这个数,其实也就是为了那十来个人,或者说是那几个人。在这种情况下,如果再将所有好学生集中起来,那剩下的老师工作起来没有任何动力。"(W二中教师,Yh)因此,W二中的师资配置采用大循环平均分配各班的师资。但是并非所有教师都参与这一循环过程。

从高三到高一的这一班老师,有些人一直跟着高三,新毕业的人(教师)教高一。从高一带到高二,如果非常优秀,还可以接着带高三。如果不行,再回去教高一。不是所有的好老师都留在高三,像各科当中,有一两个。像我们这些小科,基本上好老师都在高三。一般小科老师是高一、高二逐步有了经验、成熟了,才可以带高三。我们学校高三的老师,一共有50多人。50多人当中大约有30多人是教过高三的,优秀教师有十多个吧,十多个是没有教过高三的。然后这要循环到下年,慢慢地,这些没有经验的教师,教过高三之后,积累经验,这样就逐步成熟了。(W二中教师,yh)

通过部分循环的方式,W二中为新教师提供了学习的机制。尽管W二中的师资配置相对较为均衡,但是,这并不意味着放弃了升学率的目标。补习班在每年该校的升学率中具有较大的贡献,录取比例远远大于应届班。以2003年为例,W二中本科二批以上总录取人数为26人,往届生为18人,占到69%。往届生中本科二批以上录取率为10.7%,而同期应届生本科二批以上的录取率为2.1%。2005年,本科二批以上总录取人数为62人,往届生为23人,占到37%,往届生中本科二批以上录取率为16%,而同期应届生本科二批以上的录取率则为4.4%。鉴于补习班具有较高的高考录取率和本科录取率,W二中具有专门的补习班师资选拔制度。

W二中补习班的教师主要是当年高三应届班成绩优秀的教师。也就是从当年高考成绩优秀的高三任课教师和班主任中来选拔补习班教师，选拔的依据就是当年该教师所任科目的高考成绩。"我去年送走的是应届班，我是理科班，我们这一届是15个班，7个文科班，8个理科班，人比较多。一开始分班的时候，我们高一，我们班90多人，到高考的时候还剩73人，在这73人中，我们班本科考上14个，成绩还是比较好的。因为我们理科这几个班，也有光头的，一个也没考上的，反正在应届班里，我这个班考的是最多的。文科班就是那个孔老师，他们班最多。他们班考上13个，两个重点。我们学校年年这样，应届班里高考成绩好的，比较负责任的，接着带一届补习班。历年都是这么安排的，这样呢，今年（2005）就是孔老师我们俩带补习班。"（W二中复读班班主任，yyp）通过这种从应届毕业班中选拔教师的办法，W二中补习班集中了该校高考经验最为丰富的教师。

大循环采用的基本上是一种从形式上来说相对公平的促使教师内部流动的方式，但是由于学校特质不同，大循环的方式也不同。对于W一中来说，具有高考经验的教师主要是在重点班这一小系统内部流动，其他教师则是在普通班的小系统内流动。两个小系统师资区分的依据是其高考应试经验。对于W二中来说，针对生源起点整体水平不高的情况，学校通过一整套公平的程序来对学生进行分班，通过公平的程序来配置教师，这一方式从某种程度上不利于学校集中提高升学率。但是，该校在补习班的师资配置上却进行了有效的制度安排。

（二）大循环和小循环组合配置

以Wh中学为例，学校挑选若干有应试经验的教师专门教初三，其他老师进行初一和初二的小循环。如前文所述，在Wh中学内部，存在基础班和加强班的内部分层。学校的师资配置体现了两种循环的结合。首先，一部分优质师资专门教初三，这些教师应试经验很丰富。其次，基础班和加强班配备不同的教师，基础班教师应试经验较为缺乏，而加强班教师相对更好。进入初三之后，大部分基础班教师和一部分加强班教师返回初一，而一部分加强班教师继续教初三。即使是基础班，初三的教师相对来说，也比教初二和初一的教师的应试经验要丰富。

像咱们学校，基本上初三这一块都是学校最好的老师，但实际上初一所有的老师和初二的部分老师还不行，有的很差。这些老师很努力，但是水平不行。现在要求他们教初三对于他们来说（要求）过高了。学校把最好的老师用到初三，也是为了考虑升学的问题。在农村，实际上唯一的出路还是上学，孩子考学。你不这么做，家长也不同意。而且，在加强班，很多学生都是镇上的孩子，家长们都找来了，我不安排一些好老师也不行。(Wh 中学校长，xj)

我今年（2005）从初一带这个班，到初二结束时，会换一部分老师，一般都是好老师在初三教。今年新调来好多老师，现在村小布局调整，老师多余，中学又缺老师，就把小学老师调到中学来教学。这样的老师就只能教初一。教基础班还可以，（教）加强班（他们）水平不行。(Wh 中学，lj)

别人教到初二，我接着教，最近五年都是这样。今年（2005）从初二跟上来的老师不多。这个学校基本上是哪种原则呢？就是每一届都陆续跟着原班级上来一部分老师，这些老师主要是加强班的老师，还有一部分有经验的老师。去年（2004）4 个，今年 1 个，还有一个岁数比较大的老师，我们去年教初三，今年也教初三。(Wh 中学数学教师，lsht)

通过灵活的师资配置策略，不同学校依据自身的资源禀赋实现了应试师资的最大化利用，也促进了教师群体的内部分化。

二 生源：平均分配还是校中校、班中班

理论上，教育的原则之一应该是"有教无类"，即应该对所有受教育者一视同仁。但客观上，当一所学校像经营公司一样，最大限度地追求升学率，而不同学生对于组织利益的贡献不同时，学校就难以做到真正有教无类了。具体在本研究中，学校究竟采用什么样的方式来配置教师，一方面取决于该校的生源质量，另一方面取决于该校的办学理念。总体而言，目前 W 县中学的分班方式依据其价值取向不同具体分为效率取向和公平取

向两种。

所谓效率取向，即在学校内部设置重点班，在重点班中对重点学生进行重点培养。而公平取向的分配方式，即在学校所有的班级中平均分配学生，所有老师都有相同的机会来教任何一个班级。前者的目的在于提高升学率尤其是本科录取率和重点高校录取率，但这一分配方式有可能导致的后果是减少了那些起点较低，而如果施以很好的教育就有可能得到弥补的学生的发展机会。公平取向的分配方式就为每个学生提供了相同的发展机会，但不利于学校升学率总体目标的实现。

W一中通常的做法是设置重点班和普通班。以2005年秋入学的1800名学生来说，按照中考分数，前600名学生被编入了重点班，后1200名学生被编入普通班。两类班级，配置以两个水平的教师。在将最好的资源配置到重点班的同时，学校也委以这些班级以完成学校升学率为目标的重任。后1200名学生为择校生，这些学生一部分通过"关系"进入该校，另一部分是通过交纳择校费进入W一中。

> 这就是校中校，校中班。县中模式，相对于实验班，普通班的老师教课的难度要降低。普通班的学生偶尔也有考上重点（高校）的，但是很少。所以学校对这一块寄托的希望很小。主要把砝码押在实验班上，那是学校的命根子。（W一中校长，wgq）

另外，为了迎合社会公众以及政府包括学校自身对于名牌效应的追求，W一中曾经在重点班的基础上成立了尖子班。

> 把各科的好老师集中在尖子班，弄出尖子班，这种做法实际上就是一种无可奈何的做法。把好老师集中在一起，把好学生集中在一起，叫尖子班。也只有这样，才有可能出（考上）名牌（高校的学生），出（考上）清华、北大（的学生）。（W一中物理教师，fwm）

在对效率指标过度追求的过程中，普通班的学生基本上被整体放弃，从某种意义上说，这些学生属于"陪读生"。相应的，普通班的教师也被排斥到边缘地带。

相比较而言,一些非重点的普通高中,在生源基础很差的情况下,为了激发所有教师的工作积极性,对生源和师资均采取了公平取向的分配方式。如 W 二中的做法,中考录取后,"把每个分数段的学生都搁到一起,520~530 分的在一块,像 500 分刚达标,今年(2005)有 14 个,然后把这 14 个学生从 1 班到 14 班排开。然后把班次写在小纸条上,然后各个班主任抓阄。你抓着哪个班算哪个班。你抓着哪个学生,这个学生就是你们班的。老师通过抓阄来选择学生。这样所有班在高一的起点都一样的,最后(学生)考的成绩(好坏),那就看老师你自己了"(W 二中招生主任,zzh)。

三 两种方式的比较

两种资源配置方式可能具有不同的结果。效率取向的方式导致教师和学生依据考试分数形成内部的分层结构,结果是将组织的荣誉赋予一部分成员,形成毕业班教师、补习班教师、重点班教师等若干个身份群体。而另一部分成员如"普通班教师""非毕业班教师"被置于组织的边缘,这些群体对于组织的认同越来越弱。对于学生来说,学校本是一个促进个体在知识、能力以及道德等方面不断成长的专业组织,却成为一个依据其学习成绩不断对其添加标签和分类的过程。这一过程除了能够给个体带来外在的成功或者失败之外,却无法实现促进其真正地作为一个社会人的成长。然而,效率取向的配置方式,却十分符合市场体制之下学校作为一个经济人的理性选择。

更为重要的是,这一想法得到了学生、家长、教师以及最广大的社会公众的认可或理解。既然,学校的目标是升学率,尤其是重点大学录取率和本科录取率,那么学校倾其所有来对少数学生施以赞助式的教育,以此来打造学校的品牌也是可以理解的。W 一中不是特例,几乎在全国大部分重点高中,实验班和普通班都是最为基础性的制度安排。从一定意义上说,重点班和非重点班的区分作为学校内部最为常见的分层制度被广为采用且被认可。

相比较而言,平均主义的配置方式只有在组织的师资和生源内部的差距不大时,才偶有出现。当学校的目标是冲着那些具有符号意义的学生的升学数量时，即使资源差距不大，学校还是会采取重点和非重点分类的方式来对两类学生施以不同的教育。从某种程度上说，分类并根据类别进行目标管理、分类教学是学校教育中最为常见的策略，但这种策略却违背了公平这一基本的原则。

第三节　效率取向资源配置方式的扩散：乡镇初中的分层教学

效率取向的资源配置方式并不仅仅存在于距离高考最近的普通高中，而且进一步扩散到了初中。事实上，乡镇初中处于多重压力之中，一方面要在控制辍学率的前提下提高升学率，另一方面还要面临地方政府对于其优质师资的抽取。以 Wh 中学为例，政府对于优质师资的选拔导致了其教师的流失。

> 目前我们学校遇到的最大问题就是师资，本来这个学校的师资起点非常低，一部分老师由民办转成公办。师资是个很大的问题，W 镇缺教师。教育局组织教师选拔，三年选拔了我们 15 个教师。走的教师都是这个学校最好的。以前教育局只能是内部调整，但现在公开组织教师选拔考试，W 三中和 W 四中在下面中学招教师。这个选拔是县政府行为。我们只能无可奈何地接受。(Wh 中学校长，xj)

农村小学的基础差导致其就近入学的乡镇初中起点很低。

> 像我们这个县，民办老师有 2000 多人，这些人基本上是初中水平，甚至有些人是小学水平。转正以后，成了公办教师。这些人只能留在村小。(W 县教育局，R 局长)

> 像我们这样的学校，基础非常薄弱。底下的（村小）老师，一学期上不几节课，把孩子们叫来，阅读写字，老师们在一起打对调（打牌）。(Wh 中学校长，xj)

> 统一高考与应试体制

现在是义务教育,初中三年,小学六年,学生在这期间能念完,不流失就不错了。那些基础比较好的学生能继续念高中,将来考大学。……原来我们念书的时候,小学升初中就淘汰一大半,50%(的学生)回家了。然后上初中的学生是小学学习比较好的,初中升高中又淘汰一拨,能念高中的最后能上大学的都是好学生。现在不一样,小学升初中必须是百分之百,只要顶个脑袋就得上学,升初中百分之百。所以,这样呢,初中肯定就有基础好的和基础差的,而且基础差的是大多数,你想,下边的村小就那教学质量。村小的质量差,初中的质量能好得了吗?(Wh 中学教师,hzj)

为了实现"普九"的目标,政府严格考察地方义务教育阶段的辍学率和流失率,而且将其作为地方政府和学校的政绩考核内容。在这种情况下,政府将工作压力传递到学校,学校将控制辍学率的工作分解到每一个年级、每一个教师,而且与奖惩直接挂钩。

由党政一把手来抓,辍学率如果超过3%,"两基"攻坚的任务你就没完成。党政这一块(工作)就没做好。对于校长来说,很可能就会被撤职,最轻也得挨批。(Wh 中学化学教师,mxh)

教师必须动员学生来上学,一个班不允许超过3%,超过的班级老师自己去做工作。这项工作非常难。到了年终,……如果你的辍学率超了,那奖金肯定没有了。另外,镇政府还有什么说法呢?就是如果你班上辍学率超了,……下岗分流的时候就应该考虑考虑。(Wh 中学教师,hzj)

在这样的背景下,如何在降低辍学率的前提下,提高学校的升学率是任何一所乡镇初中所面临的现实问题。对不同基础水平的学生进行区分教学是所有初中所采取的共同措施。以 Wh 初中为例,学校在内部进行了基础班、加强班和精英班的细分。

一　基础班与加强班

基础班和加强班的区分源于小升初的废除和国家对于"普九"的考核。如上所述，村小是当地义务教育的承担主体，但无论是从师资还是从学校管理来看都无法与镇小以及县小比较，在这种情况下，作为主要招收村小毕业生的 Wh 中学，所面对的学生基础差别较大。

> Wh 中学面临的是 12 个村小，水平参差不齐，九年义务教育不允许在初中阶段辍学，初中阶段学生水平不一，这样给学校教学带来一定困难。（Wh 中学教务主任，lzy）

基础差的学生进入初中之后，厌学情绪非常严重，为了将这一部分学生稳固在学校，不至于在初中三年流失掉，Wh 中学采取了分层教学的方式。所谓分层教学，即将基础好和基础差的学生分别编为不同班级，根据不同的教学目的分别进行教育。分层教学的另一目的在于方便教师教学，"减少教师教学难度，让不同层次的学生都能学点东西，好学生得加大点学习的量和加深点学习的难度，差的降低点难度让他主要学基础"（W 县教育局局长，R）。分层，也就是分班。小学升初中，W 县统一组织考试，根据考试成绩，Wh 中学将学生分为两类，成绩前一半学生进入加强班，后一半学生分到基础班。"为了使学生能够感到自己接受的是同样的教育，享受同样的教育资源，基础班和加强班是同一套老师，比如初一（1）班和初二（2）班是同一套老师。不管老师好与差，都是一个基础班一个加强班，老师累一些，同样的教学内容老师得准备两套方案，分基础和加强分别备课。基础班强调补基础，加强班拓展一下，可以稍微拔高一点，从备课、上课到最后的考试评估，都不一样。"（Wh 中学校长，Xj）这一区分相当于对学生提前进行分流，分流依据是小学毕业之后的统一考试。在对两个类型的班级进行区分之后，两类班级之间的差距到底有多大呢？表 7-1 和下列访谈体现了这种差距。

> 基础班学生从初一到初二，基础非常差，（夸张地说）写字就会写自己的名，英语会写 26 个英文字母，你在教学中，想把这两边

（基础班和加强班）都搞好，太困难了。越往后学，越难，基础班学生也就没有兴趣了。所以你必须得一刀切。（Wh 中学化学教师，mxc）

有的加强班及格率都不到一半。好的学科及格率达到百分之六七十，还有个别学科班里一个及格的都没有。总体来讲，水平非常差。现在就这种水平。现在是这样，你考的这个成绩不能如实地往上报。这个成绩老师知道，但不能报。而且这份成绩不能让家长看，基础班家长看了之后，会问：你这是啥啊？不能如实报。质量很差。基础班学生初中毕业之后，绝大多数人回家了，都是文盲，基础太差了，最基础的，简单的公式计算，小学的东西，正数负数之类的，都不会。（Wh 中学教师，hzj）

表 7-1 2004~2005 学年第二学期 Wh 中学初二期末考试部分班级物理成绩

班级	参考人数（人）	及格人数（人）	及格率（%）	优秀率（%）	优秀人数（%）	平均分（分）
一班	52	26	50.00	1.92	1	54.26
二班	46	1	2.17	0	0	19.87
三班	47	47	100.00	0	0	23.70
四班	43	1	2.33	0	0	15.15
五班	49	22	44.90	12.24	6	53.49
六班	43	1	2.33	0	0	12.57

注：其中一班、三班、五班为加强班，二班、四班、六班为基础班。

在 2004~2005 年度初二年级期末考试的分班物理成绩中，基础班的及格率不到 3%，平均每个班中只有一个学生及格。加强班的及格率远远高于前者。针对基础班学生，学校也专门为其设立了将来的分流渠道。

我们是这么考虑的，基础班学生初升高基本上没希望……现在初升高还是选拔考试，我们的办法是向职业学校输送这些学生。这些学生并不是初升高的主要力量，我们学校和 C 市的优质中专联合办学，使这部分学生可以顺利过渡到中专，实际上按照我们的想法就是使他们将来能够有饭吃。我们有一部分班级，初三前半年把初中教育的课程结了，后半年开始教授职业教育课程。等到下一学年开学的时候，他们就可以顺利地过渡到中专。现在初二时有一个简单的分流，根据意向，如果想上职业学校的话，学校另外成立一班，把这些学生单独编成一个班。（Wh中学教务主任，lzy）

以2004年为例，基础班学生的分流状况大致如下。"基础班学生这两年也有正式考上高中的，但是很少。分流渠道有两个，一是去职业学校，二是去全县最薄弱的一个高中，就是Q高中……回家的学生大约有1/4。"（Wh中学教师，lq）基础班学生主要进入职业教育体系与劳动力市场。学校升学率目标的实现则依赖于加强班。"每年的考学主要从加强班出，二班、四班、六班、八班能考上的也是个别。去年一个没有。"（Wh中学化学教师，mxh）2005年，基础班最终参加中考的学生仅占60%。

二 加强班与精英班

为了集中提高加强班的升学率，在当地优势地位群体的要求下，Wh班设置了加强之中的加强班，即精英班。

> 分这个班的原因是，每年一到这个时候，就有好些人来找。我们这个班学校老师的子女就有好几个，我们家的，h主任家的，l家的，一共是6个，总校还有2个。好多镇上的家长都来找。……希望安排师资时会适当地照顾一下。好多人找。这我们也能理解，要是咱的孩子将来出去上学了，咱也盼着自己的孩子能在好班里，各方面能给照顾一下，能好一些……结果考虑了挺长时间，觉得应该单独设一个班。这也是生生被逼出来的，从这一届开始，每年都有这么一个班。这些孩子的家长基本上都是镇里的干部。没有办法，你也不可能拒绝。人家在政府工作，说自己的小孩要上哪儿，你不给安排？（Wh中学教师，lyy）

在镇上优势地位群体的推动下，产生了"校中校""班中班"。作为一所镇级中学，Wh中学的发展在很大程度上依赖于镇政府的支持，而为了获取政府支持，学校内部的资源配置就不得不受其干扰。

我这个班学生的家长都是镇上的人，我的压力要比别的班主任大。这些学生的家长，有点儿钱，不多，文化程度也不高。（Wh中学教师lyy）

三　可能的结果

　　对每一所学校来说，升学率就是其生命线。而对于每一个处于该社区之中的群体来说，如何使优质教育资源能够更多地为子女服务是他们在参与教育过程中所首先要考虑的问题。Wh中学对于基础班、加强班和精英班的设置，在一定程度上隐含并扩大了初中教育内部的城乡差距。

　　如上所述，村小学生与镇小、县小学生的基础存在一定差距，如果进入初中就进行分层，那么村小学生势必处于更加不利的地位。而且，基础班和加强班的分类在基础班学生面前构筑了一道高高的几乎是无法逾越的壁垒。"基础班"就类似于一个标签一样给每一个处于这一类班级的学生带来阴影，"从家长到学生都会有压力，孩子自暴自弃。"（Wh中学教师，slq）"一进来时，这些学生还想好好学习，过了一阵之后，就不想学了。我们基础班的学生将来要么上职高，要么就回家不上（学）了。平时上课大家都在玩，在下头说话。"（Wh中学，初二学生，syl）学校对于基础班的定位对这类班级中学生的自我期待会产生重要影响。而我们知道，小学仅仅是个体受教育历程的最初阶段，以小学毕业之后的考试成绩作为学生分流的依据，在此基础上根据分数对不同学生施以不同教育，客观上有可能剥夺被分到基础班的这一部分学生的发展机会。况且，"基础班学生确实有部分人是基础薄弱，但另外有一大部分学生是学习习惯不好。其实，如果学校管理严一些，而且教师抓得紧一点，一些学生还是有希望的"（Wh中学教师，slq）。

　　初中学生提前分流，学生进入初中时，将来的发展轨迹基本上已被设定。这一做法非常类似于英国的"11+"考试。但是这种过早的区分有可能导致个体先赋因素所发挥的作用更大。

第四节 学业分类过程

升学率锦标赛不仅引导了政府层面、学校层面的资源配置，也形塑了微观层面的学校教育过程。学校在长期的教育实践中积累了系统的以提高组织产出为目标的应试策略体系。其中，教育被化约为对教师、学生以及知识的分类过程。教师、学生以及不同的知识点因其在升学考试中的价值而被给予差别性的对待。

一 知识的分类过程：什么知识最有价值

当下中国的统一高考，在考试内容方面是统一的。学校在具体的应试过程中，依据考试考什么以及考多少分来切割知识。根据不同部分在考试分数中所具有的权重，学校相应地分配教师，教师则根据自己所教的学科的考试内容对本学科内的内容进行筛选。最后，落在考试范围之内的科目的相应知识被完全量化为考试大纲上的一个个知识点。具体来说，知识的分类过程包括在考试制度之下学科等级制度的建立、同一学科内部知识的筛选以及筛选出来的知识点的应试规训。

（一）学科分类过程

高考通过考与不考以及考多少分，将不同学科塑造成为一个等级体系，在知识领域内塑造了以考试分数为基础的权力结构。

1. 分科制度

为了尽可能早地将学生纳入应试教育的体系，不同的高中采取的共同措施是尽可能早地分科。分科时间大体是高一开学，W一中具体的分科时间是高一入学后一个月，W二中是高一一开学就分科。分科之后，学校根据文理科分别配备相应的教师，理科班相应配备优秀的物理、化学和生物教师，而文科班配备较好的历史、地理、政治教师。在这种情况下，文科班的物理、化学和生物教师和理科班的历史、政治和地理教师基本上没有任何应试压力，自然也得不到相应关注。甚至在有的年份，W一中的做法更为极端，分科之后，理科班就不开设政治、历史、地理这三门课，而文科班则不开设物理、化学和生物这三门课了。

在过早分科的情况下，名义上学校为文科班和理科班均配备了所有学科的教师，但是，实际上还是有侧重的。学生一进入高中就被纳入了应试教育的轨道。无论是从教师的要求，还是从学生自身的时间安排来看，学生在这一时期均出现了偏科的现象。理科班的班主任会要求学生将注意力集中在语数外、理化生这些科目上。文科班的班主任要求学生将注意力集中于语数外、史地政这些科目上。久而久之，学校以及教师的注意力分配原则逐步被学生内化，学生会更加关注高考要考的科目，而较少去理会高考不考的科目。

> 上历史、地理课的时候，我们班有 1/3 的学生听，2/3 的学生在上这些课时干别的。老师上课的时候讲的也是最基本的东西，不管。而且这些老师很宽容，对学生们也是睁一只眼，闭一只眼。（W 一中理科班学生）

> 我们有一个老师教文科班化学，学生不学，老师也不讲（太多）。这班学生一进来以后就分科了，文科班谁还在学化学啊。但是学校规定要开，学生根本就不欢迎老师，班里的学生都不知道她叫啥名字。（W 一中化学教师，lyl）

过早分科的制度导致了学科内部的分层，即高考考的科目与高考不考的科目成为最基本的两个等级。与此同时，学生不断内化的依据考试建立的注意力分配原则导致了学生认知结构上的缺陷。文科学生过早地放弃了理科的学习，基本上不具备理科的最基本的知识和素养，"文科学生不懂理科知识，比如现在你（现在让学生）写个分子式硫酸 H_2SO_4，好多学生不知道是什么。你说这个东西就是个基本知识，他们都不知道"（W 一中地理教师，tjy）。相应地，理科学生缺少最基本的文科知识以及素养。

2. 高考考的科目与高考不考的科目

学校教育中还存在着一些被忽视的学科，即副科。副科教师游离于高中的主流文化之外，在现有的教育评估制度和高考制度下，这一群体产生了学科认同的危机以及对自我价值的怀疑。换言之，主科和副科教师之间存在一个潜在的社会认可程度的等级序列,而这一序列来源于依据高考考试范围与分值而构建的学科知识等级结构。在日常的学校教育实践中,学生和家长均体现出对副科知识与相关课程的抵制。

考试在知识领域划定了一个势力范围,进入这一范围的学科成为被关注的对象,与此同时,这些学科的教师也备受瞩目。从某种意义上说,这些教师所拥有的知识和技术能够为该组织提高升学率的目标提供基础性的贡献。因此,这些教师也成为学校这一组织的核心技术成员,而其他未进入这一范围的学科教师则没有这么幸运。

> 当副科教师的感觉特别难受,有很长一段时间我都很难受。与学生交往很少,距离很难拉近。学生在课堂上做别的,你也不好说,毕竟这是学生的前途。我的工作就是跟其他老师协调好,为他们服务,在学生学主课学累了的时候,可以在我的课上休息一下。不过其他老师都有一个普遍的观念,就是觉得我的课上的太轻松了。没有考试压力,好像我太轻松了。等到他们忙着准备考试的时候,我就会有一种失落的感觉。不是学校不重视,而是我自己就感觉好像什么都不能做似的。学生们快考学的时候,有的老师就会来找我调课,比如说,要占用我的课讲练习题,我心里还是挺难受的。不过我还是会答应的。现在这种考试,还是文化课重要,别的再好都没用。现在搞什么活动都是面上的事,不能把自己的工作摆到一个不适当的位置上去。搞音乐课,不能太张扬了。(W 一中音乐教师,ycp)

高考的学科设置改革也为一些副科老师提供了上升路径。

> 在地理这科高考不考的时候,觉得教着没有什么意思。那时候很想转行,干别的。在这儿教着让你感觉自己没有出头之日。人家也认为你这课谁都能教,随便什么人都能教。总是觉得自己教的东西没有得到人的肯定。等到 2001 年,恢复地理的考试之后,感觉好一些了。高考开始考地理了。(W 二中地理教师,zzh)

这种等级结构存在于每一个应试体系中,并非高中独有。在 Wh 中学,也存在类似的等级结构。

> 我1992年到这所学校,就开始教地理了。整整13年,现在不教了。专门负责学校在迎接上头检查的时候准备材料。每天都在整材料。毕竟自己是搞副科的,这么多年也没出什么成绩。教的学生也不太喜欢学。考试也不考。如果考的话,学校要求的就会多一些,严一些。不考,就对付着就行了。我还是很喜欢教地理,这么些年,非常希望中考能考,这样就能出点成绩。考的话,教的也有劲,学生也喜欢上,学校也重视。不考,总是觉得在学校待着有劲儿使不上。(Wh中学地理教师,yhb)

如前文所述,在由考试所划分的学科等级体系之内,副科为提高升学率而让步,失去了其教育的本质价值。这一学科等级体系从某种程度上导致了教师内部的分层。"总觉得人家教主科的老师过得充实,能够得到学校的重视。我们副科教师,总觉得低人一等。"(W一中美术教师,wlf)而且,学校建立了与高考或中考升学成绩相配合的激励制度。高考或中考所塑造的学科内的等级结构进一步物化为教师收入分层结构。尽管从基本工资来说,学校教师内部的差距很小,但是考试奖金以及班主任津贴等教师工资中的主要项目则是与学科等级直接相关的。

进一步地,这种物化的分层结构与教师观念体系中的学科分层不断互动,最终产生了教师对于其专业认同程度的差异。从某种程度上说,副科教师正在成为中学教育中"被遗失或遗忘的边缘人"。这一群体在统一高考下,非常苦闷。为了从根本上摆脱"副科教师"这一身份对自己的压迫,一些教师千方百计转成主科教师或者是学校的行政人员,以争取合法性,提高被认可程度。

> 我找了很多次学校的领导,想转教主课,没转成。找了很多人,也不行。最后没有办法,到学校教务处,整点材料,专门应付上头检查。(Wh中学教师,yhb)

3. 大科、小科

除了依据高考考与不考对学科所做的分类之外,在所要考试的科目内部,还存在着大科和小科这一隐性的分类结构。所谓大科,即语文、数学、外语,在高考中各占 150 分,小科,即综合科,其中文科包括历史、地理和政治,理科包括物理、化学和生物,每一科在高考中占 100 分。

无论是从学科的客观的时间分配(见表 7-2),还是从教师的学科归属和专业认同上,小科及其任课教师在由高考制度所构造的知识的权力结构中,均处于边缘地位。

表 7-2 W 一中和 W 二中每周课时安排

科目	高一 W 一中 文	高一 W 一中 理	高一 W 二中 文	高一 W 二中 理	高二 W 一中 文	高二 W 一中 理	高二 W 二中 文	高二 W 二中 理	高三 W 一中 文	高三 W 一中 理	高三 W 二中 文	高三 W 二中 理
语文	4	4	5	5	4	4	5	5	5	5	6	6
数学	4	4	5	5	4	4	5	5	6	6	6	6
英语	4	4	5	5	4	4	5	5	6	6	6	6
历史	2	2	2	2	2	2	2	2	4	—	5	—
政治	2	2	2	2	2	2	2	2	4	—	5	—
地理	3	3	2	2	2	2	2	1	3	—	4	—
物理	2	2	3	3	2	2	3	3	—	4	—	5
化学	2	2	3	3	2	2	3	3	—	5	—	5
生物	2	2	2	2	3	3	2	2	—	4	—	5

资料来源:W 一中与 W 二中 2005~2006 学年课程表(第一学期)。

从学校的课时安排上看,无论是高一,还是高三,大科课时远多于小科。高一:W 一中大科平均每周 4 课时,小科除了地理每周 3 课时以外,其余科目都是 2 课时;W 二中大科平均每周 5 课时,物理、化学各为 3 课时,其余小科都为 2 课时。高二:W 一中大科平均每周 4 课时,小科除了生物每周 3 课时以外,其余科目都是 2 课时;W 二中大科平均每周 5 课时,物理为 3 课时,理科班地理为 1 课时,文科班地理为 2 课时,文科班化学为 2 课时,理科班化学为 3 课时,其余小科均为 2 课时。高三:除了 W 一中的语文为 5 课时以外,两个学校的其他大科均为 6 课时,小科为 4 或 5

课时。

课时分配的差异结构所隐含的是不同学科的重要性差异。这一客观差异导致了小科教师社会认同危机的产生。在小科当中,尽管物理和化学是小科,但是由于长期以来存在"学会数理化,走遍天下都不怕"的观念,而且,从专业门槛来说,数、理、化的专业门槛远大于历史、地理和政治,因此,这两个科目的教师基本上不存在以上问题。问题比较突出的是文科综合的历史、地理和政治。

> 语、数、外,应该是一周十节课,教两个班,也是两个自习,一个班一个自习。教语数外的感觉好,学校、学生、家长的重视程度不一样。物理、化学还可以,学校还比较重视,像文科这一块的政治、历史、地理啊,不是特别受重视。在人们的头脑中,始终(都认为),地理就是一个背,谁都能讲,这些科目考试背一背就可以了。老师教不教无所谓。(W二中地理教师,zzh)

> 尽管我自己觉得教历史挺好的,但是与人家教语文的、数学的,你就觉得没法比,不是觉得你这科比他教的那科差多少,而是觉得你这人没啥知识,不如人家教语数外的博学。(W一中政治老师,tjy)

由高考所塑造的这一套学科的等级体系已经成为家长、学校、教师以及学生在处理日常学习和教学实践时可以随时用来证明自己行为合法性的手头库存知识了。"高考考的,就是重要的,高考不考的,不能说是非常不重要,是一点也不重要。比如政治这一科,如果将来不搞这个的话,尤其是理科的学生,从高一就不开了,那将来这一块对你来说就是空白。"(W一中政治教师,tjy)正是对于高考分数这一功利而又实际,且容易操作的目标的理性考量,才出现了以下这位教师所述的现象。"地理是个小科。因为它高考分占100分,不像语、数、外是大科,各150分。实际上,地理这一科是非常重要的,不是说考学怎么怎么样,而是人们应该具备的知识。但是家长才不这么认为呢。现在无论是家长、学生还是学校,都是以分数的多少来衡量知识的重要性,也是以分数的多少来衡量教师的能力。人家问你:'你教啥的?'你说教政治的,他接着就会说,'哦,你教小科的'。'那你学校还开政治吗？'他们就会这么问你。老百姓就会告诉孩子，主科应该怎么样，副科应该怎么样。大科应该怎样，小科应该怎么样。"（W 一中地理教师，zsr）教育完全沦为学校、教师、学生为了实现自身功利性目的的一种工具，学生的兴趣、教育的情感以及价值目标则完全被考试所抽离。

教师这一专业人群被依据考试中所占分数的多少来分类，被筛选。高考制度将一部分教师，比如语、数、外的教师推到了前台，却把另一部分人，如音乐教师、美术教师等留在了后台，在学校整体的应试实践中，这些教师的专业认同渐渐消失，他们所做的仅仅是为应试而"缝缝补补"的事情。在每个行动者都在为高考分数而精心算计的过程中，教育的本质被部分地忽略了。

（二）学科内的知识分类过程

什么知识是有价值的？在当下的中学教育中，判断的依据主要在于什么知识会进入高考考核的范围。我们国家目前的高考还是以统一为主，考核内容由教育部或者省考试中心统一规定。为了给地方教学以及应试以具体的指导，教育部考试中心每年都会统一下发考试大纲。考试大纲成为中学尤其是毕业班最权威的应试的纲领，决定着哪些知识应该进入教师以及学生的视野，哪些知识应该被忽略。换言之，考试大纲将知识分为核心知识和边缘知识，核心知识又进一步细化为考试大纲上一个个知识点。边缘知识处于考试范围之外，学校教育实践中的每一个行动者在自身所设定的应试目标下选择性地忽略了这一类知识。这样，各类知识围绕考试形成了一种等级序列。学生对核心知识产生了一种工具性的偏好，对处于考核范围之外的边缘知识则产生了一种排斥。由此，高考通过考试大纲的方式在调配着教师以及学生的注意力分配。

> 考试大纲是教育部考试中心发的。这个东西的指导性非常强。基本上将考试要考的范围和知识点都列进去了。哪些内容考，有什么样的要求这些都有，有的标题当中，像我们的有些课本当中标黑的那些（内容）肯定在考试说明里重点提示，很可能这些考点都会在考试中出现。（W 二中教务主任，zwx）

统一高考与应试体制

> 我们给学生发考试说明，一人一份，到最后阶段就一个点一个点地讲，怎么把握每一个知识点，把握到什么程度。然后把知识点串起来，这个知识点和那个知识点之间是什么关系。（W 二中政治教师，kxz）

总体而言，中学教育就是围绕着考试大纲而展开的，考试考什么，课堂上就讲什么。在考试大纲的指引下，一些知识受到重视，而另一些知识则被忽视，无论这些知识对于个人的知识积累和能力培养多么重要。

> 像英语听力，咱们这儿不考听力，听力不记入总分，老师们在讲课的时候把听力忽视了。我们现在根本就不上听力课了。不管老师，还是学生都认为是浪费时间。实际上你学语言，听力必须好，听都听不了，怎么跟别人交流。没法应用啊。既然不计入总分，老师、学生根本就不重视它了。课堂上也不训练了，学生回去自己也不听了。（W 二中教师，yyp）

> 我们历史一共考五本，按照国家的规定，高一学习《中国近现代史》两册，高二学《世界近现代史》两册，高三学习《中国古代史》一册。他整的这个东西就是（让我们）整不明白，古代史应该放在高一学，我觉得他们的目的都是为了高考，不是为了让学生多掌握知识。咱们高考的时候古代史删除的多，所以他把它放在高三，往往等到一二月份，考试说明印出来了，考试出哪些部分，学生就学哪些部分就行了，所以它就把这个放在高三来整，像我们通常带高三的，先秦部分从来不学。等到高考考试说明来了之后，看看删了之后还剩哪一部分，讲讲。（W 一中历史教师，kxz）

考试大纲，对学生在基础教育阶段应该学习的知识进行了最"权威"的定义。这一从考试科目到考试内容的界定为学生所学知识搭了一个框架，在此基础上还对具体的内容进行了筛选。基础教育尤其是高中阶段的教育基本上是在这一框架之下展开的，无论是对不同教学内容的筛选，还是将这些教学内容具体化为一个个知识点的过程，都是遵循着类似的逻辑。从某种程度上说，知识体系之间的内在逻辑被打破，并且被切割得支离破碎。最终，教育对于知识的传递从知识结构上的分类缩小到一个个题目的训练和强化。教育成为一个层层强化的过程。在这一过程中，知识按照考试的重要性组成一个应试体系。这是一个浩大的工程，最终的效果需要通过学生的高考成绩来进行评估。

二 应试规训

在对知识进行分类和筛选的基础上，学校教育展开了系统的、制度化的、精细的对于教师和学生的应试规训。

（一）对教师的规训

学校的应试规训对象包括教师和学生。如前文所述，在中学教育这一群体中，"毕业班教师"以及"补习班教师"已经成为重要的符号资本，这一符号资本中隐含了该教师在应试技术和经验等方面的成功。只有在学校教育实践中不断接受应试的规训，教师才能得到学校、家长以及学生的认可，进而才有可能拥有较高的专业声望。

教师的规训主要是对应试经验的积累和学习，主要从学校、教研组和个体三个层面展开。每年高三第一学期到10月份，高三学生的课程全部完成时，W一中要组织一次月考。这次月考相当于对高三学生应试基础的全面摸底。月考之后，学校层面组织召开高考备考工作会议，针对学生的应试基础存在的问题，学校提出系统的应对策略和安排。高三第二学期要召开一系列的高考系列摸底考试。其中3201、4201和5201考试为C市统一组织。之后，学校会组织全校层面的考试成绩分析会。在成绩分析会上，各科教师分享经验、总结教训，并提出具体的改进策略。

除此之外，中学设有教研组来为规训提供制度化场所。教研组的规训主要围绕考试大纲和历次月考而展开。

> 每年我们教研组都会组织老师学习考试大纲，一个一个知识点过，大家一起议议，这个知识点去年考了没有，今年还有没有可能考，如果考的话，通过什么形式来考。我们应该怎么教，等等。（W一中数学教师，zzl）

> 每次考完试,教研组组长会组织教师一起来做卷面分析,教师们通过分析考卷,来分析学生对知识的掌握情况,如果是基础知识掌握不好,那接下来就要补基础,如果是学生题做得太少,那接下来就多做一些练习题。目的主要在于查漏补缺。(W 二中化学教师, yh)

> 我们的准备还是比较系统的,因为题年年考,出题会年年避开押题点,你要想办法抓住出题点,这样的话就得研究整出一套非常系统的东西,我们教研组的老师每年快到考试的时候,(都会)根据考试大纲的要求和历年的考题,专门为学生总结归纳一些很重要的内容,现在就是做的越来越细了。不光政治这样,其他科也是这样,到最后在给学生总结归纳方面做的都是非常好的。老师们是功夫越来越深了。(W 二中政治教师, kxz)

除了制度化的应试经验学习交流共同体之外,另外一种方式就是教师的自我规训。

> 语文中考考什么,作为老师来说是非常熟悉的。因为中考语文基本上考的都是知识的积累和应用。一般默写有那么七八分,接下来就是阅读题,要求阅读题出课内的阅读。基本上都是课堂上学的内容。考试都是课堂上学过的内容。所以老师们每年都猜题,近些年主要考了哪方面的内容,哪些方面还没有考。今年有可能考哪些内容等。我们学校猜题的水平还不错,主要是范围。快到考试的时候,老师们反过来倒过去地琢磨,今年应该出哪些题了。这个过程从明年(下学期)开始一直到考试,猜猜会出什么作文,老师们仔细分析历年的试卷,从中也可以得出一些规律。仔细研究研究中考的样题。老师们坐在一起分析这些样题的特征。完了之后,就猜题。猜题还是需要经验的。(Wh 中学语文教师, lyy)

> 这些年我都代高考(班的课),而且每年也研究高考出题,这些你都得知道,像今年考过的,明年至少是大题不会再出了。一般高考

第七章 地位生产机制：等级教育市场上的应试趋同行为

历史大题是38分，那你想今年考过的，比如说考清朝的，明年一定不会出大题。但是出一个选择题4分是有可能的。有可能，可能性也不会太大。那这一部分的内容在教学中可以适当缩短时间，一般在测试、练习方面就不太侧重这一方面的知识了。我还猜中过题。2005年高考的时候，我跟补习班的学生说没跟应届班的学生说，我说，"今年中国古代史的知识可能会成为重点，因为咱们古代史在教材改革后是第一年参加高考，新教材中有很多内容与旧教材中是不一样的，咱们国家对于中学历史教材的改革，现在凸显的是经济发展，还有与此相关的政治发展，我估计今年古代史的题量要重一些，你们要注意把教材好好看一下，特别是新增的内容。"因为复读生手上拿的是旧教材，我说你们与旧教材好好对比一下，新增的内容一定要好好看，结果新增的内容选择题出了4个，16分。古代史出了一个大题，是21分，所以我们班文科综合考250多分的那孩子听了我的话，他用最后的半个月的时间把古代史狠狠地啃了一遍，所以他跟我说，"李老师，幸好我看了"。这就是一种感觉。这种感觉必须靠日积月累的经验才能有。所以啊，刚来的老师不让他们代高三（的课），必须历练几年才能有应试的经验。（W二中历史教师，lsf）

我从1980年代高考（班的课）一直到现在了，从没下过高考第一线，我每年高考都那样啊，我拿着高考题找个没人的地方，一个人做一遍，体会一下高考出题，这样明年怎么辅导，就有底了。（W一中复读班教师，fwm）

通过学校、教研组对于教师的规训以及教师的自我规训，毕业班教师熟知了高考出题的规律。在此基础上，教师开始对学生进行应试能力和技巧的规训。从这个意义上说，教师既是高考考试内容和应试技术的研究者，也是实践者。

与此同时，本研究发现，在全国的高中教育市场上，也出现一些"技术专家"或者"名师"，这个群体在各地做报告、传播自己的应试经验。以本研究的W一中为例，老师们也经常去C市及其他省市参加由一些专家所做的高考备考培训。与此同时，作为"高考神话"而存在的衡水中学和会宁中学等，也相继成为全国高中校长的"朝圣"之地。以衡水中学为例，截至2005年，共有19万余人去"取经"。这一过程实际上也是这些中学应试模式的扩散与传播的过程。全国性市场的存在、专家的主动技术输入以及明星中学应试模式的扩散共同导致全国各地的高考模式大致趋同。

（二）对学生的规训

对学生的应试规训贯穿了整个中学教育阶段。这种规训主要体现在两个方面：学习兴趣的塑造和应试技巧的培训。

1. 被塑造的学习兴趣

从上文中课时安排、师资的配置等方面我们可以看出，考试制度从某种意义上塑造了学校教育空间的客观结构、教育过程中知识的分类原则等，而且这一结构通过一系列的制度安排，如教师评估制度、考试奖励制度等不断得到强化和再生产。处于学校教育中的各个行动者无论是出于经济利益、组织声誉的考虑，还是出于地位获得的考虑，都主动或者被动地将这一客观结构以及分类原则内化，并且运用这一分类原则来处理日常的实践。

具体到中学生来说，什么知识最有价值呢？在大多数学生的观念体系中，对升学考试尤其是高考有用的知识才是有价值的。因此，在对待副科以及与考试无关的知识上，一些学生表现出了近似本能的抵制，还有一部分学生则表示没有兴趣。殊不知，这种兴趣正是长期以来学校应试教育对学生的认知偏好塑造所产生的必然结果。

> 我们班的同学都不喜欢地理老师，他上课的时候老讲笑话，而且老是告诉我们应该认真学地理，地理很有用什么的。地理是副科，（对我们考高分）没什么用。（Wh中学初二学生，hs）

> 就我们高中这一块来说，像我们文科，理科的东西老师讲的越少，我们懂的越少，慢慢就没有兴趣了。（W一中高二文科班学生，zyp）

> 我们理科班，在上历史、政治课的时候，顶多有1/3的学生在听

听，剩下的 2/3 的学生都在做别的科目的作业。感兴趣的不多。（W一中高二理科班学生，zl）

从某种意义上说，学校教育中由考试所引导的知识的分类原则将一部分知识屏蔽在了学生的视野之外，无论这些知识对于个人有多重要。这一屏蔽的过程一部分是由教师来完成的，而更重要的是由学生自己来实现的。而此时的学生已经完全成为这种知识的分类原则的身体力行者。这种分类原则将会对学生一生的发展产生深远的影响。除了对于学生兴趣的塑造之外，对于学生的应试规训更重要的是体现在学生日常的应试实践中。

2. 应试技术的规训

中学教育中对学生应试技术的规训集中体现在毕业班学生的学习中。对于学生应试技术的规训主要可以分为如下方法：教师对于上述高考考试大纲中知识点的讲解、学生练习以及系统性的考试。

总体而言，W 县高三学生的应试规训包括三个阶段：高三第一学期到 10 月底时所有课程结束，结束之后进行第一轮复习，这一轮的主要任务是教师将高考大纲中要求的所有知识点讲一遍，属于打基础阶段；第二年的 4 月份进入综合练习阶段；第三阶段是高考练习，主要是考试，考完并在教师评卷之后进行知识点的查漏补缺。

在这三个阶段之间，通过调整和压缩高二的课程内容以及暑期补课，每个学校于高三第一学期的 10 月份完成高三所有课程。访谈中地理老师的说明充分体现了这一点。

> 高考要考的内容包括八本课本，初中是四本，高中四本。高一两册，高二一册，高三一册。一共八本，按照正常情况来讲，高二全年就一本书，高一两本，为了尽早完成课程内容，学校每年秋季给高二发地理书的时候，顺便就把高三的地理书也订上了，这样，高二上半学期把高二那本书学完，高二的下学期学习高三的那本，再加上暑假补课。这样到了 10 月底结束课程，开始第一轮复习。从 11 月份开始讲复习内容，把初中四本和高中四本放在一起，到 3 月末，复习的就是这八册书。按照考试说明，按照要点从头到尾把课本梳理一遍，把这些东西讲通讲透。到 3 月份这一轮复习基本上就完事了。知识点都

讲好了。到4月份开始就进入综合练习。然后是高考练习，考试，考完之后判卷，判卷之后，看哪些东西还掌握得不扎实，查漏补缺。哪块知识点是共性问题，错的多的这些再重新巩固讲解。容易出错的地方，把它找出来。这样再过一个多月，6月份就要考试了。（W二中地理教师，zzh）

在进行应试规训的过程中，一方面，学校存在一整套的应试的制度安排；另一方面，教师作为考试内容的研究者和应试技术的开发者，也发展出了一系列的应对高考评分标准的策略。

（1）考试体系

与上述三个阶段的复习历程相对应的是，在W县乃至C市的教育系统中存在着一个系统性的针对学生进行应试规训的考试体系。这一考试体系可以分为如下几个大的步骤，首先是由C市教育局组织的全市考试，即分别被称为"1030"、"320"、"420"和"520"的四次大规模的全市考试。每一次考试的目的都不同，"1030"即，高三第一学期10月30日所组织的摸底考试，目的在于摸底。"高三10月30日不正好把古代史讲完了吗，讲完以后高三应届班学生已经把课全部学完了，那么高一、高二学的课都没有复习呢，在这种情况下看看学生的基础，摸摸底，这个时候考一次，一般来说，这一次孩子的成绩都不会太好。因为它没有经过复习。"（W二中历史教师，lsf）"320"即高三第二学期的3月20日组织的统一考试，其目的在于考完以后要确定每个班的重点培养对象。"在这一过程中，后20多名在学习方法和知识上已经被甩掉了。他们已经没有希望上大学了。只是在管理上不要让他们影响他人，个人方面不要出什么问题。这部分人高考的时候都没有什么希望。之后，学校的注意力主要集中在重点培养对象身上。"（W二中历史教师，lsf）"420"即高三第二学期4月20日组织的考试，目的在于检验第二个复习阶段即专题阶段的效果。"'420'的时候你去看，学生的成绩七上八下的，有些（学生的成绩）就上去了，有些（学生的成绩）就被落下去了。特别是那些高一、高二没怎么努力的，经过两轮复习，上的特快，那时候他们心里特别高兴。"（W二中历史教师，lsf）在这一次，那些没有进入重点培养对象范围但是成绩上得很快的学生也会被纳入重点培养对象的范围。"520"即高三第二学期5月20日组织的考试,目的在于对学生的高考成绩进行预测。"等到'520'最后摸底的时候,谁能考什么学校基本上就定了。""520 各科的成绩出来以后,各科的成绩是个什么状况,根据这科题目出的难易程度,这科的分数,是在高考中能上还是能下,一般高考的分数你给他估出来以后差不了十分二十分的。"(W 二中历史教师,lsf)

通过全市的统一考试,学生对高考的考试方式以及相应的应试技术有锻炼,与此同时,学校也确定了其重点培养对象,政府在这一过程中成功地实现了对学生应试规训过程的监控。针对学生的应试技术需求,W 县在"520"之后,会对高三学生进行考试技术培训。

除了 C 市教育局组织的大规模考试之外,在学校内部还存在着一个自身的考试体系,以对学生进行不断的规训,这就是周考和月考。在 W 一中和 W 二中,在高三阶段均存在周考和月考的制度设计,其目的在于监控和检测每一个阶段的复习效果。

> 在第一轮(打基础)复习过程中,最重要的就是考试,一个单元考一次,不断巩固讲过的知识。另外,学校在这一学期每个月都会组织一次考试,看看这一阶段的复习效果怎么样。到了下学期,每个周六补一天课,这一天都在考试。(W 一中语文教师,yhc)

考试成为对学生进行应试规训的主要方式之一,如果将考试作为学校运行状况的监控机制的话,那么,通过这一方式,政府可以监控整个地区应试体制的运行效果,学校和教师可以监控班级甚至学生个人的应试状态。而且,随时采取措施调整组织的策略。这一体系的存在,将学校教育中所存在的不确定性和模糊性降到了最低限度。

(2)练习题

在学校制度化的考试体系之外,教师通过让学生做题的方式来对学生进行规训。"我订了一个两单元一测的大本的习题,这些习题是按照高考的要求有单选、语法、完形填空,两单元一星期套题。这是星期一至星期五,等到星期六呢,我还订了一本语法专项训练,星期六我就专训练语法。上半年就这么安排。估计到了下半年,再进行一下综合训练,也就差不多了。"(W 二中英语教师,yyp)在打基础的过程中,重要的是考试,一个单元一次考试，不断巩固讲过的知识。

在做练习题的过程中，教师对学生进行应试培训。"比如我们政治这块，我们二中这种二类校的孩子，老师从头讲到尾，他自己也理解不了，讲完后，给他规定练习，就让他做，然后老师检查，你给他翻来覆去地讲练习的题目，这样他才有可能真正掌握这些知识。比如补习班，要在一年之内见效，我们的做法就是在这一年之内培养学生的应试能力，也就是答题的方法和技巧，这个题怎么答，这个角度怎么入，遇到这类题怎么办，这都是技术，需要他们在这一年之内掌握。学生首先是背书，背理论，背完理论之后，老师讲拿到高考题了从什么角度考、怎么答。通过老师讲解练习题，逐步培养学生答题的能力。"（W 二中政治教师，kxz）做题和测验成为对学生进行应试规训最基本的两种方式。在这一过程中，考试大纲中的知识点被细化为一个个题目的训练和强化。总体而言，做练习题具有以下益处。

第一，做大量的练习题是学生减少考试中不确定性的最好方式，通过这种方式，学生能够提高解题速度和准确度，而且能够尽可能地穷尽知识点考核方式的所有可能的变化形式。教师通过将知识点分解成练习题的方式来对教学内容进行量化处理，从学生具体的练习题的训练来检验知识的掌握程度。"像我们物理这科，这一年老师带着学生至少也做三到四本练习题。这其中还不包括周考和月考的卷子。"（W 一中物理教师，zzl）从某种意义上说，学校教育的过程演化为一个技术过程。

第二，统一高考不仅从内容上统一，而且从考题的答案上也进行了统一，中考和高考的主观题都设有标准答案，而且标准答案通常都被分解为若干个采分点。通过多做练习题来训练学生答题的角度，成为应对高考标准答案的主要方式。"高考政治是标准答案，我们的应对办法就是尽量全面一点，尽量什么都点到，然后拣主要的，把握要点来答，只能这样。专家出题有主观性，特别是做文科答案的时候，尤其是政治答案，政治答案其实挺难做的，比如我们讲科学技术是第一生产力，我们总讲是经济角度，但是今年出题就不一样了，说科学技术是第一生产力是哲学角度。所以所有的老师都在反对，但是也只是过后反对，人家当时就当这个是一个采分点。这个问题就很难处理，对我们老师来说难就难在这，我们平时教的东西有可能扣不住专家的答案要点，所以没办法，只好做题，就拿人家那题,特别是明年 3 月份开始,3 个月就做题,得做十本八本的,当然不是全部都做,而是浏览,浏览所有的题,总结他的答案,这样把面罩住,到时候就是说有五点答案我们能答出四点。"(W 二中政治教师,kxz)高考的主观题在很大程度是为了考察学生的创造性思维能力,提供标准答案是为了在一定程度上规范阅卷者的行为,但是在实践的运作中,"题海战术"却成为学校、教师和学生应对这一问题时所采取的策略。

在学校应对升学考试的过程中,教育成为一个依据考试内容不断对知识进行分配的过程。在这一过程中,学校教育成为一个以应试技术为核心的工程,原本充满活力的教育中的丰富性、创造性被降到最低。取而代之的是,一个对学生进行"格式化"的应试过程,这个过程中没有多样化和丰富性,也没有不确定性。学生的发展被"数字化"为成绩单上的一个分数。

第五节 复读经济

高考复读现象产生于"文化大革命"结束统一高考恢复之后,高等教育资源的稀缺直接导致了复读生的产生。2005 年,全国高考报名人数为 867 万人,其中,应届普高中毕业生为 591 万人,职高为 78 万人,剩下的为复读生,为 198 万人,占比为 22.8%(施芳,2005)。尤其是在不发达地区,复读生的规模更大。在 W 县,每年高考报名学生之中,至少有 40%左右的学生为复读生。一方面,复读生的产生源于高等教育机会的总量不能满足所有学生的高等教育需求,而且,复读是一个学生考上大学的有效途径。从 W 县 1996~2003 年高考录取率的变化来看,应届生和往届生的录取率相差 20%左右。另一方面,普通高中出于经济利益和升学率的考虑,也会创办补习班来为复读生提供复读机会。在复读生的受教育需求以及普通高中追逐经济利益和升学率双重动力的驱动下,便产生了复读经济。图 7-1 分别呈现应届生和往届生这两个主体在复读市场中的行为逻辑。

一 作为理性行动者的学校

W 县的复读生市场虽然不存在政府强制性分割,却具有如同初升高的生源市场一样的等级有序的特征。在这种情况下,学校的声望和地位是吸

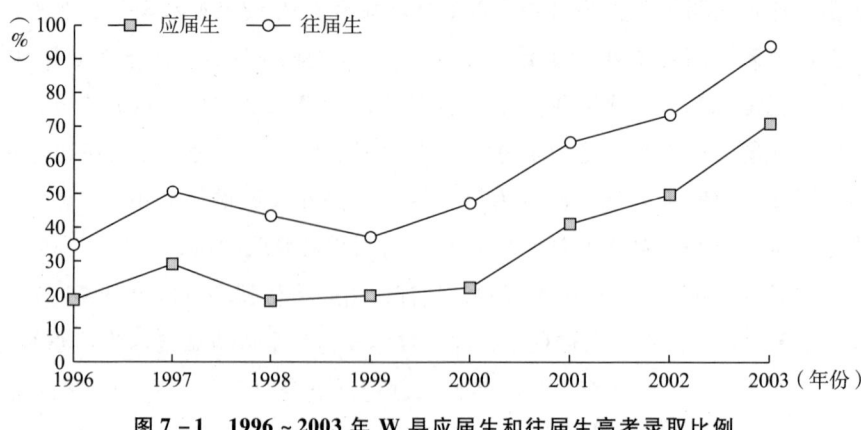

图 7-1　1996~2003 年 W 县应届生和往届生高考录取比例

引生源流动的最主要机制，经济利益和升学率是学校作为一个理性行动者，在这一市场所追求的目标。

（一）作为经济人的学校

复读生是一个巨大的市场。2005 年《北京青年报》的一则报道中对复读生市场进行了估计："以北京市今年的复读学生人数占高考未上线人数的 50% 来算，今年估计应该在 16000 人左右，按照每年 10000 元的平均收费水平推算，北京市复读市场每年市场容量应该接近 2 亿元，这不包括复读生需要使用的大量的资料费。"（《北京青年报》，2005）复读班与其他班级学生的区别在于，复读班学生目标较为一致，管理成本较低，而且，培养周期只有一年。学校可以根据其声望和地位来规定学费，根据其所提供的资源的稀缺程度来给不同分数段的学校"明码标价"。因此，招收复读生是学校作为一个经济人所采取的重要策略。

C 二中尽管从师资水平等方面优于一中，但是由于其成本较高，且对于复读生的高考分数要求较高。因此，对于大多数 W 县的高考落选者来说，去 C 二中是不切实际的。在 W 县的复读市场中，W 一中是大多数人的最优选择。相比较而言，W 二中与 Q 中学则处于弱势地位。W 一中举办复读班的首要考虑就是经济利益。

学校招收补习班很重要的考虑就是学费，以今年（2005）为例，

第七章 地位生产机制：等级教育市场上的应试趋同行为

今年我们招了六个班，700多人，以每个学生平均收取1500元学费的话，那么总数是105万元。大体相当于学费总数的1/4。(W一中复读班教师，lyl)

招生的收费标准遵循的是高分低费的原则。高考分数高，则复读费相应就低。当年分数线上二类本科以下的学生必须缴纳一定数额的学费。与此同时，设定了下限，即理科低于400分、文科低于380分不予考虑。但是在实际操作中，这一下限的约束基本上是无效的。

原则上是这样要求的，380分以下就不收了。比方说你的分数只有100分，我们就不要了。但是现在基本上是敞开的。都是托人说的，这也是关系，那也是关系，也不好不要。不是我们说了算，而是学校来决定的。(W一中复读班班主任，lyl)

招收低分复读生是为了满足学校对于经济利益的追求。2005年，W一中招收了700名复读生，一共6个班，大的班有140人左右。

教室里头人挨人，里头的学生要出来上厕所，就得一大排人都站起来。到了测验和考试的时候，一部分学生就得搬着凳子到楼道里去答卷子，教室里太挤了。(W一中复读生，Tfy)

本身坐在教室里啥都不干，就是对我们意志的磨炼，尤其是天热的时候，整个教室都是臭烘烘的。(W一中复读生，lm)

对于学生来说，如果要复读，较为理想的选择也是W一中。况且，该中学几乎没有设置任何准入的门槛。这一做法在一定程度上挤压了W二中的市场份额。相应的，W二中补习班的招生无论是从针对的对象，还是从学费的额度来说，都与W一中具有一定的差别。

W二中补习班的招生定位较低，相应的，其收费的高考分数的起点也低于W一中，W一中从一本以下开始收取学费，分数段的不同，学费的标准不同，W二中从专科一批以下开始收取专门的补习费。与此同时，没

213

有准入的门槛。即使是这样,学校还是不难招到补习生。"实际上,咱们补习班,成绩太好的学生不来,高分学生,比如考上本科但认为学校不好,再复习一年的学生,都上 C 二中、W 一中、P 中学复读。复读生(各学校)抢得很厉害。你像那些好学校,复读生我要,但不好的不要。咱们学校是好的不来,不好的来,来的尽是不行的。"(W 二中补习班班主任,yyp)"我们这补习班二三百分的占一大半,70 多人当中有三四十人是什么都不会的。"(W 二中补习班班主任,kxz)以 2005 年为例,W 二中一共招收两个班,每个班 70 人,如果以每个学生 1000 元的学费来算,那么二中每年补习班学费总额为 14 万元,与 W 一中的占全校学费 1/4 的 100 多万元的数额相比,差距甚大。

20 世纪 80 年代,政府干预下的补习班的举办具有计划的色彩,全县只有文、理两个补习班,即 W 一中和 W 二中分别办一个班,补习班的准入门槛非常高。在政府对补习班进行严格控制的同时,学校的所有经费都由政府来承担。在高中教育规模有限的情况下,学校没有必要担心自身的生存问题。

20 世纪 90 年代以后,普通高中教育经费中政府分担比例逐步下降,2003 年达到最低点,即 53.11%,与此同时,自筹经费以及学杂费所占比例快速升高(刘泽云,2009)。学费成为高中经费的重要来源。在学校经费自主的同时,政府也赋予每个学校以更多的权力。依托既定的学校地位,在经济利益的驱动之下,学校倾向于扩大其招生规模,尤其是择校生的规模。而要吸引更多的学生来这所学校就学,需要这个学校具有高的升学率尤其是高的本科录取率和名牌高校录取率。而要实现这些目标,需要学校一方面在高一招生中招收优质生源,另一方面在复读生市场上招收高分学生。

(二)学校声望地位驱动下的招生行为

补习班成为学校提高自身升学率的最有效的行动策略,这一策略也是所有学校在高考升学率压力之下的共同选择。

> 高考升学率,考入名牌、重点(高校)的比例,还是复习生高,复习生再不行,他也能上二本,咱们现在缺的是啥呢,复习生太少,

数量太少，质量也不行。我们现在也想走通过复习生提高升学率的路子。像W一中的话，考入"985"和"211"工程院校的，复习生占一半，学校短期内的升学率靠啥呢，还是复习生。复习生不管咋地，上线率还是高。要是我们能招七八个班，那就厉害了。700人的话，怎么着也能有300（人）上重点，但是要是应届生的话，一下走300个本科生，那谈何容易啊。你想想我们这个高中啊，一下就发了。这是我们学校在近期内想达到的目标。（C市实验中学校长，Gq）

近年来，随着高等教育规模的扩大、高考竞争焦点的转移，高分复读生的人数越来越多。据一些报道，"仅2004年，北京、上海、湖北、天津、广州、江苏6省市600分以上的复读生就有3000多人，其中考上全国重点大学没报到的达1800人之多"（《新华每日电讯》，2005）。在为提高名牌学校尤其是清华、北大录取学生人数的过程中，高分复读生成为复读生市场上学校竞争的焦点。

为了吸引高分复读生，不同的高中采取了相同的行为策略，即通过免收学费，甚至给予奖励的办法。W一中采取的措施是在复读期间免收任何费用，如果能够考入北大、清华，学校奖励学生6000元。W二中除了给个别高分考生免学费之外，由于高分考生很少，所以在招收高分复读生方面几乎没有相应的制度安排。除了W一中以外，其他的重点高中也采取了类似的措施。

现在出现了这样的现象，就在我们周边的县，某某学校，有另外一个学校的一名高分复读生，这个学校花了五万块把那学生招来，学校承诺，他要是考上了清华，学校再奖励五万块。（W一中复读班教师，fwm）

如前文所述，无论是社会还是政府评价一所高中，最主要的就是考上名牌高校的人数，尤其是考上北大、清华的人数，这一指标指引着生源市场上学生的流动。在这一评估体系的指引之下，教育领域中出现了完全依照经济规律而背离教育规律的资源流动和恶性竞争。

二　地位获得驱动下复读生的复读行为

复读生市场存在的根本原因是复读对于个体来说是一个有效的途径。大体而言，这些学生可以分为三类：一类是上述高分复读生，也就是复读生市场上的佼佼者；第二类是高考分数没到二本录取分数线，但是到了通过复读一年有可能达一本分数线的学生；第三类是高考分数在二三百分，希望通过一年的复读能够达专科线甚至是本科线的学生。大多数复读的学生都为农村的孩子。"复读班上90%的是农村学生，街里的孩子没几个。城里这班人不爱念书。而且，街里人口少，人口比例低。再一个，街里这帮孩子所受基础教育非常好，一般来说，第一年考上的不少。复读班主要是为农村学生而设。在我们这儿，街里条件稍微好一点的家庭，有一点钱的家庭，高中就把孩子直接送到C二中了。"（W一中补习班班主任，lyl）这三类学生对补习班抱有不同的期待，但目的都是能够在高考中胜出。

1. 高分复读生

对于这些学生来说，复读的功能在一定程度上增加了其在高考中的选择空间。一部分同学复读是因为其不喜欢当年被录取的专业和学校。

> 我高考考了460分。……我感觉那个师范专业我不喜欢，不想当老师。专业报的是数学。我考的不好，想补习一年，考一个重点（大学）。我们同学中今年（2005）走的也特别少，家里都同意我补习，不让我去读一个自己不喜欢的专业。其实我今年考这么多，明年考的再次，也能够上个二本。明年如果是一本能够上线，我就想选一个好专业。（W一中补习班学生，Wlw）

> 我今年（2005）被录取到宁波大学了，我不太喜欢这个学校，这是我的第二志愿。后来调的什么政教专业。我觉得出来肯定得当公务员，要么当老师，我都不太愿意。而且很多熟人都劝，所以就决定复习了。这边的老师都不想让我走，说我复习一年，能上个更好的学校。我同学中考上不走的，挺少的。他们都认为在这儿是耽误一年，但是考一个好学校、好专业还是挺值的。（W一中补习班学生，Tfy）

2. 中间分数段的复读生

对于大多数复读生来说,复读是提升其考中院校层次的重要途径。"我还有潜力,补习一年能上一个好的学校。我想走一本。"(W 一中复读生,cfl)重点大学成为这一分数段的学生的定位。在对于自身未来发展道路的规划中,通过高考走出内蒙古成为几乎是所有学生的共同愿望。一位学生将高考对自身的意义描述为"转轨",即"高考给我的人生带来的是一个很大的转折点,使我的人生从一个火车道转向另一个火车道,通向大城市。这就是'转轨'"(W 二中复读生,zlj)。既然为"转轨",能改变自身的人生轨迹,那么在这一过程中,任何投入对他们来说都是值得的。

3. 低分数段的学生

低分段学生复读大多是社会和家长期待的结果。一方面,当地的职业高中以及中专教育不景气;另一方面,在家长的观念中,上高中考大学为正途。这些学生在初升高的过程中选择普通高中,为了满足父母的期待,最终又选择了复读。

计划生育政策的执行减少了农村家庭子女的数量,一家一个或两个孩子,家长对于子女的教育寄予很高的期望。"你说让孩子去学一门技术,像我们班还有二百来分的,说句实话吧,就是明年再努力,也没什么希望,但是家长那儿我去做工作,'(他说)你看我们孩子只要好好学,以后肯定能考上大学'。我就说,'找个好点的职业学校学门技术会更好',但是家长不乐意。"(W 一中复读班教师,lyl)与此同时,打工对于这些孩子的强吸引力,导致低分学生进入补习班,通常会表现出"混日子"的特征。

> 我高考270分,明年指定考不上,我也不愿意复读,我爸妈让我来,我就来了。(W 二中复读生,htr)

> 要是我爸妈不管我的话,我就不读了,出去打工。现在大学出来还不照样失业。跟我现在出去打工一样。(W 二中复读生,wxl)

基于理性选择的高分考生和基于社会期待驱动下选择复读的低分考生共同组成了当地的复读市场。而高考竞争主要在高分考生和中等考分复读生的竞争中展开。结果也基本能够达到这两个群体的预期。以 W 县为例，每年70%～80%的学生能够升入高等学校，将近40%的学生能够升入本科院校。其中，低分考生作为陪读者在补习班虚度一年时间。

三 基于个体和学校理性基础上的复读经济

对于学校来说，办复读班一方面是出于学校的经济利益，另一方面是基于现实的升学率考虑。对于大部分学生个人来说，复读也是其理性选择的结果。但是这一基于个体理性和组织经济理性的行为却在一定程度上导致了社会成本的增加。复读生对于高等教育机会的挤占，导致更多的应届高考生无法考入大学。"补习生挤压了该上重点的应届生。没办法，应届生还得再补习一年压下一届，成了一届压一届。"（W 二中补习班教师，yyp）复读生通过一年的时间成本来补偿其应试技巧等方面的不足，在此基础上与应届生进行竞争，导致了对应届生的不公平。

小　结

在升学率锦标赛的带动下，地方政府以及学校基于自身的资源禀赋形成了既有共性又具有差异的应试体系。严格精确的时间管理制度、学校内部的激励制度、技术力量的配置以及组织的技术环节的安排等方面均呈现了高度的一致性，即以考试为核心的权力关系结构。这一权力关系结构不仅存在于教师群体、学生群体，也存在于知识体系之中。具体体现在两个方面。第一，以分数为基础的教育评估制度与经济激励制度相互配合，相互强化，由此导致了教师群体内部分层体系的产生。其中，一些重要的身份群体如"毕业班教师""毕业班班主任"等得到凸显，出现在学校教育的前台。第二，一整套以高考分数为基础的知识筛选制度和师生规训制度，理性化地组织了学校教育过程差异，主要体现为大多数学校会根据学生的学习基础而进行能力分班且配置不同水平的师资。也有少量学校会基于公平的考虑而平均分配生源和师资。

总体而言，升学率锦标赛制下，学校教育的过程，无论是宏观的资源配置，还是微观的教育教学，都变成了分类过程，这种分类过程具体包括对于教师、学生、学科、知识的分类。在分类过程中，教育本该包含的创造性、丰富性、复杂性、模糊性被完全数字化、精确化。从这个意义来说，升学率控制下的学校教育存在诸多不足，而从社会成功学的角度来看，这样的教育是理性的、有效率的。

第八章　结论以及相关讨论

本研究所要回答的问题是，当下中国统一高考制度为什么以及如何导致应试体制的形成。具体可以分解为两个问题，第一个问题为统一高考与应试体制之间存在何种联系。本书从社会分层秩序、国家教育模式尤其是教育分流制度的安排以及相应的高考制度的特征三个方面来分析统一高考与应试体制的连接，也即考察导致应试体制出现的结构性原因。第二个问题为统一高考何以导致应试体制的形成，即统一高考通过什么样的方式和途径影响了微观层面学校教育的运行。这一部分的研究从微观层面来分析基础教育领域中的各个行动者围绕着高考、升学所形成的稳定的行为模式及其中所体现的行为逻辑。

第一节　结论

一个社会中，升迁性社会流动规范会对教育制度产生恒常的张力，迫使教育制度与其保持一致（Turner，1960）。这种张力集中体现在重要的教育机会分配的教育分流制度。如果我们将高考制度作为社会流动规范与教育系统相连接的关键制度，那么我们会发现，一方面，这一制度受到其所处时代的社会分层和流动秩序的制约和塑造；另一方面，高考制度又将社会流动及分层秩序带入教育系统中，从而影响到教育系统中的一些基础性的安排，如国家在一个时期所采用教育分流制度的设计与安排。这些基础性的制度安排反过来又会影响到高考的运行。在某种程度上可以说，应试体制的形成在很大程度上是统一高考制度与大的社会流动规范以及教育系统内各种基础性制度安排等多种因素互动的结果。

宏观层面不同体系、制度之间的互动通常在一定的历史脉络中展开，历史演进的内在逻辑也成为影响高考制度选择以及教育模式选择的重要因素。在某种程度上，新中国成立以后，"统一"高考似乎是一个跨时空的存在，一方面，统一高考与传统的大一统体制具有同构性；另一方面，在重大的历史事件如"文化大革命"的强制性中断下，这一制度仍然能够在之后很短时间内迅速恢复，在一种新的国家利益的话语体系中得到重生和发展。一些学者将应试体制的形成归咎于高考的"统一"，但从客观上说，统一高考在多个时代的存在充分说明应试体制的形成有其更为系统和复杂的原因。

基于此，在第一部分中，本书将时间或者历史维度纳入研究框架，从不同历史时期社会分层或社会流动的秩序或规范、国家的教育模式以及高考的制度形态等多个方面来综合呈现应试体制从无到有的历史及现实过程。不同历史时期，社会流动规范以及国家的教育模式决定了高考的竞争程度，而高考的具体形态则限定了基础教育中诸多行动者的可选择空间。对长时段的研究，一方面能够明晰当下这个时期的特殊性，更为准确地把握应试体制的社会结构原因，另一方面有助于发现不同时期制度选择的相互依赖性以及一些深层的具有连续性的因素或者机制。在第二部分中，本书将视野聚焦到微观层面——高考制度的影响面，即教育场域及其行动者。以下将分别阐述这两个部分的结论。

一 历史情境中的高考

高考的制度选择无法脱离其所处的具体时期的政治、经济特征，社会分层秩序及国家教育模式。晚清时期，中国传统的教育观念在失去科举制度这一载体后缓慢实现了与现代教育制度的嫁接。科举制度的社会观念基础一直持续至今，影响甚至支配着多数人的教育选择及行为。民国初期中央政府之软弱以及军阀割据的政治格局为20世纪初期中国在文化教育、思想等领域的现代化进程提供了一定的空间。这一时期高等教育系统是以公立高等学校、私立高校以及教会大学为主体的多元化格局。在以归国学者为主体的知识阶层的主导和推动下形成了独立于政治的高等教育共同体。这一治理格局赋予大学在高等教育治理中以较大的权力，其中便包括考试招生。大学在入学选拔中居于核心地位。即使是到了1928年，南京国民政府将高等教育作为扩张国家权力的途径之一，也未深入到招生和选拔的具体安排之中，而是仅仅作为第三者在招生的规模等方面做出限定。抗日战争开始以后，尽管在少数一两个年份中曾经出现过统一招生，但统一的程度仍然十分有限。与此同时，薄弱的基础教育、尚属于起步阶段的高等教育以及现代教育体制与中国乡土社会之间的疏离共同导致只有极少数社会精英的子女接受高等教育。所以，这一时期高等教育基本上是社会精英群体的特权，入学不存在激烈的竞争。

大一统以及集权的国家政治制度以及这一制度深厚的历史传统在很大程度上影响了新中国成立以后大学入学的制度选择。新中国成立后构建了符合新政权需要的教育体制，其中便包括统一高考。统一高考是这一时期计划经济体制在教育领域的具体体现。1949~1966年随着社会结构的整体性变迁，社会分层的秩序也发生了重要改变，其中政治资本进入了社会分层秩序之中。政治资本和教育、文化资本同为重要的社会分层机制。在官方主流的集体主义意识形态对传统受教育观念的不断消解下，个体的受教育需求得到抑制。与此同时，中央政府通过权力下放的方式动员地方政府利用地方资源来创办教育。在"两条腿走路"的教育结构中，职业教育在很大程度上分解了普通教育所遭受的压力；全日制教育的以升学为目的的竞争性教育体系仅仅集中了一部分受教育者。在这一体系内，教育分流的关键环节是小升初和初升高，中专教育由于具有地位获得意义在一定程度上能够部分替代高等教育。与此同时，"中间细，两头粗"即中等教育规模较小、而小学和大学规模相对较大的现状使（即使这一时期大学入学选拔为统一高考）高考的竞争并不十分激烈。

"文化大革命"期间，政治资本、工作经验彻底取代了文化资本，成为一个社会选拔精英的最主要的指标。与此同时，知识分子作为一个整体受到极大影响。统一高考的废除进一步切断了在教育文凭、文化知识技能与地位升迁之间的内在关联。

二 转型时期的统一高考

1977年以后，中国的大学入学选拔重新回到了"统一"的形态。这一时期，现代化取向的教育观占据了主导地位。在国家利益的话语体系中，与教育以及高考紧密相关的人才问题迫切需要得到解决。由高考废除所导致的人才中断以及由此进一步引发的巨大的政治、经济和社会问题，数千万知识青年的流动经历等在"文化大革命"结束的这一时段中相互碰撞、强化并达成的共识深深进入了这一时期的社会记忆中。这一记忆赋予了统一高考以神圣的光环,深刻影响了中国高考制度改革可能的选择路径。

无论是考试内容、考试的组织形式还是录取的标准,这一时期的统一高考实现了高度统一。尽管进入21世纪以后,自主招生作为补充形式进入大学入学选拔制度,但从招生规模以及相关的制度安排来看,基本上没有可能改变统一高考所处的地位。

这一时期,统一高考的恢复在重新确立以考试成绩为准的教育机会分配机制的同时,也确立了文化资本在社会分层中的重要地位。竞争性的教育体系、层层的选拔和筛选制度将教育选拔的核心点集中到了统一高考。具体而言,小考的废除、中专地位取向意义的消失、义务教育的普及以及普通高中的扩招等在扩大高考报名人数的同时,也将教育竞争的焦点聚焦在了高中升大学。激烈的高考竞争与"统一"的高考形式共同促发了应试体制的形成。在20世纪80年代尤其是1990年以后,这一制度的运行产生了完全不同的社会后果,在基础教育领域中形成了完全以升学考试为导向的应试体制。与此相应的是,国家利益的话语逐渐转换为以每个家庭社会流动为基础的社会话语。

话语体系的转变,转型时期人们对于统一高考共同的社会记忆以及国家、社会及群体生命历程的重大事件等因素共同导致统一高考远不仅仅是一项教育制度,更是一项具有长久生命力的社会、文化甚至是政治制度。国家与个人对于统一高考具有共享的价值体系,社会中的个体对于这一制度具有高度的认同。诸多因素的共同作用导致这一制度似乎成为一种超稳定的结构,似乎任何改革都没有改变太多。与此相关,由高考的"统一"所带来的应试局面在短期内也难以得到扭转。

三 应试体制运行的微观机制

高考作为高等教育机会分配机制,其所蕴含的地位获得意义对整个教育系统产生了广泛而深入的影响。作为一种强大的制度力量,高考在形塑学校的组织结构、人员配置以及学校内每一位行动者行动的同时,也在引导着一个组织场域的不断形成。在这一场域中,不同层级以及同一层级的政府之间、学校之间成为竞争关系。面对同样的制度环境和升学锦标赛,在一个地区中，同样是普通高中，重点中学和非重点中学由于其在组织场域中的位置不同，所采取的行为策略可能也会存在差异。学校一方面是这一制度安排的接受和认同者，另一方面有可能利用结构赋予其的能动性主动谋取优质资源。

（一）关键资源配置：地位再生产逻辑的体现

本书通过对 W 县这一地区层面的教育资源配置的研究发现，在提升地区层面总体升学率的总目标下，组织间关键资源流动的总体特征是，优质资源集中向更高层次、更优质的学校流动；促进流动的主要机制是政府强制性干预与市场机制。流动和配置的结果是学校的等级序列不断被再生产，学校之间组织地位的差距被进一步扩大。这也就是地位再生产逻辑的体现。

在组织间资源的配置中，地方政府是区域层面的第一行动者，也是权力最大的行动者，在学校组织地位的分化过程中，起到了主导性作用。地方政府对于生源市场的强制性区分和对师资的逐层抽取在一定程度上限制了非重点中学的生存空间。政府对重点中学的大力支持则赋予这些学校以极大的行动空间。在地方政府的行政支持和市场利益的双重驱动下，优质师资和生源均流向先赋地位较高的重点中学。与此同时，重点中学作为一个利益行动者，利用其庇护地位和资源禀赋，在利益驱动下垄断生源市场，由于其行为缺少必要的约束，实质上构成了对非重点中学的资源掠夺。实际上，重点中学并未对非重点中学的发展起到"引领、示范"的作用，而是大大压制了其他中学的发展。

W 县的高中资源配置模式被称为县中模式，即举一县之力来集中支持重点高中。"超级中学"模式是县中模式的进一步放大。市场机制和地方政府之间的博弈共同导致了"超级中学"的出现。当县中的几乎所有的优质生源和师资都被"超级中学"所吸收时，我们很难想象，县域层面的教育在不久的将来会怎样，学生、家庭和教师又会面临怎样的选择。

总体而言，无论是地方政府还是学校，在资源配置中均体现了理性经济人的特征，围绕升学进行竞赛，在这一赛制中，同一层级的地方政府体现了竞争性，同一层级的学校之间为竞争关系，不同层级之间的地方政府（如地区级市与下属的市县区）之间也呈现一定的竞争关系。升学率锦标赛对于地方政府或者学校所带来的激励包括两个方面：一为政府或者学校领导的晋升，二是由升学率所带动的巨大市场利益。与经济领域中的锦标赛相似的是，以升学率为主的教育治理模式一定程度上导致了在教育场域具有优势地位的学校或者政府会采取一些"打擦边球"的办法，如抢生源等来巩固和强化自己的优势地位。虽然从政策上多有限制，但对违规者的明确惩罚却非常少见。当客观上教育场域中不同组织所拥有的资源差异较大时，升学率锦标赛制所导致的一个直接的结果就是强者更强、弱者更弱。

（二）等级市场的应试趋同行为

升学率锦标赛的合法性主要源于地方政府以及学校所构建的教育评估制度和民意基础。在教育产出难以量化且周期性长的背景下，地方政府以及学校通常选择升学率作为学校或者教育系统运行效率的替代指标。而且，升学率锦标赛有民意基础，社会认可是这一制度能够长期存在的重要原因。

在升学率锦标赛的带动下，地方政府以及学校基于自身的资源禀赋形成了具有共性又具有差异的应试体系，共性主要体现为以升学率为基础的经济激励制度、高度控制与精确管理的教育教学过程，如严格精确的时间管理制度、以考点为基础的知识分类过程与教师和学生共同的应试规训体系。差异主要体现为大多数学校会根据学生的学习基础而进行能力分班且配置不同水平的师资。也有少量学校会基于公平的考虑而平均分配生源和师资。

总体而言，在升学率锦标赛制下，学校教育的过程，无论是宏观的资源配置，还是微观的教育教学，都变成了分类过程，这种分类过程具体包括对于教师、学生、学科、知识的分类。在分类过程中，教育本该包含的创造性、丰富性、复杂性、模糊性被数字化、精确化。从这个意义上说，升学率控制下的学校教育是存在不足的，因为学生和教师的生活被压缩，个体在其中感受不到自己的成长。

整体而言，从1949年以后中国教育的发展以及高考的改革是在功利主义的话语体系下展开的。从宏观上看，教育作为人力资源储备的工具，始终被作为国家利益话语体系的一部分。从当下微观层面教育运行的实践逻辑中也可以发现，教育是社会流动的途径，其中人们对于德性以及自身发展的追求被化约为地位的流动。这两个层面共同关注的是教育的工具性价值，无论是对于一个国家跻身于世界民族之林，还是对于一个个体社会地位的流动而言，主导教育的逻辑都是竞争，其中教育的本体性价值，即教育对于个体之所以为人的意义和价值被部分忽略了。所以，从这个意义上说，高考改革所要实现的是人在基础教育、学校生活中的回归。而高考改革的目的也在于通过制度的改革来重构一个新的基础教育领域，在这个新的生活世界中，学生和教师都是丰富的、充满灵性的个体。

第二节　统一高考改革的讨论

如上文所述，应试体制的形成是激烈的高考竞争与统一高考共同导致的结果。升学率锦标赛及应试体制的合法性主要源于地方政府以及学校所构建的教育评估制度及其民意基础。社会认可是这一制度能够长期存在的重要原因。虽然教育部在历次的教育改革中均强调，不能以升学率作为学校的评价指标，但这种禁止无法生效。原因在于，通过升学率来评估学校并非完全源于政府，而是扎根于社会甚至每一个家庭的教育获得需求。从这一意义上说，目前牢固的以利益作为基本链接纽带的应试制度是地方政府、学校、教师、学生和家长共同构建的一种应对统一高考的策略体系。这种体系具有稳固的社会基础和自我强化的功能。这一体系的弊端似乎人人皆知，却又不得已而行之。

从个体内在成长以及教育本身的意义来说，升学率控制下的应试教育在很大程度上是失败且无意义的。解决这一困境的唯一出路在于统一高考的改革。因为转型时期人们对于高等教育尤其是优质高等教育机会的旺盛诉求基本是无法改变的。无论这种需求是基于价值理性还是工具理性。而且，在任何一个现代社会的国家或地区，精英高等教育机会的竞争都是非常激烈的。但是在中国，激烈竞争的后果是产生了一种背离教育初衷的运行机制，即应试体制。其中，很重要的一个原因是，统一高考的制度形态。规则引导人的行为，在什么样的规则下人们就会有什么样的行为。在面对统一的考试内容、标准化的答案，而且几乎是分数决定一切的选拔制度时，应试体制可能是成本最低、见效最快的一种选择。规则变化时，人们的行为就会发生变化。现在的问题是，我们所希望的是一种有生机和充满活力的教育生活世界，那么什么样的选拔方式会导致这一现象的产生呢？以下从形式推演上对当下统一高考改革的可能路径进行分析。

如本书第一章有关高考改革的组织形式的讨论所示，程序公正、基于个体差异性的公正以及作为一种选拔方式能够有效实现其选拔目的的效率成为当下中国高考改革以及相关讨论中的三个价值支撑，也是不同研究者在高考改革讨论中的价值立场。以下结合高考改革的文献以及田野研究的发现来讨论高考改革的可能路径。

一 形式推演中的统一高考改革

讨论统一高考的改革，有一个最为基本的约束条件，即作为一种制度形式最起码的程序正义。以统一高考为例，统一的组织形式以及"分数面前人人平等"的录取原则带来了形式公平，这种形式在很大程度上能够规避道德风险。对于这一公平的维护在一定程度上成为处于弱势地位的群体抵抗统一高考改革的一个重要的合法性声称。而且，在历次改革中，这一正义被政府确定为优先价值。在教育资源分布严重不均衡的条件下，统一的形式为所有人提供了一个形式上平等的机会。从本书对 W 县的调查中也可以得知，在教育领域中的每一个行动者的眼中，统一高考制度为每个人提供了一种底线公平。在这一前提下，处于弱势地位的群体可以通过增加自身的时间和精力上的投入来增强自己的竞争力。从维护处于弱势群体利益的角度来说，当下中国的高考改革不能放弃上述公平。接下来的问题是，是否存在统一高考的功能替代物，即既能够维护最低限度的公平，又能够有效实现人才的选拔的制度？如果没有，那么统一高考就成为当下中国高考的次优选择。

以下通过形式化的讨论来分析上述议题，具体从两个方面来对高考组织形式的有效性进行评估，第一是公平，第二是效率。任何一种制度都必须考虑公平性的问题，作为一种准精英的选拔机制，高考也不例外。效率所衡量的是制度能否有效实现自身所要达到的目标。以高考为例，高考能否选拔出基础知识扎实、具有接受高等教育潜质的人是其所要达到的目标。以下设定两种理想类型的选拔方式，一种是全国统一考试招生，另一种是我们多元化的选拔招生方式，然后在此基础上引入一个重要变量，即资源配置均衡的程度，通过比较不同类型的考核方式对于不同地位群体的影响来测量这一方式的有效性。

以下将高考制度的有效性设定为由选拔方式和资源配置均衡程度影响的一个函数，即 $Z = f(x, y)$，自变量 x 为考核方式，自变量 y 表示基础教育资源分布均衡度。其中 x 可以分为两种状态，$x1$ 为全国统一招生，$x2$ 为多元化的选拔招生；y 可以大致分为两种状况，$y1$ 为资源分布严重不均衡，$y2$ 为资源分布基本均衡。

高考制度的有效性由此可以分解为以下三个量的总和。

（1）公平1：资源分布均衡所达致的公正，即不同家庭社会经济地位的子女所接受的基础教育质量基本相等。

（2）公平2：选拔方式的中立性所实现的程序公正。在统一高考的形式下，公平2的实现与效率的实现是分离的。公平2的实现在一定程度上是以损害效率为代价的。在多元化的考核形式下，实际上公平2和效率在很大程度上是一体的。

（3）效率：指的是考核方式技术层面的绩效。具体来说，指的是高考是否以及在多大程度上能够为高校选拔出符合高校需求的生源。

其中，公平1可由 $y2$ 条件获致，公平2由考核方式的程序正义获致。在当下中国采用统一高考并具有公信力的情境下，可以认为，公平2可由 $x1$ 条件获致；效率与考核方式，即自变量 x 相关。其中，可以认为，在 $x1$ 条件下对应于较低的效率，较低的效率是指统一高考整齐划一的选拔方式对个性和创造力的抹杀。在考核方式为 $x2$ 的条件下有可能对应较高的效率，较高的效率指的是在多元化选拔方式下，实现对那些真正具有高等教育潜质的人的认可和奖赏。其中的原因在于高等学校的需求不同，自然，其对于生源的要求也会有差异。以当前的高考改革为例，虽然实行分类考试，但分类的对象是高职院校。对于那些高竞争和高风险的本科院校的招生来说，其所能够而且敢于使用的招生信息主要来源于统一高考。

在评价高考适切性的时候涉及公平1、公平2以及效率的问题，尽管公平2可由考核方式 $x1$ 获致，效率也与考核方式相关，但是公平2并非只能通过 $x1$ 统一高考一种途径来实现。效率是一个社会本身甄别人才是否有效的一个价值追求，因此在评价高考制度适切性的时候，二者都应该被同时纳入。

现在的情况为（$x1$，$y1$），在这种状况下高考制度的有效性为 $Z1=f(x1,y1)$。尽管存在自主招生，但自主招生的学生的录取也需要以较高的统一高考分数为前提。从这个意义上说，自主招生不具有独立的意义。

理想的状况为（$x2,y2$），所能实现的有效性 $Z2=f(x2,y2)$。

以下将高考制度分为不同的类型进行形式推演，以期能够简洁明了地讨论高考的具体形式及其有可能达到的不同的制度运行结果。

假设 1：x 为统一高考 $x1$，y 为基础教育资源分布严重不均衡 $y1$，在这种情况下可以实现公平 2，但是牺牲了公平 1，并且一定程度上导致效率较低。

当我们将公平 1、公平 2 和高效率作为权衡高考制度适切性的主要指标时，假设 1 所表述的情况无法实现公平 1 和高效率，仅仅达到一种最低限度的形式上的公平。该假设实际上对应于当下中国的现状，社会公众所赞许的是该制度所实现的公平 2，对于这一制度坚持的理由也在于对于公平 2 的坚守，而批评者则指出了这一制度对于公平 1 和高效率的放弃。二者各执一词，但是从整体上对高考适切性的评价却缺乏一个全面性的讨论。由于这一假设放弃了公平 1 和对于考核方式的高效率的追求，因此，在当下，无论是从普遍意义上的价值追求，还是从中国社会当下的社会发展需要来讲，目前的这种制度设计和运行显然都不尽如人意。

假设 2：当 x 为统一高考 $x1$，y 为中等教育资源分布相对较为均衡的 $y2$ 时，在这种情况下可以实现程序公正所达致的公平 2，也可以实现资源分布均衡所达致的公平 1，但是由于统一高考整齐划一的选拔方式在一定程度上不利于选拔具有创造力的学生，因此，这一组合方式所达致的效率较低。即所有中学在基本相同的起点上竞争升学率。

由于在这一情况下，群体之间教育资源分布的差异较小，因此对于所有的个体来说，在控制能力和努力程度相同的前提下，高等教育机会基本相同，从这个意义上说，可以实现实质上的公平。但是在这一过程中却仍然存在考核效率低下的问题，高考的选拔无法满足对于个体发展多样化需求以及经济社会对于"多样化高素质人才"的需要，因此，这一假设的制度设计在一定程度上仍然无法实现对效率的追求。

中国当下在义务教育领域尤其是正在农村推行的义务教育制度以及资

源配置均衡化运动,能够在一定程度上从资源配置上改善农村学生的受教育条件。但是对于缓解统一高考这一制度所导致的应试体制基本上没有效果。换言之,上述制度能够在一定程度上有助于实现公平1,但是对于效率的提高则没有根本性的助益。

假设3:当x为多元化的招生选拔方式$x2$,y为中等教育资源分布严重不均衡$y1$时,这一选拔方式一方面有利于拥有优质教育资源的群体通过教育来强化自身的优势,不利于实现由资源分布均衡所达致的公平1,另一方面在一定程度上有利于实现对具有接受高等教育的潜质的学生的选拔。在这一过程中所能够实现的是公平2和高效率,却不利于在教育资源分配中处于劣势地位的弱势群体。

假设4:当x为多元化的选拔招生方式$x2$,y为中等教育资源分布相对较为均衡的$y2$时,这一组合是较为理想的状况,既有利于实现最大限度的对公平的追求,也能够满足经济社会发展对多样化高素质人才的需求。具体来说,既有利于实现由程序公正所带来的最低限度的公平2,也有利于实现由资源分布均衡所带来的每个个体发展的教育机会差异不大的公平1,同时,还有利于选拔真正具有扎实的基础知识、能力较强以及创造性的人才。

在上述假设1和假设2中,统一高考的形式实现了对公平2的追求,但是资源分布的均衡程度不同导致了不同群体的受教育机会结构的差异,由此导致了二者在公平1的追求上出现差异。而统一高考的整齐划一的形式在一定程度上抑制了对具有创新能力的个体的选拔这一点是二者共同的缺失。

在假设3和假设4中,多元化的选拔方式实现了高效率的追求,但是由于二者所假设的资源分布的均衡程度不同,由此导致这一制度形式在对公平1的实现上的差异。其中在假设3的情况下,多元化的选拔方式对社会优势地位阶层子女更为有利,而相对弱势地位阶层处于不利地位。在这一组假设中,隐含了一个关于多元化选拔方式的制度安排程序公正性的条件。也就是,在上述假设3和4的讨论中,这一多元化选拔方式是否能够有效实现程序公平。而是否能够实现程序公平这一点正是当下中国高考制度改革讨论的焦点之一。正是这一担忧导致2014年《国务院关于深化考试招生制度改革的实施意见》对大学自主招生在一定程度上予以限制或规范,如"申请学生要参加全国统一高考,达到相应需求"和严格控制自主招生规模等。对于统一高考权威性的维护一定程度上抑制了多元化选拔方式作为补充角色的进一步发展。对于自主选拔过程中程序正义的维护是当下这一制度改革的重点。

当上述条件由假设中的一个常量变为一个变量的时候，上述假设 3 和假设 4 的结论将会呈现不同的状况。多元化的选拔方式可以分为两种较为极端的类型，一种类型是完全主观、充满较大随意性的方式，很难实现对于每个个体而言的形式上的公平，另一种形式是可以实现以能力为基准的较为公平的选拔。以下分别讨论当多元化的选拔方式为上述两种极端类型时，假设 3 和假设 4 所呈现的不同结果（见表 8-1）。

表 8-1　上述不同模型可能后果比较

	公平 1	公平 2	效率	适切性
假设 1	×	√	低	中
假设 2	√	√	低	次优
假设 3′	×	√	次高	次优
假设 4′	√	√	高	优
假设 3″	×	×	×	低
假设 4″	×	×	×	低

注：(1) 次高效率虽然从选拔技术层面本身是有效率的，但是资源配置不均衡导致在这方面处于劣势的具有潜质的个体无法进入选拔的视野，从宏观上讲，这一效率是一种打了折扣的效率。这一结果与资源配置均衡、选拔技术有效率的情况相比，其选拔的效率是有差别的。正是从上述意义上，本书将高效率区分为次高和高两个层级。

(2) 由于假设 2 所实现的次优结果主要是从公平的实现来说的，从本书的实证研究部分的资源配置格局来看，在中等教育尤其是高中教育阶段的资源配置不均很大程度上是政府主导下的行为的结果，当政府将高中推向市场时，便产生了马太效应，即强者更强、弱者更弱。从现状来说，目前要改变这一格局很困难。因此，中国当下的改革，主要应从 x 条件着手，这更具有可行性。

假设 3′，当 x 为多元化的选拔招生方式 $x2$，y 为中等教育资源分布严重不均衡 $y1$，而 $x2$ 这一选拔方式制度安排的程序正义能够得到很好的保障时，公平 2 和效率能够较好达成，而资源分布的不均衡导致了不同阶层的个体具有不同的高等教育机会，由此导致公平 1 无法实现。

然而，假设 3″，当 $x2$ 这一选拔方式制度安排的程序公平性难以得到有效的保障时，很显然，公平 1、公平 2 无法预期，而且由于同样的原因，效率基本上也很难实现。这一状况在一定程度上可以通过推荐选拔程序来得到印证。

假设 4′，当 x 为多元化的选拔招生方式 $x2$，y 为中等教育资源分布相对较为均衡 $y2$，而 $x2$ 这一选拔方式制度安排的程序正义能够得到很好的保障时，这一组合方式最为理想，能够实现对公平 1、公平 2 和效率的追求。

然而，假设 4″，当 $x2$ 这一选拔方式制度安排的程序公平性难以得到有效的保障时，公平 2 的实现没有保障，由于该制度的程序公平难以得到保障而使公平 1 的意义被削弱，由于同样的原因，效率基本上很难实现。

以上形式推演仅仅是将统一和多元化选拔作为两种极端的理想类型，在现实中，几乎所有国家的大学入学制度都体现为上述二者之间的一种组合，也即可以将统一和多元化理解为一个连续统。中间有很多种组合形态。但总体来说，鉴于统一高考形态下应试体制的形成进一步导致高考选拔的低效率，构建多元化的选拔方式应该是当下高考改革值得期许的一个方向。问题是改革的力度有多大，在多大程度上统一高考的"主体性"影响能够被削弱，与此同时，多元化选拔的主体，如大学、中学，其行为以及选拔程序能否得到充分的规范，以至于程序正义能够得到较好的维护。这也是当下中国的统一高考改革中争论的焦点所在。如果无法保证 $x2$ 的程序公平性，则改革一定会失败，并最终会再次回到统一高考。在社会公众对程序正义的强大诉求下，转型以来的历次高考改革均以效率的追求为目标，以程序正义的强化为结果。

那么应该如何看待多元化的选拔方式？世界各国大学入学选拔制度的共同趋势是，赋予高等学校越来越多的自主选拔的权力，即使原先的大学入学选拔制度形态为统一考试的国家也是如此。当下中国的改革中，政府放权的对象主要是地方政府和高校。无论是哪一种形式都会遇到的一个问题是，这一权力主体的选拔是否与高考制度设计的初衷相吻合。在向高校放权的过程中，遇到的最大问题和质疑是高校自身的招生能力和规范性如何。从理想的状态来说，赋予高校以自主选拔的权力使高校能够根据自身的定位或者市场的需要来选拔人才，有利于实现这一制度的初衷。

就中国高等教育系统的特征来说，计划经济体制下，政府对于高等学校具有控制权，高校对政府又存在资源依赖。在这一大的前提下，大学没有自主招生的权力。随着市场体制的建立以及政府权力的不断下放，高等学校所拥有的行动空间逐步增大。扩大招生选拔中高校的行动空间已经成为大势所趋。但是，如前文所述，新中国成立前的自主选拔所依赖的是以大学自治为核心的高等教育治理模式，起始于2001年的大学自主招生，仅仅是作为一种统一高考的补充措施而存在，在功利主义下，并未呈现预期的效果。从中可以看出，长期以来在招生中对于政府的依赖导致高等学校在一定程度上缺少自主选拔的能力。现在如果将这一权力部分回归到大学，则需要考虑如下问题：第一，构建一整套专业化的、系统的入学选拔体系，提升大学根据自身的专业需要选拔人才的能力是当务之急；第二，需要从宏观的制度架构中讨论是否以及在多大程度上允许大学在自身的招生中自主决定对于统一高考成绩的使用；第三，在给予大学招生权力的同时，如何设置一套相应的激励机制，使高校的招生人员在招生过程中能够认同这一学术共同体的关于人才的理念，并且基于学校的共同利益能够按照上述理念选拔学生，这也是需要着重考虑的。只有通过激励措施使参与选拔的组织成员能够基于学术利益或者社会发展的需要来进行选拔，这一制度才能够在执行层面避免可能出现的道德风险。

虽然改革很艰难，但唯有前行，才有出路。在转型的社会背景中，大量的不确定性导致教育在很大程度上被优势地位阶层认为是其地位传递最安全也最合法的途径。与此同时，对于"知识改变命运"的信奉也使社会弱势地位阶层家庭对于子女的教育寄予无限希望，因为教育给他们带来了"想象的未来"。在外在强大社会力量的推动下，统一高考越来越固化，人们对于这一制度的认知也越来越符号化和单一化。从本书第二部分的应试体制运行分析中可以看出，中国的应试体制给基础教育所带来的弊端一定程度上可以说是积重难返，如果不加以改革，将会对一个国家和民族的未来产生深远的、无法逆转的不利影响。因此，对于"统一"的改革或者弱化，分权给高校，势在必行。

二 弱化统考，放权于高校：消解应试体制的可能出路

结合2014年新公布的《国务院关于深化考试招生制度改革的实施意见》（以下称为"新高考"）以及相关试点在多个省份的实施，可以发现，

上述两个方面的改革较为有限。改革后高考的主体形式仍然是统考，只不过统考分为高中学业水平考试和全国统考，但对于一个省份内的考生来说，二者都是统考，科目的变化在多大程度上能够真正给予考生以及高校以选择的空间，仍然有待进一步探索并检验。从试点省份的情况来看，学生和学校仍然是以分数收益最大化的原则来应对。在"新高考"的录取改革中，要将综合素质评价作为录取参考，但客观上综合素质评价的内容复杂、中学的表面化记录以及高校的时间约束等多种因素导致这一录取参考仍然流于形式。

从总体上看，如果高考的"统一"形态不变或者不被弱化，那么对于中学、教师、学生来说，仍然可以在既定的应试经验的基础上不断变换策略来应对"新高考"。从这个意义上说，应试体制难以得到缓解。而在"新高考"改革的方案中，并未提出可行的、具有实质意义的弱化"统一"高考的路径，其根源之一在于未充分肯定并赋予大学尤其是精英高等院校以主体地位。弱化或者改变高考的"统一"形态所需要的是多元化的评价主体，其中最为核心的是高等学校。"新高考"与大学相关的部分主要是两个：一为自主招生，二为高校的招生选拔制度的程序以及规范性。对大学自主招生采取的策略是限制与规范。虽然将其与统考捆绑、强化程序正义、限定5%的招生规模、限制大学组织联考等措施能够在短期内平复社会公众对于"程序正义"的非议，但从根本上说，不利于大学按照专业发展需求来自主选拔人才，进而也无法使自主招生实现对基础教育以点带面的影响。所以，笔者认为对于高等学校的自主招生，应规范与放权同时并行，而非限制。与此同时，应该全面扩大高等学校尤其是在高等教育金字塔顶端的高等学校在招生中的自主权，只有当基础教育领域中的应试主体所面对的不是完全由统一高考的分数来取舍，而是不同高校根据不同专业需求选择不同生源时，其应试行为才有可能真正发生改变。

时至今日，大学自主招生已被废除，取而代之的是"强基计划"，从大学在其中的自主性来说，并无大的变化。虽然考生参加统一高考和高校考核后，高校将考生高考成绩、高校综合考核结果及综合素质评价情况等按比例合成考生综合成绩，但统考成绩不得低于85%的限定仍然将这一计划牢牢捆绑在统考上。从这个意义上说，强基可能很难产生预期的效果。

第三节　本书的不足与有待进一步研究的问题

由于本书的研究主要遵循的是阐释路径，因此，在统一高考制度改革的分析中，所提出的仅仅是一个大体的思路。文中所提到的诸种假设中的种种推理，有待后续的经验研究去检验。

如本书的开篇所言，统一高考置身的是转型期纷繁复杂的社会脉络，在这一大的前提之下仅从分层的视角来分析是远远不够的。本书从结构和行动两个方面试图对统一高考与应试体制二者之间的关联进行全景描绘。其中，在微观行动的考察中，利益驱动的行为模式成为一个主要的面向。如果能够以打破这一利益联结作为进一步研究高考改革和基础教育课程改革的切入点之一，那么也许能够为统一高考的改革做出具有建设性意义的贡献。在行动层面，本书以W县的教育场域为例，所提供的是一个典型的例子，因为W县为国家级贫困县，优质教育资源较为紧缺，在升学率锦标赛中，如何配置有限的资源成为政府所要考虑的首要问题。W县及其中学的处境、遭遇以及所采取的策略可能代表了同等资源水平的政府及学校的基本面貌。换作资源丰富的地区，应试体制的具体表现形式和方面可能会有差异。但总体而言，基于W县所得出的结论与发现实际上可以在媒体视野中的"衡水中学"和"毛坦厂中学"的相关报道中得到进一步呼应。可见，无论是农村还是城市，基本可以判断的是，应试体制普遍存在，只是在不同地区，因资源不同而策略不同而已。

本书存在的不足之处主要有如下两个方面。第一，田野调查距今时间较长，这一段时间中，宏观的教育政策和经济社会发展已经发生了很多的变化。这些新的变化对人们的教育需求，学校、教师、学生和家长的行为会产生什么影响，而这些影响在多大程度上有助于或者不利于统一高考的改革是接下来需要进一步研究的问题。比如，可以进一步开展的是对"超级中学"的研究。在应试领域，近些年在区域层面出现了通过行政以及市场的方式组建成立的超级中学，超级中学无论是从其组织理念还是从其运行过程来看，均是本书所描述的W一中的放大。第二，"新高考"目前正在多个省份进行试点,这些试点的具体执行情况可以作为下一步高考制度调整或者是"新高考"在各省份具体实施方案的重要依据,但由于时间和精力有限,笔者未对此进行专门的调研,而是参考了目前已发表的文献中的相关内容。

参考文献

爱弥儿·涂尔干，2003，《教育思想的演进》，李康译，上海：上海人民出版社。

鲍尔斯、金蒂斯，1990，《美国经济生活与教育改革》，王佩雄等译，上海：上海教育出版社。

鲍威，2003，《多样化背后隐含的危机——日本大学招生制度改革的实践与教训》，《上海教育》第12期，第60~61页。

鲍威，2012，《高校自主招生制度实施成效分析：公平性与效率性的视角》，《教育发展研究》第19期，第1~7页。

毕全忠，1988，《今年全国普通高校招生明起统考》，《人民日报》7月6日，第3版。

布尔迪厄，2004，《国家精英：名牌大学与群体精神》，杨亚平译，北京：商务印书馆。

布尔迪约、帕斯隆，2002，《再生产：一种教育系统理论的要点》，邢克超译，北京：商务印书馆。

陈彬莉，2008，《教育获得之中的路径依赖》，《北京大学教育评论》第4期，第93-106页。

陈彬莉、白晓曦，2015，《家庭社会经济地位、家长同辈群体压力与城镇小学生补习——基于北京市海淀区小学调查》，《清华大学教育研究》第5期，第102~109页。

程星，2004，《细读美国大学》，北京：商务印书馆。

程再凤，2011，《晚清绅家庭的孩子们（1880—1910）》，博士学位论文，华东师范大学。

仇立平、肖日葵，2011，《文化资本与社会地位获得——基于上海市的实证研究》，《中国社会科学》第6期，第121~135页。

戴家干,2006,《高考改革与教育公平公正》,《中国高等教育》第12期,第7~9页。

邓小平,1979,《在五届政协第二次会议上的开幕词》,中国政府网,http://www.gov.cn/test/2008-02/21/content_895848.htm,2021年2月20日。

《邓小平文选》(第一卷),2008,北京:人民出版社。

《邓小平文选》(第二卷),2008,北京:人民出版社。

丁晓平,2019,《光荣梦想:毛泽东人生七日谈》,北京:人民出版社。

董洪亮,1999,《全国340万考生昨起参加高考》,《人民日报》7月8日,第1版。

董洪亮、施芳等,2006,《950万考生今天高考》,《人民日报》6月7日,文化新闻版。

董伟、宣宇才等,1996,《高考圆满结束》,《人民日报》7月10日,第5版。

董永贵,2015,《突破阶层束缚——10位80后农家子弟取得高学业成就的质性研究》,《中国青年研究》第3期,第72~76页。

杜赞奇,1996,《文化、权力与国家1900—1942年的华北农村》,王福明译,南京:江苏人民出版社。

樊本富,2005,《统一高考的多视角辨析》,《宁波大学学报》(教育科学版)第1期,第49~53页。

樊本富,2018,《统一高考的回顾与反思——基于公平视野的分析》,《考试研究》第1期,第39~44页。

方长春,2005,《家庭背景与教育分流过程中的非学业性因素分析》,《社会》第4期,第105~118页。

方长春、风笑天,2018,《社会出身与教育获得——基于CGSS 70个年龄组数据的历史考察》,《社会学研究》第2期,第140~163页。

费孝通,1986,《江村经济》,南京:江苏人民出版社。

费正清,2001,《伟大的中国革命1800—1985》,北京:世界知识出版社。

费正清、费维恺编,1994,《剑桥中华民国史1912—1949(上、下卷)》,北京:中国社会科学出版社。

格尔哈斯·伦斯基,1988,《权力与特权:社会分层》,关信平等译,杭州：浙江人民出版社。

顾海兵，2001，《中国高考制度批判：划经济式的考试可心休矣!》，《中国改革》第10期，第12~14页。

顾海兵，2005a，《高考与统一高考之辩——兼与孙东东教授商榷》，《湖北招生考试》第4期，第9~16页。

顾海兵，2005b，《关于高等教育的公平问题》，《社会科学论坛》第12期，第86~91页。

顾洪章，2009，《中国知青上山下乡始末》，北京：人民日报出版社。

顾明远主编，1990，《教育大辞典（第7卷）》，上海：上海教育出版社。

国家教委计划财务司，1986，《中国教育成就：统计资料1980—1985》，北京：人民教育出版社。

国家教委计划建设司，1991，《中国教育成就：统计资料1986—1990》，北京：人民教育出版社。

国家统计局编，1959，《伟大的十年 中华人民共和国经济和文化建设成就的统计》，北京：人民出版社。

韩家勋、孙玲，1998，《中等教育考试制度比较研究》，北京：人民教育出版社。

亨利·罗索夫斯基，1996，《美国校园文化 学生·教授·管理》，谢宗仙等译，济南：山东人民出版社。

黄国勋、唐佐明，1999，《应试教育成因分析》，《广西大学学报》（哲学社会科学版）第5期，第60~63页。

黄全愈，2003，《"高考"在美国 旅美教育学专家眼里的中美"高考"》，北京：北京大学出版社。

《建国以来重要文献选编》（第十一册），1995，北京：中央文献出版社。

江宏景，2007，《全国高考阅卷展开》，《人民日报》6月12日，第4版。

蒋南翔，1952，《服从人民政府的工作分配 积极愉快地走上国家建设的战斗岗位》，《人民日报》7月24日，第3版。

教育部，2001，《2000年全国教育事业发展统计公报》，http://www.moe.gov.cn/s78/A03/ghs_left/s182/moe_633/tnull_843.html，最后访问日期：2021年2月19日。

教育部，2006，《2005年全国教育事业发展统计公报》，http://www.moe.gov.

cn/s78/A03/ghs_left/s182/moe_633/tnull_15809.html，最后访问日期：2021年2月19日。

教育部，2016，《2015年全国教育事业发展统计公报》，教育部网站，http://www.moe.gov.cn/srcsite/A03/s180/moe_633/201607/t20160706_270976.html，最后访问日期：2021年2月19日。

教育部、国家劳动总局，1980，《关于中等教育结构改革的报告》，百度百科，https://baike.baidu.com/item/%E5%85%B3%E4%BA%8E%E4%B8%AD%E7%AD%89%E6%95%99%E8%82%B2%E7%BB%93%E6%9E%84%E6%94%B9%E9%9D%A9%E6%8A%A5%E5%91%8A/22563106?fr=aladdin，最后访问日期：2021年2月19日。

教育科学研究所筹备处编，1959，《老解放区教育资料选编》，北京：人民教育出版社。

教育科学研究所筹备处编，1959，《老解放区教育资料选编》，北京：人民教育出版社。

金生鈜，2001，《高等教育入学体制与社会身份——对教育机会分配的教育哲学分析》，《高等师范教育研究》第6期，第1~7页。

康乃美、蔡炽昌，2002，《中外考试制度比较研究》，武汉：华中师范大学出版社。

兰德尔·柯林斯，2018，《文凭社会：教育与分层的历史社会学》，刘冉译，北京：北京大学出版社。

蓝欣、黄旭升，2005，《日本大学入学选拔制度述评》，《考试研究》第3期，第109~127页。

蓝欣、王处辉，2006，《日本社会变迁中的高等教育及其入学选拔制度》，《高等教育研究》第5期，第94~100页。

李宝庆、魏小梅，2017，《新高考改革的困境与出路》，《教育发展研究》第8期，第7~15页。

李春玲，2005，《当代中国社会的声望分层——职业声望与社会经济地位指数测量》，《社会学研究》第2期，第74~102页。

李春玲，2010，《高等教育扩张与教育机会不平等——高校扩招的平等化效应考查》，《社会学研究》第3期，第82~113页。

李春玲，2014，《教育不平等的年代变化趋势（1940—2010）——对城乡教育机会不平等的再考察》，《社会学研究》第 2 期，第 65~89 页。

李春玲，2019，《改革开放的孩子们：中国新生代与中国发展新时代》，《社会学研究》第 3 期，第 1~24 页。

李海鹏，2009，《"文化大革命"时期的工农兵学员研究》，硕士学位论文，北京师范大学。

李宏伟，1993，《全国高考今天开始举行》，《人民日报》7 月 7 日，第 1 版。

李宏伟，1994，《高考今日开始》，《人民日报》7 月 7 日，第 1 版。

李华兴主编，1997，《民国教育史》，上海：上海教育出版社。

李景汉，1986，《定县社会概况调查》，北京：中国人民大学出版社。

李峻，2011，《保送生政策变迁的多源流分析》，《大学教育科学》第 2 期，第 46~50 页。

李岚清，2004，《李岚清教育访谈录》，北京：人民教育出版社。

李木洲，2011，《从"交替"到"交杂"：高考命题方式统与分的历史选择》，《考试研究》第 5 期，第 23~29 页。

李木洲、刘海峰，2011，《多元分解：保送生制度改革之道》，《中国高教研究》第 12 期，第 19-21 页。

李强，2005，《"丁字型"社会结构与"结构紧张"》，《社会学研究》第 2 期，第 55~73 页。

李强等，1999，《生命的历程——重大社会事件与中国人的生命轨迹》，杭州：浙江人民出版社。

李涛，2014，《民国时期国立大学招生研究》，博士学位论文，西南大学。

李新彦、董洪亮，1997，《全国高考顺利结束》，《人民日报》7 月 10 日，第 5 版。

李雄鹰，2013，《大学自主招生质量的实证研究》，《中国高教研究》第 6 期，第 33~38 页。

李煜，2006，《制度变迁与教育不平等的产生机制——中国城市子女的教育获得（1966—2003）》，《中国社会科学》第 4 期，第 97~109 页。

梁晨，2018，《从教育选拔到教育分层：民国大学院校的招生与门槛》，《近代史研究》第 6 期，第 24~42 页。

梁晨、李中清、张浩、李兰、阮丹青、康文林等，2012，《无声的革命：北京大学与苏州大学学生社会来源研究（1952—2002）》，《中国社会科学》第 1 期，第 98~118 页。

梁晨、任韵竹、王雨前、李中清，2017，《民国上海地区高校生源量化刍议》，《历史研究》第 3 期，第 77~93 页，第 191~192 页。

林小英、杨蕊辰、范杰，2019，《被抽空的县级中学——县域教育生态的困境与突破》，《文化纵横》第 6 期，第 100~108 页。

刘宝剑，2015，《关于高中生选择高考科目的调查与思考——以浙江省 2014 级学生为例》，《教育研究》第 10 期，第 142~148 页。

刘海峰，1997，《论坚持统一高考的必要性》，《中国考试》第 5 期，第 27~29 页。

刘海峰，2000，《高考存废与科举存废》，《高等教育研究》，第 2 期，第 39~42 页。

刘海峰，2007a，《而立之年论高考》，《东南学术》，第 4 期，第 6~10 页。

刘海峰，2007b，《高考改革的回顾与展望》，《教育研究》第 11 期，第 19~24 页。

刘海峰，2010，《高考改革推进的速度与条件》，《大学教育科学》第 4 期，第 18~20 页。

刘海峰，2011，《高考改革：公平为首还是效率优先》，《高等教育研究》第 5 期，第 1~6 页。

刘海峰，2013，《文化国情决定高考模式》，《辽宁教育》第 12 期，第 16~17 页。

刘海峰，2017，《高考改革应该坚守的价值与原则》，《人民教育》第 13 期，第 98~100 页。

刘海峰、谷振宇，2012，《小事件引发大改革——高考分省命题的由来与走向》，《河北师范大学学报》（教育科学版）第 5 期，第 16~20 页。

刘精明，1999，《"文革"事件对入学、升学模式的影响》，《社会学研究》第 6 期，第 19~36 页。

刘精明，2004，《教育选择方式及其后果》，《中国人民大学学报》第 1 期，第 64~71 页。

刘精明，2005，《国家、社会阶层与教育：教育获得的社会学研究》，北京：中国人民大学出版社。

刘精明，2008，《中国基础教育领域中的机会不平等及其变化》，《中国社会科学》第 5 期，第 101~116 页。

刘精明，2014，《能力与出身：高等教育入学机会分配的机制分析》，《中国社会科学》第 8 期，第 109~128 页。

刘清华，2006，《日本的偏差值教育与高校招生考试制度改革》，《外国教育研究》第 10 期，第 35~41 页。

刘希伟，2016，《新试点高考招生制度：价值、问题及政策建议》，《教育发展研究》第 10 期，第 1~7 页。

刘希伟，2018《高考科目改革的轨迹与反思：基于选择性的视角》，《全球教育展望》第 4 期，第 83~97 页。

刘昕，2003，《中国考试史文献集成第七卷（民国）》，北京：高等教育出版社。

刘云杉，2015，《"知识改变命运"还是"教育使人不被命运所摆布"》，《探索与争鸣》第 6 期，第 85~91 页。

刘泽云，2009，《我国普通高中经费政府分担比例问题研究》，《教育与经济》第 1 期，第 5~9 页。

柳博，2010，《我国高考制度变迁及改革路径分析》，《教育研究》第 6 期，第 53~58 页。

柳湜，1952，《端正升学态度》，《人民日报》7 月 11 日，第 3 版。

陆学艺，2002，《当代中国社会阶层研究报告》，北京：社会科学文献出版社。

罗斯高，2017，《有 63% 的农村孩子一天高中都没上过，怎么办?》，搜狐网，https://www.sohu.com/a/195794623_167201，最后访问日期：2021 年 2 月 19 日。

马磊、赵俊和、石金涛、杨辉，2009，《高校自主招生有效性的实证研究》，《上海交通大学学报》第 9 期，第 71~75 页。

马戎、龙山主编，1999，《中国农村教育发展的区域差异——24 县调查》，福州：福建教育出版社。

马戎主编，2000，《中国农村教育问题研究》，福州：福建教育出版社。

麦克法夸尔、费正清编，1992，《剑桥中华人民共和国史（1966—1982）》，北京：中国社会科学出版社。

毛泽东，1991，《毛泽东选集》（第三卷），北京：人民出版社。

毛泽东，2009，《毛泽东选集（第二卷、第三卷）》，北京：人民出版社。

倪光辉，2010，《2010年全国16个省份迎来新课改后的高考》，《人民日报》6月8日，第9版视点。

潘光旦、费孝通，1947，《科举与社会流动》，《社会科学》第4卷第1期。

潘光旦、费孝通，2009，《科举与社会流动》，载《费孝通全集》（第五卷），内蒙古人民出版社。

佩珀，1992，《新秩序的教育》，载R. 麦克法夸尔 费正清编《剑桥中华人民共和国史：革命的中国的兴起1949—1965》，北京：中国社会科学出版社。

钱俊瑞，1950，《在全国教育工作会议上 钱俊瑞副部长总结报告要点》，《人民日报》1月6日，第3版。

钱林晓、王一涛，2006，《应试教育条件下的学生学习行为模型》，《教育与经济》第1期，第55~58页。

钱民辉，2000，《教育处在危机中 变革势在必行——兼论"应试教育"的危害及潜在的负面影响》，《清华大学教育研究》第4期，第40~48页。

钱穆，2005，《国史新论》，北京：生活·读书·新知三联书店。

乔聿，1998，《全国320万考生开始高考》，《人民日报》7月7日，第4版。

《人民日报》，1950，《新国家的新大学——中国人民大学介绍》，《人民日报》10月10日，第3版。

《人民日报》，1950，《中国教育工会代表大会闭幕 确定了面向工农兵的工作方针》，《人民日报》8月17日，第1版。

《人民日报》，1953，《全国工农速成中学存在不少问题 各地教育行政部门应加强领导》8月29日，第3版。

《人民日报》，1954，《中共中央宣传部关于高小和初中毕业生从事劳动生产宣传》，《人民日报》，5月29日，第1版。

《人民日报》，1977，《就今年高等学校招生问题 教育部负责人答记者问》，《人民日报》10月22日，第1版。

《人民日报》，1978，《全国高等学校招生统一考试胜利结束》，《人民日报》7月26日，第4版。

《人民日报》，1980，《国务院批准教育部关于高校、中专招生工作的〈规定〉(〈一九八〇年中等专业学校招生工作的意见〉)和〈意见〉(一九八〇年中等专业学校招生工作的意见)全国高等学校统一考试七月上旬举行》,《人民日报》5月10日,第4版。

《人民日报》,1983,《全日制高等学校招考新生的规定》,《人民日报》3月17日,第3版。

《人民日报》,1984,《1984年164.3万人 录取率为四分之一》,《人民日报》7月10日,第1版。

《人民日报》,1986,《今年高考结束考生191万多人 招生58.5万人》,《人民日报》7月11日,第3版。

《人民日报》,1987,《高考今日始 227万多人应试录取率约为30%》,《人民日报》7月7日,第3版。

《人民日报》,1989,《266万人将参加高考》,《人民日报》7月4日,第1版。

《人民日报》,1990,《高校招生统考明日开始 将招收本专科生六十点八万人》,《人民日报》7月6日,第1版。

《人民日报》,2000,《全国高考今起举行》,《人民日报》7月7日,第5版。

《人民日报》,2002,《527万考生参加高考》,《人民日报》7月8日,第1版。

《人民日报》,2014,《刘延东在检查2014年高考工作时强调 确保高考安全平稳顺利举行》,6月9日,第4版要闻。

申永丰,2007,《科学选才:转型期中国高考政策变革的重要利益诉求》,《湖北招生考试》第4期,第37~41页。

施芳,2005,《今年全国高考报名人数达867万 诚信记录首次列入考生档案并与录取挂钩》,《人民日报》,6月3日,第11版。

施拉姆,1992,《1949至1976年的毛泽东思想》,载R.麦克法夸尔 费正清编《剑桥中华人民共和国史:中国革命内部的革命1966-1982》,北京:中国社会科学出版社。

舒新城,2013,《舒新城自述》,合肥:安徽文艺出版社。

舒新城编,1981,《中国近代教育史资料(上、中、下)》,北京:人民教育出版社。

宋洁绚，2009，《基于国家主义的高等学校招生考试制度研究》，博士学位论文，华中科技大学。

苏娜、刘梅梅，2021，《新高考后普通高中育人能力现状调查及对策研究——基于对31省1256所普通高中的调查》，《中国教育学刊》第1期，第54-59页。

苏渭昌，1994，《中国教育思想通史第八卷》，长沙：湖南教育出版社。

苏云峰，2007，《中国新教育的萌芽与成长（1860—1928）》，北京：北京大学出版社。

孙参，2013，《高考来了》，《人民日报》6月7日，第6版。

孙立平，2006，《博弈：断裂社会的利益冲突与和谐》，北京：社会科学文献出版社。

谈松华，2018，《高考改革：历史经验与时代使命——访国家教育咨询委员会委员谈松华》，《中国考试》第1期，第1~7页。

覃红霞，2006，《分省命题，改革仍需继续》，《中国教育报》9月27日，第7版。

汤德用主编，1998，《中国考试辞典》，合肥：黄山书社。

唐俊超，2015，《输在起跑线——再议中国社会的教育不平等（1978—2008）》，《社会学研究》第3期，第123~145页。

唐滢、丁红卫，2004，《美国大学招生考试制度之嬗变》，《湖北招生考试》第12期，第80~83页。

田汉族、王东、蒋建华，2016，《"超级中学"现象演化的制度逻辑——以衡水中学、毛坦厂中学、黄冈中学为例》，《教育与经济》第5期，第3~11页。

田虎，2009，《我国高考复读群体的现状分析与发展趋势》，《上海教育科研》第1期，第10~13页。

田学和，2017，《新高考改革的重点、难点和关键点分析》，《教育理论与实践》第11期，第10~12页。

W.理查德·斯科特，2010，《制度与组织——观念与物质利益》，姚伟、王黎芳译，北京：中国人民大学出版社。

汪明，2016，《高中"非常规"发展扰乱教育生态》，《中国教育报》1月7日，第2版。

汪一驹，1991，《中国知识分子与西方（1872—1949）：留学生与近代中国》，梅寅生译，台北：久大文化公司。

王长乐，2012，《高考应走出保证"社会公平"的误区》，《全球教育展望》第9期，第5~11、68页。

王乐文，2004，《高考今日开始——净增百万考生 招考新意迭出》，《人民日报》6月7日，视点要闻版。

王威海、顾源，2012，《中国城乡居民的中学教育分流与职业地位获得》，《社会学研究》第4期，第48~66页。

王伟宜，2013，《优质高等教育资源获得的阶层差异状况分析：1982—2010——基于我国7所重点大学的实证调查》，《教育研究》第7期，第61~67页。

王学珍、郭建荣主编，2000，《北京大学史料第二卷（1912—1937）》，北京：北京大学出版社。

王学珍、郭建荣主编，2000，《北京大学史料第三卷（1937—1945）》，北京：北京大学出版社。

王一涛，2005，《试教育的经济解释》，《河北师范大学报》（教育科学版）第5期，第40~43页。

温红彦，2003，《今年高考基本结束》，《人民日报》6月10日，要闻版。

文东茅，2014，《高考改革方案对"唯分数论"的超越》，《中国高教研究》第10期，第5~7页。

文雯、管浏斯，2012，《自主招生学生大学学习过程初探——以九所"985"、"211"高校自主招生群体为例的实证研究》，《清华大学教育研究》第3期，第98~104页。

吴晓刚、李忠路，2017，《中国高等教育中的自主招生与人才选拔：来自北大、清华和人大的发现》，《社会》第5期，第139~164页。

吴愈晓，2013a，《中国城乡居民的教育机会不平等及其演变（1978—2008）》（英文），*Social Sciences in China* 3，第4~21页。

吴愈晓，2013b，《教育分流体制与中国的教育分层（1978—2008）》，《社会学研究》第4期，第179~202页。

习勇生，2014，《"超级中学"：普通高中校际差距的催化剂》，《中国教育学刊》第6期，第15~18页。

萧功秦，1996，《从科举制度的废除看近代以来的文化断裂》，《战略与管理》第4期，第11~17页。

肖关根，1981，《高等教育改革的一种尝试——上海高等学校收费走读生教学情况的调查》，《人民日报》7月12日，第3版。

谢维和，2014，《高考改革：定位、形态与变量》，《中国考试》第10期，第3~13页。

新华每日电讯，2005，《高分复读 新型考高独木桥正形成》，http://news.cri.cn/gb/3821/2005/07/21/1329@630932.htm，最后访问日期：2021年2月18日。

新华社，1977，《全国高等学校招生考试胜利结束》，《人民日报》12月26日，第3版。

新华社，1979，《全国高等学校统一考试胜利结束》，《人民日报》7月11日，第4版。

新华社，1980，《三百多万人报名高校统考》，《人民日报》7月4日，第1版。

新华社，1983，《全国高考今日开始》，《人民日报》7月15日，第3版。

新华月报社编，2004，《中华人民共和国大事记（1949-2004）（下）》，北京：人民出版社。

许纪霖，1991，《无穷的困惑：黄炎培、张君劢与现代中国》，上海：上海三联书店。

许嘉猷，1986，《社会阶层化与社会流动》，台北：三民书局。

许敏敏，2004，《从集体本位到家本位——浙东农村妇女自主性转变》，硕士学位论文，北京大学。

杨东平主编，2003，《大学之道》，上海：文汇出版社。

杨建业，1981，《满怀信心向祖国汇报学习成绩 全国二百五十八万人参加今年高考 八月上旬全国重点高校将开始录取新生》，《人民日报》7月13日，第4版。

杨建业，1982，《满怀信心向祖国汇报成绩 接受祖国挑选 全国186万人参加今年高校统考》，《人民日报》7月11日，第4版。

杨润勇，2006，《农村地区"高中复读"现象的新特点及其产生的根源：政策分析的视角》，《当代教育科学》第18期，第22~25页。

杨向东，2007，《关于高考制度改革的原则与方案的探讨》，《全球教育展望》第6期，第8~16页。

杨学为编，2003a，《高考文献（上）1949—1976》，北京：高等教育出版社。

杨学为、朱仇美、张海鹏主编，1992，《中国考试制度史资料选编》，合肥：黄山书社。

杨志勇，2004，《制度、文化与升学主义》，转引自刘精明等《转型时期中国社会教育》，沈阳：辽宁教育出版社。

叶赋桂、罗燕，2017，《高考改革的新时代：制度重构的教育和社会分析》，《复旦教育论坛》第6期，第13~19页。

尹银、周俊山、陆俊杰，2014，《谁更可能被自主招生录取——兼论建立高校自主招生多元评价指标体系》，《清华大学教育研究》第6期，第41~47页。

应星，2017，《新教育场域的兴起1895—1926》，上海：上海三联书店。

于施芳，2005，《今年全国高考报名人数达867万 诚信记录首次列入考生档案并与录取挂钩》，《人民日报》6月3日，第11版。

余秀兰、韩燕，2018，《寒门如何出"贵子"——基于文化资本视角的阶层突破》，《高等教育研究》第2期，第8~16页。

袁新文，2008，《1050万人报名参加今年高考 62个受灾县（市、区）考试延期》，《人民日报》6月7日，第4版。

袁新文，2011，《约933万人报名高考 全国平均录取率预计达72.3%》，《人民日报》6月4日，第2版。

袁轶峰，2009，《清末新政背景下的毁学事件与乡村社会——以宣统元年宜春县为例》，《江西师范大学学报》（哲学社会科学版）第3期，第129~135页。

约翰·奈特、李实，1994，《中国居民教育水平的决定因素》载赵人伟、基斯·格里芬主编《中国居民收入分配研究》，北京：中国社会科学出版社。

曾德琪，1999，《美国高校招生制度变革暨升学考试述评》，《外国中小学教育》第4期，第21~25页。

曾昭抡，1953，《为全部实现高等学校招生计划而努力》，《人民日报》9月18日，第3版。

曾昭抡，1959，《为全部实现高等学校招生计划而努力》，《人民日报》9月18日，第3版。

张桂金、张东、周文，2016，《多代流动效应：来自中国的证据》，《社会》第3期，第216~240页。

张济洲，2015，《"高考工厂"背后的阶层焦虑与机会公平》，《中国高教研究》第9期，第33~36页。

张冀南、刘思琦，2012，《高考改革对城乡教育公平的影响——基于山东省某县级市高考数据的实证分析》，《科学决策》第5期，第60~78页。

张千帆，2010，《大学招生考试多元化的宪法底线——兼论高考分省自主命题与大学自主招生制度的违宪性》，《法商研究》第5期，第59~66页。

张烁，2012，《高招调查报告发布 高考报名人数连续4年下降 生源缺口主要集中在高职》，《人民日报》6月7日，第8版文化。

张似韵，2002，《学校教育体系与社会等级制的再生产——布尔迪厄的文化再生产理论述评》，《社会》第1期，第14~17页。

张行涛，2003，《必要的乌托邦 考选世界的社会学研究》，北京：北京师范大学出版社。

张亚群，2010，《高校自主招生改革：动因、问题与对策》，《北京大学教育评论》第2期，第30~42页。

张延吉、秦波、马天航，2019，《同期群视角下中国社会代际流动的模式与变迁——基于9期CGSS数据的多层模型分析》，《公共管理学报》第2期，第105~119页。

张宜年、史亚杰、张德伟，2002，《日本大学招生考试制度的多样化》，《外国教育研究》第6期，第43~46页。

张兆曙、陈奇，2013，《高校扩招与高等教育机会的性别平等化——基于中国综合社会调查（CGSS 2008）数据的实证分析》，《社会学研究》第2期，第173~196页。

赵婀娜，2009，《今年高考报名人数减少40万 适龄人口总量减少是直接原因》，《人民日报》6月3日，第11版。

赵勇、陈卫，2012，《基于人口学视角的国内高考复读现象研究之审视》，《南京社会科学》第2期，第84~90页。

郑谦,2013,《"文化大革命"中知识青年上山下乡运动五题》,《中共党史研究》第 9 期,转引自中国社会科学网,http://www.cssn.cn/zgs/201405/t20140506_1149793_5.shtml,最后访问日期:2020 年 8 月 3 日。

郑若玲,2002,《保送生制度:异化与革新》,《教育发展研究》第 6 期,第 43~46 页。

郑若玲,2007a,《"举国大考"的合理性——对高考的社会基础、功能与影响之分析》,《高等教育研究》第 6 期,第 33~37 页。

郑若玲,2007b,《高考对社会流动的影响——以厦门大学为个案》,《教育研究》第 3 期,第 46~50 页。

郑若玲,2010,《高考公平的忧思与求索》,《北京大学教育评论》第 2 期,第 14~29 页。

郑若玲,2011,《守护公平:高考改革的永恒依归》,《教育测量与评价》第 1 期,第 47~50 页。

郑若玲,2017,《高考改革的困境与突破》,《厦门大学学报》(哲学社会科学版)第 3 期,第 1~10 页。

郑若玲、徐东波,2020,《高考科目改革向何处去——基于 70 年高考科目设置变迁与困境的分析》,《复旦教育论坛》第 3 期,第 91-97 页。

郑世仁,2000,《教育社会学导论》,台北:五南图书出版公司。

中共中央、国务院,1958,《中共中央、国务院关于教育工作的指示》,《人民日报》9 月 20 日,第 1 版。

中共中央、国务院,1999,《全面推进素质教育的决定》,6 月 13 日发布,转引自教育部网站,http://old.moe.gov.cn/publicfiles/business/htmlfiles/moe/moe_177/200407/2478.html,最后访问日期:2020 年 8 月 3 日。

中共中央组织部、人事部编制,1999,《中国干部统计五十年(1949—1998)》,北京:党建读物出版社。

《中国青年报》,2012,《超级中学在中国 让人们不得不深思》,7 月 10 日,转引自搜狐网,http://learning.sohu.com/20120710/n347795920.shtml,最后访问日期:2019 年 7 月 26 日。

中国中央、国务院,1980,《中共中央、国务院关于普及小学教育若干问题的决定》,中国网,http://www.china.com.cn/guoqing/2012-09/07/

content_26747610.htm，最后访问日期：2021年2月19日。

中华人民共和国国家教育委员会计划财务司，1985，《中国教育成就：统计资料1949—1983》，北京：人民教育出版社。

中华人民共和国国家教育委员会计划财务司，1986，《中国教育成就：统计资料1980—1985》，北京：人民教育出版社。

中华人民共和国国家教育委员会计划建设司，1991，《中国教育成就：统计资料1986—1990》，北京：人民教育出版社。

中华人民共和国国家教育委员会计划建设司，1992，《中国教育统计年鉴1991—1992》，北京：人民教育出版社。

中华人民共和国国家教育委员会计划建设司，1993，《中国教育事业统计年鉴1992》，北京：人民教育出版社。

中华人民共和国国家教育委员会计划建设司，1994，《中国教育事业统计年鉴1993》，北京：人民教育出版社。

中华人民共和国国家教育委员会计划建设司，1996，《中国教育事业统计年鉴1995》，北京：人民教育出版社。

中华人民共和国国家教育委员会计划建设司，1997，《中国教育事业统计年鉴1996》，北京：人民教育出版社。

中华人民共和国教育部发展规划司，1999，《中国教育统计年鉴1998》，北京：人民教育出版社。

中华人民共和国教育部发展规划司，2000，《中国教育统计年鉴1999》，北京：人民教育出版社。

中华人民共和国教育部发展规划司，2001，《中国教育统计年鉴2000》，北京：人民教育出版社。

中华人民共和国教育部发展规划司，2002，《中国教育统计年鉴2001》，北京：人民教育出版社。

中华人民共和国教育部发展规划司，2003，《中国教育统计年鉴2002》，北京：人民教育出版社。

中华人民共和国教育部发展规划司，2004，《中国教育统计年鉴2003》，北京：人民教育出版社。

中华人民共和国教育部发展规划司，2005，《中国教育统计年鉴2004》，北京：人民教育出版社。

中华人民共和国教育部发展规划司，2006，《中国教育统计年鉴2005》，北京：人民教育出版社。

中华人民共和国教育部发展规划司，2007，《中国教育统计年鉴2006》，北京：人民教育出版社。

中华人民共和国教育部发展规划司，2008，《中国教育统计年鉴2007》，北京：人民教育出版社。

中华人民共和国教育部发展规划司，2009，《中国教育统计年鉴2008》，北京：人民教育出版社。

中华人民共和国教育部发展规划司，2010，《中国教育统计年鉴2009》，北京：人民教育出版社。

中华人民共和国教育部发展规划司，2011，《中国教育统计年鉴2010》，北京：人民教育出版社。

中华人民共和国教育部发展规划司，2013a，《中国教育统计年鉴2011》，北京：人民教育出版社。

中华人民共和国教育部发展规划司，2013b，《中国教育统计年鉴2012》，北京：人民教育出版社。

中华人民共和国教育部计划财务司，1985，《中国教育成就统计资料1949—1983》，北京：人民教育出版社。

中华人民共和国教育部计划财务司编，1984，《中国教育成就（1949—1983）》，北京：人民教育出版社。

中华人民共和国教育部计划财务司编，1985，《中国教育成就（1949—1983）》，北京：人民教育出版社。

中华人民共和国教育部计划建设司，1992，《中国教育统计年鉴1991—1992》，北京：人民教育出版社。

中华人民共和国教育部计划建设司，1993，《中国教育事业统计年鉴1992》，北京：人民教育出版社。

中华人民共和国教育部计划建设司，1994a，《中国教育事业统计年鉴1993》，北京：人民教育出版社。

中华人民共和国教育部计划建设司，1994b，《中国教育事业统计年鉴1994》，北京：人民教育出版社。

中华人民共和国教育部计划建设司，1996，《中国教育事业统计年鉴

1995》,北京:人民教育出版社。

中华人民共和国教育部计划建设司,1997,《中国教育事业统计年鉴1996》,北京:人民教育出版社。

中华人民共和国教育部计划建设司,1998,《中国教育事业统计年鉴1997》,北京:人民教育出版社。

中央高等教育部、中央教育部,1954,《关于全国高等学校一九五四年暑期招考新生的规定》,《人民日报》5月25日,第1版。

中央教育科学研究所,1984,《中华人民共和国教育大事记(1949-1982)》,北京:教育科学出版社。

中央人民政府教育部,1951,《举行第一次全国工农速成中学工作会议》,《人民日报》12月12日,第3版。

中央人民政府政务院,1953,《关于整顿和改进小学教育的指示》,转引自中国经济网,2007年5月29日,http://www.ce.cn/xwzx/gnsz/szyw/200705/29/t20070529_11531271.shtml,最后访问日期:2020年7月10日。

钟秉林、王新凤,2017,《我国高考改革的价值取向变迁与理性选择——基于40年高考招生政策文本分析的视角》,《教育研究》第10期,第14~22页。

钟逸婧、彭凌雨哲,2010,《中美两国精英学生准备"高考"行为模式的比较研究——以北京大学和耶鲁大学为例》,《教育科学研究》第1期,第46~53页。

周恩来,1959,《政府工作报告》,《人民日报》4月19日,第2版。

周黎安,2007,《中国地方官员的晋升锦标赛模式研究》,《经济研究》第7期,第36~50页。

周荣德,2000,《中国社会的阶层与流动——一个社区中士绅身份的研究》,上海:学林出版社。

周序,2014,《关系的视角:片面应试体制下学生的地位分化——一项微观社会学的研究》,《湖南师范大学教育科学学报》第4期,第75~80页。

朱有瓛主编,1987,《中国近代学制史料(第二辑上册)》,上海:华东师范大学出版社。

参考文献

Bernstein, B. 1975. *Class, Code and Control: Towards a Theory of Educational Transmissions*. London: Routledge and Kegan Paul.

Bian, Y., Shu, X., & Logan, J. R. 2001. "Communist Party Membership and Regime Dynamics in China." *Social Forces* 79 (3): 805–841.

Blau, P. M, and Duncan, O. D. 1967. *The American Occupational Structure*. New York: John Wiley and Sons.

Bratton, D. 1979. "University Admissions Policies in China, 1970–1978." *Asian Survey* 19 (10): 1008–1022.

Chen, Theodore Hsi-en. 1981. *Chinese Education Since 1949: Academic and Revolutionary Models*. Pergamon Press.

Davis, K. and Moore W. E. 1945. "Some Principles of Stratification." *American Sociological Review* 10: 242–249.

Deng, Z. and Treiman, D. J. 1997. "The Impact of the Cultural Revolution on Trends in Educational Attainment in the People's Republic of China." *American Journal of Sociology* 103 (2): 391–428.

Hannum, E. 1999. "Political Change and the Urban-rural Gap in Basic Education in China, 1949–1990." *Comparative Education Review* 43 (2): 193–211.

Hauser, R. M. and Featherman, D. L. 1976. "Equality of Schooling: Trends and Prospects." *Sociology of Education* 49 (2): 99–120.

Ho, Ping-ti. 1980. *The ladder of Success in Imperial China: Aspects of Social Mobility, 1368–1911*. New York: Columbia University Press.

Kracke, E. A. 1947. "Family vs. Merit in Chinese Civil Service Examinations under the Empire." *Harvard Journal of Asiatic Studies* 10 (2): 103–123.

Lareau, A. 2003. *Unequal Childhoods: Class, Race, and Family Life*. Berkeley: University of California Press.

Lee, Hong Yung. 1991. *From Revolutionary Cadres to Party Technocrats in Socialist China*. Berkeley: University of California Press.

Meyer, J. W. 1986. "Types of Explanation in the Sociology of Education." in *Handbook of Theory and Research for the Sociology of Education*, edited by J. G. Richardson. New York: Greenwood Press Inc.

Nee, V. 1989. "A theory of Market Transition: from Redistribution to Markets in State Socialism." *American Sociological Review* 54 (5): 663-681.

Parkin, F. 1971. *Class Inequality and Political Order: Social Stratification in Capitalist and Socialist Societies.* New York: Praeger.

Parkin, F. 1974. "Strategies of Social Closure in Class Formation." In *The social Analysis of Class Structure*, edited by Parkin, F. London: Tavistock Publications.

Pepper, Suzanne. 1984. *China's Universities: Post-Mao Enrollment Policies and Their Impact on the Structure of Secondary Education.* Ann Arbor: center of Chinese Studies, University of Michigan.

Raftery, A. E., & Hout, M. 1993. "Maximally Maintained Inequality: expansion, Reform, and Opportunity in Irish Education, 1921-75." *Sociology of Education* 66 (1): 41-62.

Samuel, R., & Lucas. 2001. "Effectively Maintained Inequality: Education Transitions, Track Mobility, and Social Background Effects." *American Journal of Sociology* 106 (6): 1642-1690.

Shavit, Yossi and Walter Mueller. 2000. "Vocational Secondary Education, Tracking and Occupational Attainment in a Comparative Perspective." In *Handbook on Sociology of Education* edited by Maureen T. Hallinan. New York: Plenum Publishing.

Taylor, R. 1981. *China's Intellectual Dilemma Politics and University Enrollment, 1949-1978.* Vancouver: University of British Columbia Press.

Treiman, D. J. 1976. "A Standard Occupational Prestige Scale for Use with Historical Data." *The Journal of Interdisciplinary History* 7 (2): 283-304.

Tumin, M. M. 1953. "Some Principles of Stratification: a Critical Analysis." *American Sociological Review* 18 (4): 387-393.

Turner, R. H. 1960. "Sponsored and Contest Mobility and the School System." *American Sociological Review* 25 (6): 855-867.

Walder, A. G., & Li, B. 2001. "Career Advancement as Party Patronage: Sponsored Mobility into the Chinese Administrative Elite." *American Journal of Sociology* 106 (5): 1371-1408.

Walder, A. G., B. Li, and Treiman, D. J. 2000. "Politics and Life Chances in a State Socialist Regime: Dual Career Paths into the Urban Chinese Elite, 1949 to 1996." *American Sociological Review* 65 (2): 191 – 209.

Walder, A. G. 1995. "Career Mobility and the Communist Political Order." *American Sociological Review* 60 (3): 309 – 328.

Whyte, M. K. 1975. "Inequality and Stratification in China." *The China Quarterly* 64 (64): 684 – 711.

Zang, X. 2001. "Educational Credentials, elite Dualism, and Elite Stratification in China." *Sociological Perspectives* 44 (2): 189 – 205.

后　记

高考作为教育乃至社会领域中的一项基本制度，广泛而深刻地影响了1949年以来每一代中国人的命运。在当下的中国社会中，很少有哪一项制度能够像高考一样，在国家和个人之间、在精英和大众之间有如此之高的共识，即高考是实现知识改变命运的唯一途径。与此同时，现实中仪式化运行过程，如在距离高考只有100天时大多数高中举行的隆重誓师大会、精英群体（政治精英、经济精英和文化精英）于高考前后结合自身生命历程对于高考神话般的讲述等，无不在强化社会对于中国高考制度的统一认知。从某种角度来说，高考已经进入了全体中国人的群体记忆或社会记忆，在仪式化的运行过程中，在精英群体对于自身高考经历的娓娓道来中，现存统一高考的合法性得到强化。

统一高考这一稳定的制度安排在实现促进社会流动以及人才选拔职能的同时，也诱导了相应的系统化应试行为的出现，从而使应试体制成为当下高考改革中急需解决的问题。从这一制度所承担的职能以及所牵扯的方面来看，高考的改革是一个系统工程，既关乎人才大计，又牵扯社会整合与社会流动秩序。正是基于这样的考虑，我的导师马戎教授建议我选择高考作为博士学位论文的主题，2005年有幸跟从导师去内蒙古自治区W县入户调查，恰逢高考结束。在对每个家庭的生计以及地方政府尤其是教育部门进行调查的过程中，我重新体会到子女的教育为每一个家庭尤其是弱势地位阶层的家庭提供了"想象的未来"。这次调查也使我正式确定了我博士学位论文的田野点，即W县。

在研究中，我尝试将高考研究的宏观改革话语与基层活生生的教育生活与实践结合起来，对高考的研究不能仅仅停留在制度层面，微观层面由这一制度所诱导的行为以及行动者对于这一制度的应对、意义赋予等都应该进入研究者的视野。进入田野之后，无论是从初中还是从高中，我都能感受到存在于学校中的每时每刻的紧迫感，中考成绩、高考成绩作为核心指标在组织着学校教育，看似与升学无关的美术课、音乐课甚至运动会都被编织进入了由分数定义的意义之网中。面对升学，教师不仅仅是一个应试技能规训者，更是一个晓之以理、动之以情的情感劳动者。尽管每个人都知道"理想"中的教育不应该是应试，但所有行动者都在为应试而竭尽全力。回到中国统一高考制度的改革，如果以统一考试分数为准的录取制度不改变，那么由分数所定义和形塑的行为便不会发生改变。这便是统一高考改革的症结所在，统一高考分数的意义不改变，或者高考的"统一性"不发生改变，那么对于微观层面的行动者来说，上述意义之网便不会发生改变。这便是本书的核心论点。

在田野调查以及论文的成文中，一直有两个"我"，一个是作为研究者的我，需要客观审视在基层学校中所发生的一切，需要将自己与田野的情感距离拉开；另一个是出身农村、历经高考和应试的我，对于中学里所发生的一切都有熟悉感和亲切感，很容易从情感上有深切的认同。论文的写作过程其实也是这两个"我"不断拉扯的过程。

虽然论文的田野调查主要完成于2005~2006年，但是在后续的其他研究项目的调研工作中我也发现，中国基础教育的应试体制在很长的时间内几乎没有发生什么实质变化。随着时间所发生的变化是，地方政府利益驱动以及资本市场裹挟的高中教育资源尤其是生源的配置进一步扭曲，今天大多数县域中学尤其是县重点中学已经失去了往日的光辉。与2005~2006年相比，升学率锦标赛中学校的地位进一步分化，校际和不同层级政府所拥有的优质教育资源之间的差距进一步扩大。

在论文修改期间，中国的高考历经了新高考改革方案的制定与落地实施、大学自主招生的实施与废除以及"强基计划"的出台。这些改革多以"多维评价""全面、综合评价"为目标，但客观上在短期内仍未改变高考"统一"的性质，"统一"仍然是当下中国高考制度最为核心的特征。从这个意义上说，由统一高考分数所定义的中等教育中的意义之网及其中所有行动者的应试行为在短期内仍然难以改变。本书的研究课题虽然起始于2005年，但远远未过时。

从论文最初的选题、田野调查、文本资料搜集到具体写作，每一个环节都得到了马戎老师的精心指导和倾力帮助。至今仍然记得论文写作过程中,马戎老师让他远在美国的女儿专门记录了在美国大学入学的经历供我参考。在历史部分的写作过程中,马戎老师将自己曾经用过的《毛主席论教育革命》送我供我参考。点点滴滴,至今想来,仍然令我十分感动。马戎老师严谨求实的学术作风、敏锐的学术洞察力以及高度的社会责任感,是我们这些后辈学习的榜样。时至今日,马戎老师仍然带着学生、学生的学生奔波于田野做调查。师从马戎老师,是我一生的幸运。

感谢田野调查地W县政府、教育局,W一中、W二中、Wh中学以及C市HS区教育局、F市教育局等诸多为我的研究提供支持与帮助的人员,感谢一线的教师、学生和家长!他们愿意在繁忙的工作和学习之余抽出时间来接受我的访谈,他们的支持非常难能可贵,所有这些我将一直铭记于心。

感谢求学期间北京大学社会学系的刘世定教授、郭志刚教授、邱泽奇教授、方文教授、潘乃谷教授对我的论文所提出的建设性意见和建议,感谢社会学系严康敏老师不辞辛劳为我从学校图书馆索要一篇UMI博士论文库中有关中国高考的文章。感谢郑新蓉教授、史静寰教授、阎凤桥教授、郭建如教授给我的帮助。

感谢师姐菅志翔对我的关心、鼓励与帮助!感谢上学期间我的同门杨帆、栗晓红、葛婧、马雪峰、王秀丽,与你们在北大共同的学习与生活,不仅使我在思想上受到启发,而且使我得到了情感上的支持。

最后,我要感谢我的亲人,感谢含辛茹苦养育我并为我们兄妹的成长付出一生的父母!感谢公公婆婆对我学业和工作的理解与支持!感谢我的先生王东多年来对我的无私付出与帮助!感谢我的哥哥、妹妹和弟弟对我的温暖陪伴与支持!

感谢我的女儿王湛然,她的到来与成长给我的人生带来无限欢乐和新的体验!

2020年2月1日

图书在版编目(CIP)数据

统一高考与应试体制/陈彬莉著. -- 北京：社会科学文献出版社，2021.4
(21 世纪中国教育研究丛书)
ISBN 978-7-5201-8285-0

Ⅰ.①统… Ⅱ.①陈… Ⅲ.①高考-考试制度-研究-中国 Ⅳ.①G632.474

中国版本图书馆 CIP 数据核字（2021）第 076242 号

21 世纪中国教育研究丛书
统一高考与应试体制

著　　者 /	陈彬莉
出 版 人 /	王利民
组稿编辑 /	谢蕊芬
责任编辑 /	胡庆英
出　　版 /	社会科学文献出版社·群学出版分社（010）59366453 地址：北京市北三环中路甲 29 号院华龙大厦　邮编：100029 网址：www.ssap.com.cn
发　　行 /	市场营销中心（010）59367081　59367083
印　　装 /	三河市龙林印务有限公司
规　　格 /	开　本：787mm×1092mm　1/16 印　张：17.5　字　数：282 千字
版　　次 /	2021 年 4 月第 1 版　2021 年 4 月第 1 次印刷
书　　号 /	ISBN 978-7-5201-8285-0
定　　价 /	128.00 元

本书如有印装质量问题，请与读者服务中心（010-59367028）联系

版权所有 翻印必究